Udo Haafke

WANDER-GEHEIMTIPPS

# Bergisches Land

Unbekannte Wege abseits des Trubels

J. BERG

VORWORT

# Liebe Leserinnen und Leser!

Das »Bergische« im Bergischen Land ist nicht einfach mit dem »Bergigen« gleichzusetzen. Einen alpinen Zuschnitt hat die Region als Teil des bevölkerungsreichsten Bundeslandes Nordrhein-Westfalen nämlich keineswegs, sondern sie präsentiert sich vielmehr als wald- und wasserreiche, mithin gefällige und hügelige Mittelgebirgslandschaft. Mit dem Rhein im Westen, der Ruhr im Norden und der Sieg im Süden sind ihre natürlichen Grenzen, ist ihre grobe geografische Zuordnung durch Wasserstraßen umrissen, während es im Osten nahezu unmerklich in das Sauerland übergeht.

## Spannende Wegführung

Von West nach Ost schwingt sich das Bergische Land auf in moderate, den geneigten Wanderer selten herausfordernde Höhenlagen. Da spielt das Wetter dann eher eine entscheidende Rolle, denn nach heftigen Regenfällen – bedingt durch den Klimawandel haben diese leider zugenommen – kommt es vor, dass Brücken und Stege an den zahlreichen kleinen Wasserläufen plötzlich nicht mehr dort zu finden sind, wo sie eigentlich hingehören und so manch gewählte Route eine zwangsläufige Änderung erfährt, die einen größeren Umweg bedingen kann.

## Neues entdecken

Die vorgestellten Wanderungen beschreiten eigentlich keine wirklich »geheimen« Wege – es handelt sich vielmehr um eine subjektive Auswahl jener Wegführungen, die vielleicht nicht ganz so bekannt und daher weniger stark frequentiert sind. Zumeist auch beschildert, setzen sie in der Regel keinerlei pfadfinderischen Fähigkeiten voraus. Dafür finden sich oft, zumal zu jeder Jahreszeit, wunderhübsche Fotomotive und Gelegenheiten zur entspannten Rast.

Kommen Sie einfach mit – viel Spaß dabei!

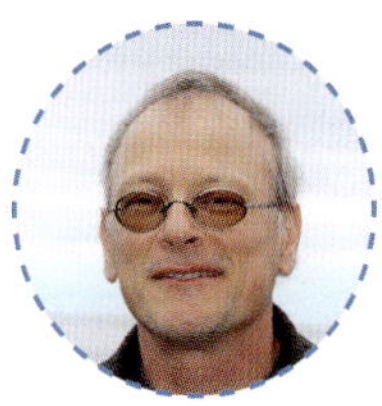

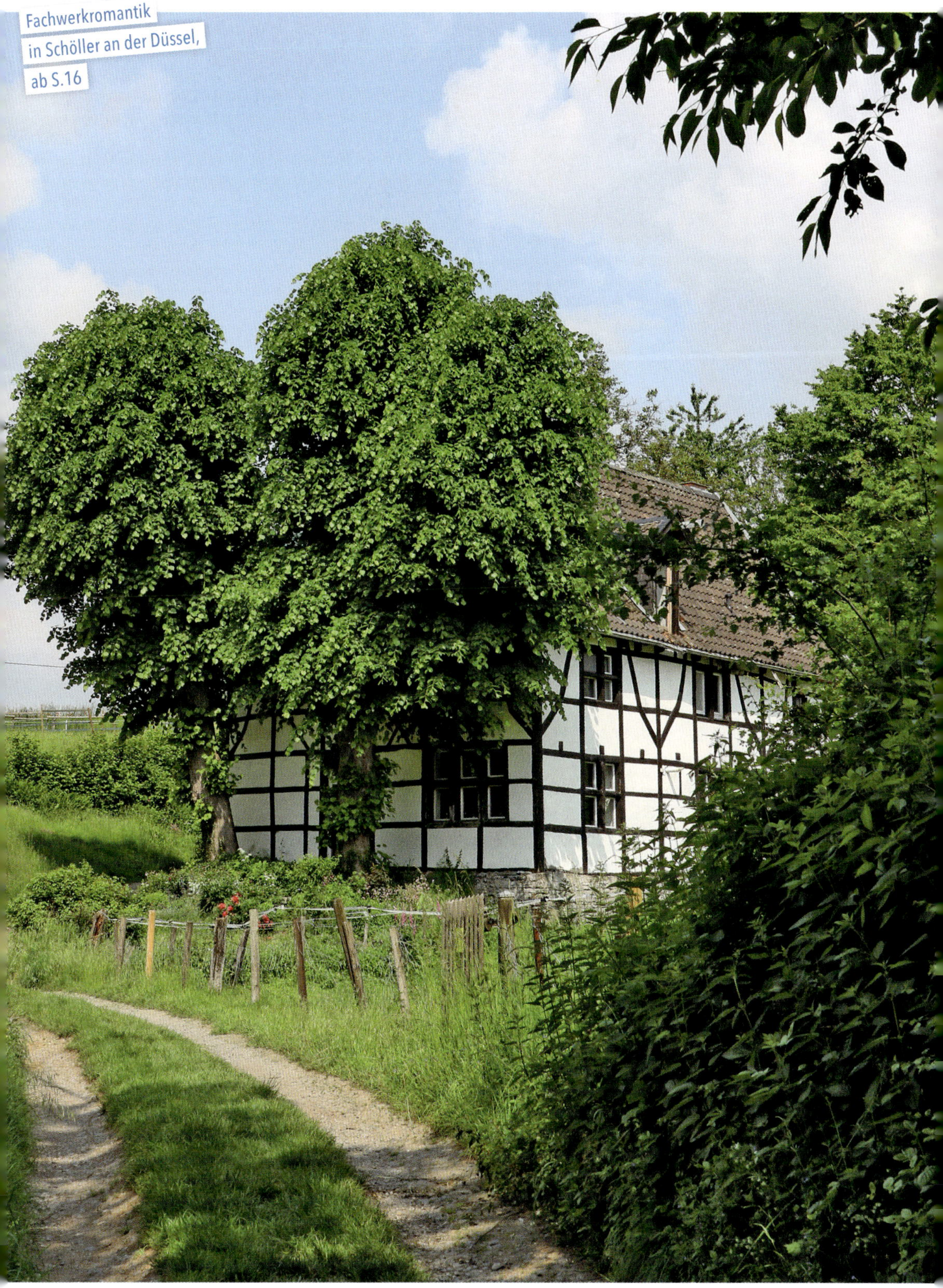

Fachwerkromantik in Schöller an der Düssel, ab S. 16

INHALTSVERZEICHNIS

# Ihre Touren im Überblick



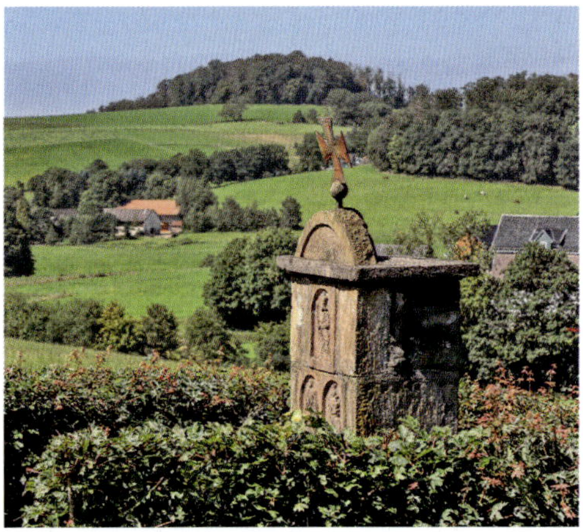

## Niederbergisches Land

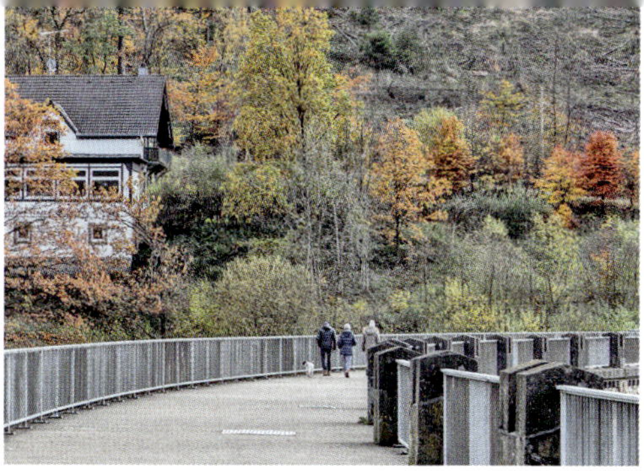

## Oberbergisches Land



*Hier die schönsten Touren*

**TOUR 2 / SEITE 22**
Erleben Sie, was eine Kaffeekanne und ein in sich ruhender Buddha gemeinsam haben.

**TOUR 9 / SEITE 60**
Entdecken Sie gleich zwei Talsperren, von deren fünf in der näheren Umgebung.

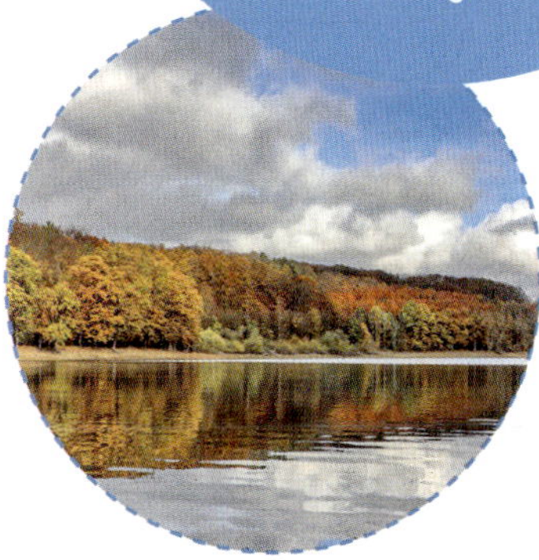

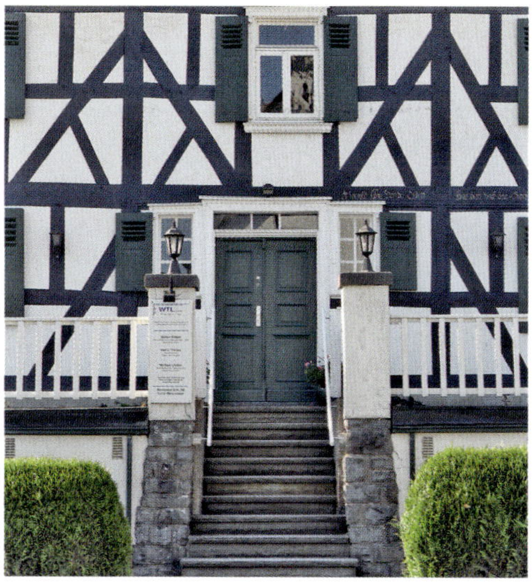

## Rheinisch-Bergisches Land



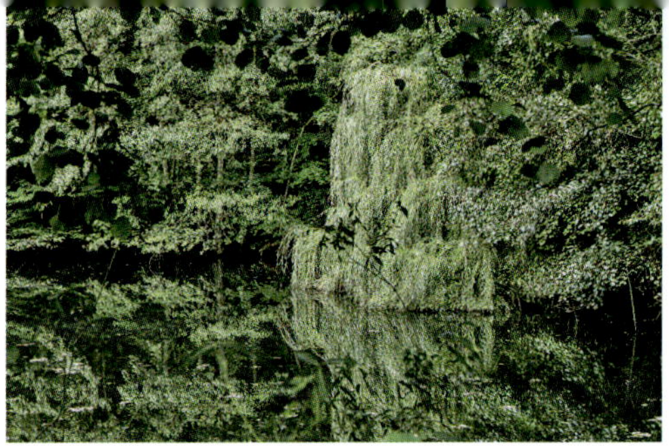



### Hier die schönsten Touren

**TOUR 17 / SEITE 98**
Besuchen Sie ein historisches Schloss und staunen Sie über die Schweizer Gondel.

**TOUR 21 / SEITE 122**
Die Sonne und die Zeit spielen hier eine ganz herausragende Rolle.

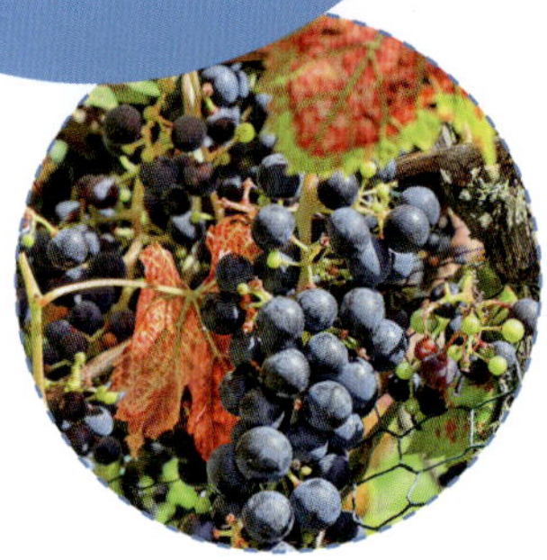

# Touren im Überblick

| Nr. | Tourname | | | | | | | | | | |
|---|---|---|---|---|---|---|---|---|---|---|---|
| 1 | Malerisches Niederberg | mittel | 11,3 km | 386 Hm | 3-3,5 Std. | ✓ | ✓ | ✓ | | | ✓ |
| 2 | Radevormwalder Ausflüge | leicht | 8,1 km | 302 Hm | 2-2,5 Std. | ✓ | | | | | ✓ |
| 3 | Eschbach- und Panzertal | leicht | 12,2 km | 333 Hm | 3-3,5 Std. | | ✓ | | | | ✓ |
| 4 | Nach Tyrol im Eschbachtal | mittel | 13,4 km | 699 Hm | 3,5-4 Std. | ✓ | | | | | ✓ |
| 5 | Exkurs nach Düsseldorf | mittel | 15,8 km | 618 Hm | 4,5-5 Std. | ✓ | | | | | ✓ |
| 6 | Wuppertaler Weltwald | mittel | 12,3 km | 468 Hm | 3-3,5 Std. | ✓ | | | | | ✓ |
| 7 | Am Wülfrather Schlup-kothen | leicht | 7,3 km | 226 Hm | 2-2,5 Std. | ✓ | ✓ | | | | ✓ |
| 8 | Wipperfürther Kirchdörfer | mittel | 15,8 km | 536 Hm | 4,5-5 Std. | ✓ | | | | | ✓ |
| 9 | Marienheide | leicht | 8,9 km | 330 Hm | 2-2,5 Std. | ✓ | ✓ | | | | ✓ |
| 10 | Gummersbacher Panorama | mittel | 6,8 km | 373 Hm | 2 Std. | ✓ | | | | | ✓ |
| 11 | Runde von Marienberg-hausen | mittel | 14,5 km | 554 Hm | 4-4,5 Std. | ✓ | | | | | ✓ |
| 12 | Wiedenest | mittel | 12,5 km | 525 Hm | 3,5 Std. | | | | ✓ | | ✓ |
| 13 | Wildbergerhütte | mittel | 18,2 km | 606 Hm | 4,5-5 Std. | ✓ | | | | | ✓ |
| 14 | Morsbach – Rom – Paris | schwer | 15,8 km | 629 Hm | 5 Std. | ✓ | | | ✓ | | ✓ |
| 15 | Die Täler am Eifgenbach | leicht | 8,3 km | 414 Hm | 2-2,5 Std. | ✓ | ✓ | | | ✓ | ✓ |
| 16 | Grunewald im Bergischen | mittel | 9,9 km | 418 Hm | 2,5-3 Std. | | | | | | ✓ |
| 17 | Rösrather Runde | mittel | 12,2 km | 540 Hm | 3,5-4 Std. | ✓ | | | ✓ | | ✓ |
| 18 | Bechen im bergischen Herzen | mittel | 14,4 km | 784 Hm | 4-4,5 Std. | ✓ | | | | | ✓ |
| 19 | Rund ums Aggertal | mittel | 13,3 km | 645 Hm | 3,5-4 Std. | ✓ | | | ✓ | | ✓ |
| 20 | Bröleck an der Brölquelle | mittel | 11,3 km | 560 Hm | 3,5-4 Std. | ✓ | | | | ✓ | ✓ |
| 21 | Im Leichlinger Murbachtal | leicht | 8,4 km | 521 Hm | 2-2,5 Std. | ✓ | ✓ | ✓ | | | ✓ |

DER WEG IST DAS ZIEL …

# Praktische Informationen für Ihre Tour

Seinen Namen erhielt das Bergische Land durch das mittelalterliche Fürstentum der Grafen von Berg, die über viele Generationen für die Geschicke und das Leben der Menschen verantwortlich zeichneten. Um die Übersichtlichkeit der Kapitel in diesem Buch zu wahren, wurde die etwas kleinteiligere offizielle geografische Zuordnung ein wenig vereinfacht: Dem Niederbergischen Land wurde das sonst eigenständig vermarktete bergische Städtedreieck Solingen, Wuppertal und Remscheid zugeordnet und die nördlichen Ausläufer des Rhein-Sieg-Kreises dem Rheinisch-Bergischen Kreis. Die kleinen Abstecher in das Sauerland finden sich entsprechend im Kapitel des Oberbergischen Kreises.

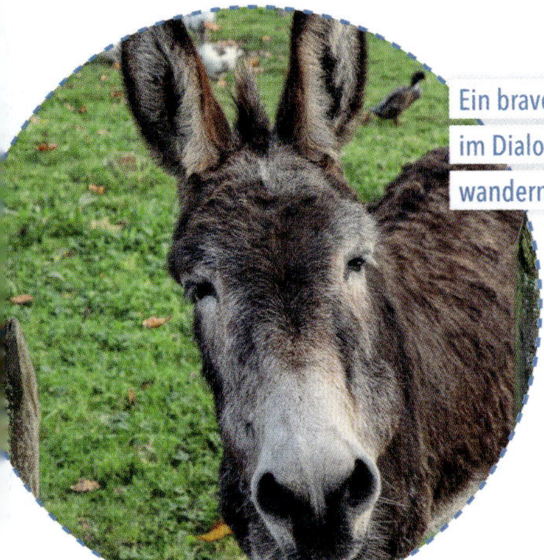

Ein braver Vierbeiner im Dialog mit dem wandernden Zaungast

Mit dem eigenen Pkw sind die Startpunkte der meisten Wanderungen bequem erreichbar. Auch der ÖPNV bietet

*Das Wasser und der Wald, das Fachwerk und der Schiefer, das Grün der Blendläden und vor allem die tollen Aussichten über sanft rollende Landschaften prägen das wanderbare Bild des Bergischen Landes.*

zumeist gute Verbindungen mit der Bahn zu den größeren, zentralen Orten, wo häufig ein Umsteigen in Busse notwendig ist. Allerdings entsprechen deren Fahrtzeiten und Fahrpläne nicht immer und nicht überall den Bedürfnissen der Wanderer, sondern sind eher auf jene der örtlichen Bevölkerung zugeschnitten. Vor allem an Wochenenden kann es dadurch bei ausgedünntem Fahrplan zu längeren Wartezeiten kommen.

## Beste Jahreszeit, Klima und Wetter

Jede Jahreszeit hat ihre Reize. Speziell im Winter, wenn das Weiß des Schnees bei klirrender Kälte die Strahlen der Sonne

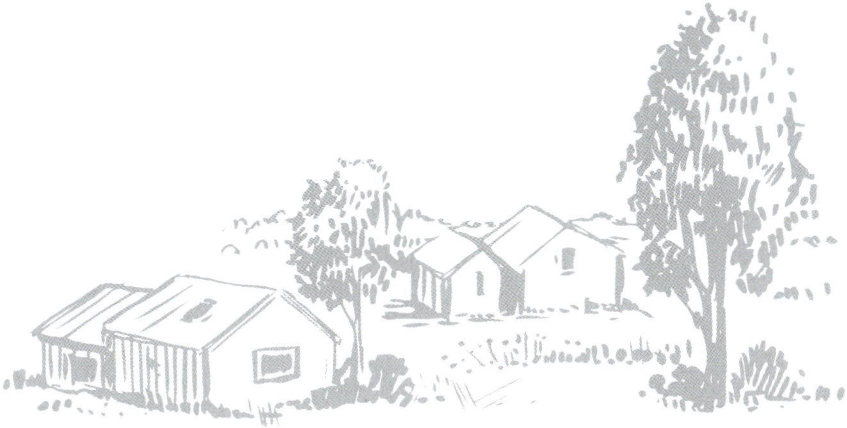

unter tiefblauem Himmel glitzernd reflektiert. Leider ein immer selteneres, insbesondere optisches Vergnügen, zudem sind unter diesen Bedingungen nur wenige Wanderungen tatsächlich auch empfehlenswert. Das Frühjahr verzaubert mit jungfräulicher, aus dem winterlichen Dämmerzustand erwachender Natur, mit aufbrechenden Knospen, würziger Luft und fröhlichen Vogelkonzerten. An Sommertagen lohnt ein zeitiges Aufbrechen, das nachhaltige Erfahrungen mit dem flirrenden Leben in Feld und Wald garantiert. Als schönste Jahreszeit mit den intensivsten Eindrücken gilt der Herbst, der sich mit einem bunten Kaleidoskop an Farben und Düften präsentiert und bisweilen gar für kulinarische Abwechslung mittels Beerenimbiss oder –

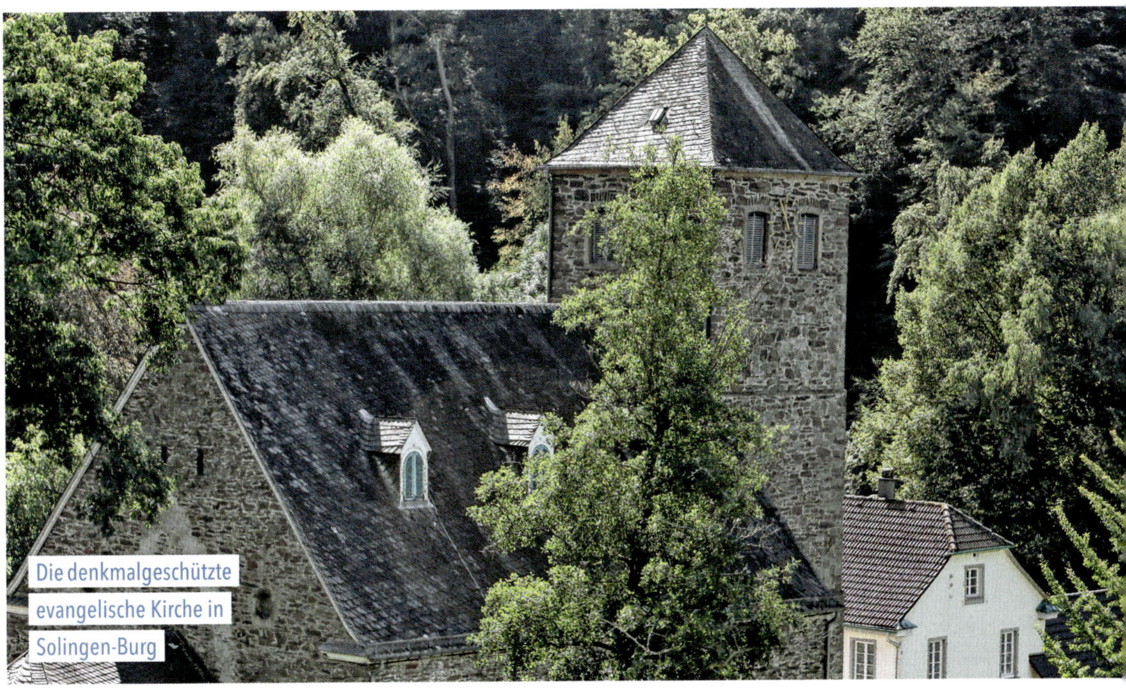

Die denkmalgeschützte evangelische Kirche in Solingen-Burg

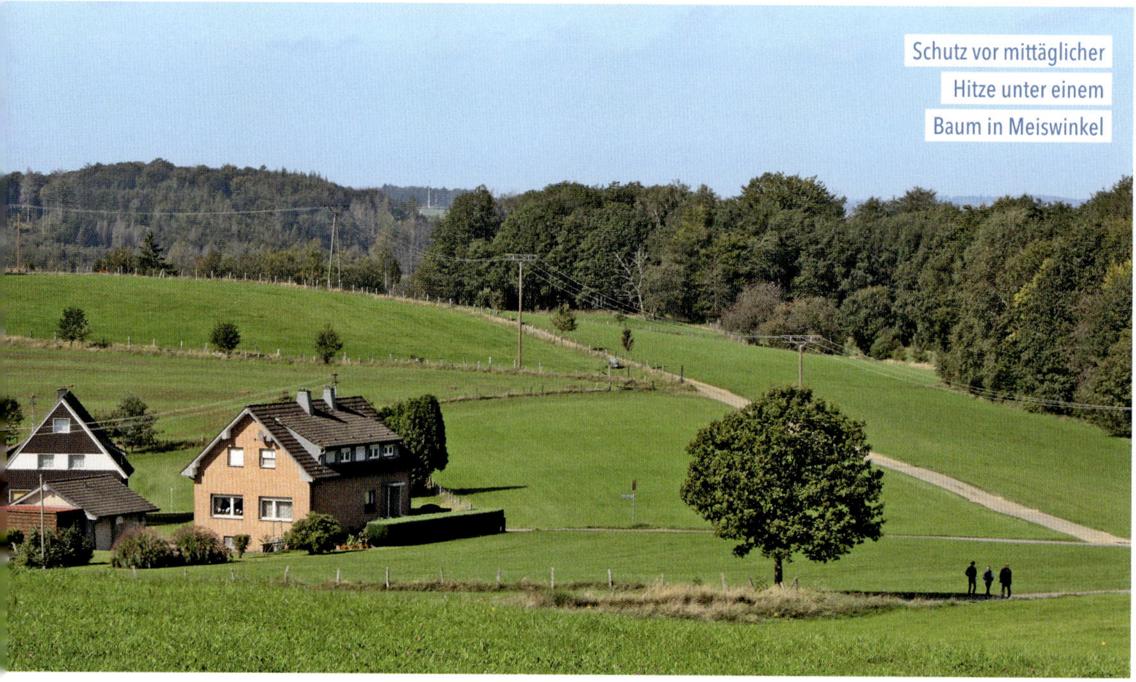

Schutz vor mittäglicher Hitze unter einem Baum in Meiswinkel

sorgfältig bedachter – Pilzmahlzeit sorgt. Den Landschaftseindruck trüben bisweilen die großen, wegen Borkenkäferbefall oder übermäßiger, teils verheerender Sturmschäden gerodeten Waldflächen. Sie sowie gelegentliche Klettereinlagen über umgestürzte Bäume können das gute Wandergefühl nachdrücklich schmälern, denn der Weg ist ja bekanntermaßen, und das gilt besonders auch im Bergischen, das Ziel.

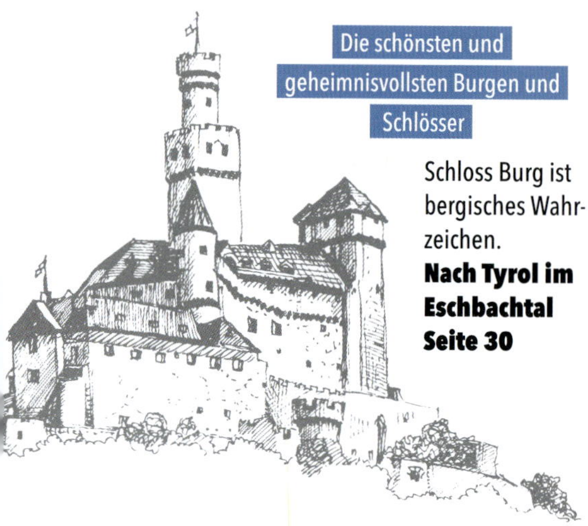

Die schönsten und geheimnisvollsten Burgen und Schlösser

Schloss Burg ist bergisches Wahrzeichen.
**Nach Tyrol im Eschbachtal Seite 30**

## Ausrüstung und Verpflegung

Alpine Abenteuer darf man hingegen nicht erwarten, es gilt keine Felswände, keine steilen Hänge zu erklimmen, denn es ist ein moderates Wanderland, das eigentlich nur ein gutes Paar Wanderschuhe mit vernünftigen Sohlen erforderlich macht. Mütze, Sonnenschutz und Sonnencreme, natürlich auch ein Regenschutz gehören in den Rucksack, der unbedingt eine Wasserflasche und ein paar Brote, Obst und Snacks beinhalten sollte, insbesondere dann, wenn Kinder dabei sind. Einkehrmöglichkeiten sind an den Routen nicht immer vorhanden. Wenn doch, stimmen die Öffnungszeiten nicht notwendigerweise mit dem Wanderrhythmus überein. Gleichwohl locken gerade die kleinen Gasthöfe mit typisch bergischen Köstlichkeiten, die es zu probieren lohnt. Und seien es nur die lokalen Gerstensäfte.

## Die Wege

Im Hinblick darauf, dass man sich nicht auf eine durchgehende Beschilderung verlassen kann (einige Wege sind gar nicht markiert, andere bieten ein geradezu verwirrendes, mithin nur bedingt hilfreiches Übermaß an Bezeichnungen) kann – Anachronismus hin oder her – eine ausgedruckte Wanderkarte zusätzlich zu den Navigationsmöglichkeiten des 21. Jahrhunderts hilfreich sein.

Die vermerkten Wanderzeiten variieren verständlicherweise je nach eigenem Rhythmus und Wandergesellschaft. Bänke – manchmal gibt es ein paar zu viele am Wegrand, ein anderes Mal wünscht man sie sich sehnlichst herbei – laden jedenfalls gern zur Rast, welche die tatsächliche Laufzeit dann natürlich verlängert. Aber wir wollen ja auch keine Rekorde aufstellen, sondern Landschaft und Natur sowie die heimelige Ruhe genießen.

Richtig schwere Routen sind nicht dabei, einige etwas länger, manche recht kurz. Und auch die Vierbeiner am Wegrand geben uns stets Gelegenheit für ein kurzes Päuschen und einen Plausch. Schließlich sei noch erwähnt, dass wir uns die Wege seltener mit Reitern, häufiger mit Radfahrern teilen, was gegenseitige Rücksichtnahme unabdingbar macht und auch die Qualität des Wanderuntergrundes bisweilen etwas mindern kann.

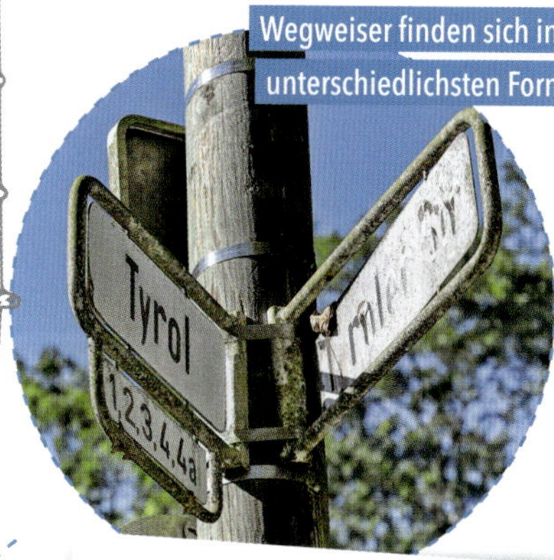

Wegweiser finden sich in den unterschiedlichsten Formen.

**Checkliste**

**Das sollten Sie dabeihaben:**

- Verpflegung ✓
- Genug zu trinken ✓
- Erste-Hilfe-Set ✓
- Regenschutz ✓
- Wechselshirt ✓
- Karte/Smartphone mit Offlinekarte ✓

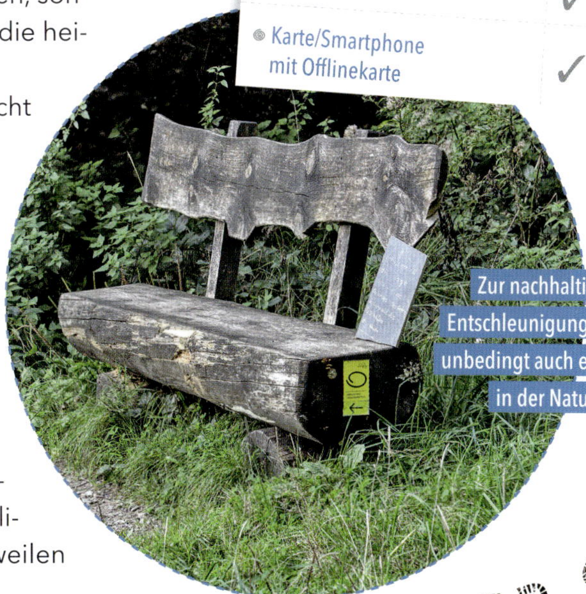
Zur nachhaltigen Entschleunigung gehört unbedingt auch eine Rast in der Natur.

## Die bergische Wandertafel ist angerichtet …

6 Schule der Natur

In Wuppertals mittlerem Westen ist die Speisenfolge höchst international: Während im historischen Arboretum Baumexoten aus aller Welt die Hänge über der Wupper zieren, folgen später südamerikanische Rhythmen.

**Wuppertaler Weltwald, Seite 42**

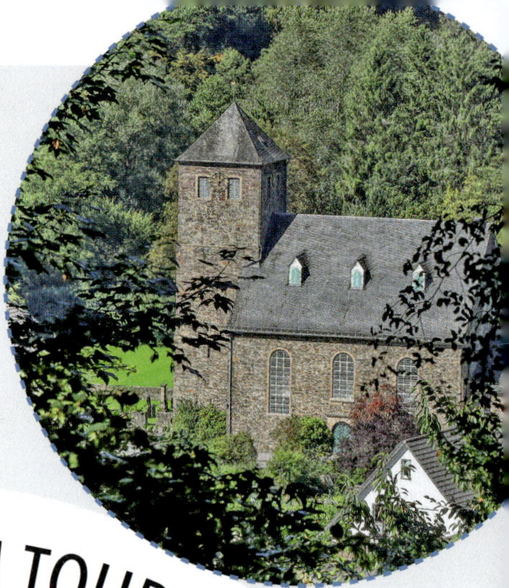

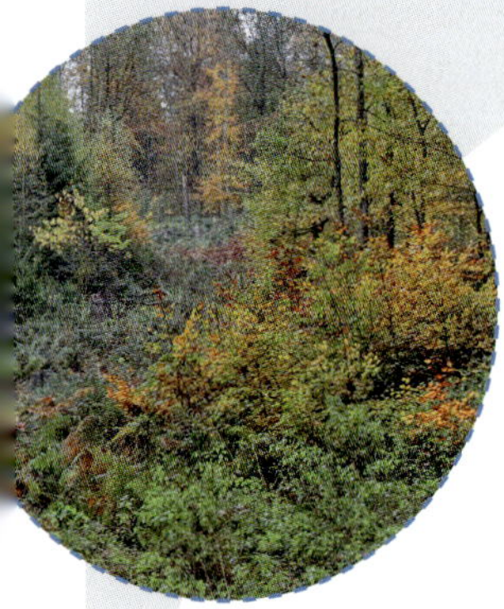

# UNSERE BESTEN TOUREN

# Highlights

Wie die kulinarische Vielfalt der bergischen Kaffeetafel spiegelt auch die Landschaft im Bergischen einen ungemein großen Facettenreichtum wider. Das erlesene Menü dominieren ungezählte Wasserläufe, große Stauseen, weitläufige Wälder und aussichtsreiche Hochflächen, liebevoll garniert mit Dörfern und kleinen Städten, mit Fachwerk, Schiefer, grünen Blendläden und würziger, guter Luft.

1

## Düsselidyll

Gelbe, wogende Rapsfelder, heimelige Waldromantik, eine mystische Burg, ein wenig Dschungel-Feeling und ein zauberhaftes Fachwerkdorf sind die gefälligen Ingredienzien dieser geschmackvollen Rundwanderung, die in ihrem zweiten Teil entlang des Oberlaufes der Düssel führt.

**Malerisches Niederberg Seite 16**

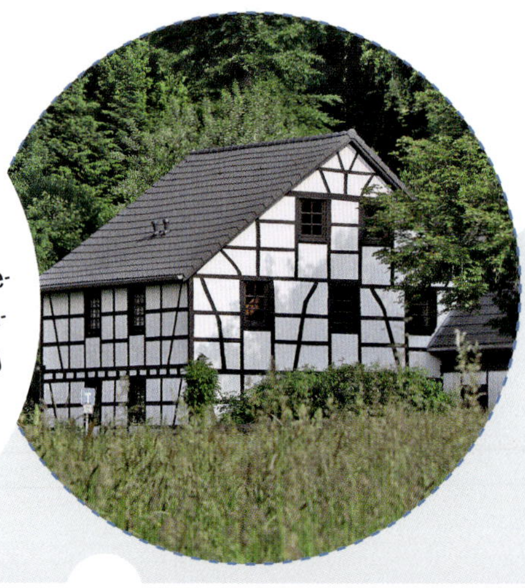

4

## Das ist ja der Hammer!

…usgehend vom Schloss Burg, dem einstigen …ergischen »Regierungssitz«, servieren uns die …sserreichen Nebentäler der Zuflüsse zur Wup… …r ein üppiges Büfett aus der hochspannenden …gionalen Industriegeschichte mit ihren zahl… …eichen von Mühlen zuverlässig mit Energie versorgten Schleifereibetrieben.

**Nach Tyrol im Eschbachtal**
**Seite 30**

11

## Kaleidoskop der Farben

In ihrem fein abgestimmten Variantenreichtum stellt die oberbergische Landschaft besonders in ihrem südlichen Ausläufer eine wahre Delikatesse dar und verführt alle Sinne mit verträumten Bachtälern, grandiosen Aussichten, schmucken Dörfern und als krönendem Sahnehäubchen einem ikonischen Sakralbau.

**Runde von Marienberghausen, Seite 68**

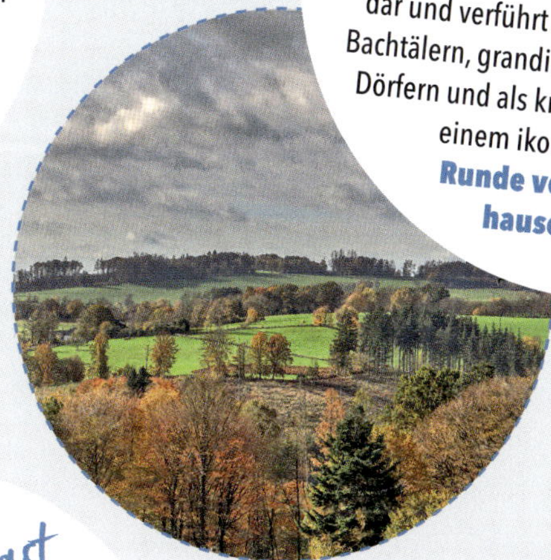

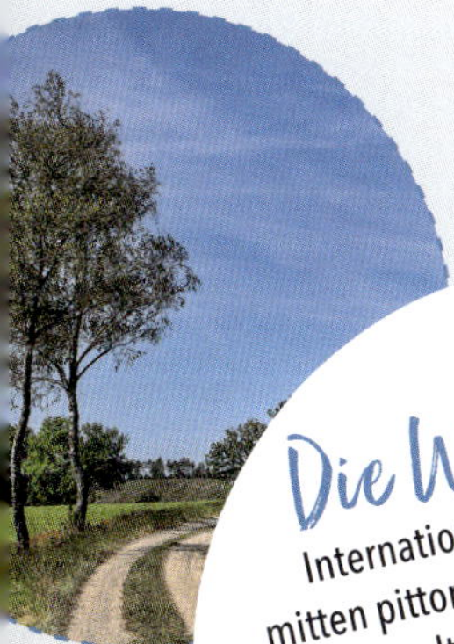

14

## Die Welt zu Gast

Internationale Haute Cuisine inmitten pittoresker bergischer Melange führt den weltoffenen Genießer, zumindest im übertragenen Sinne, gleich in zwei europäische Metropolen, deren Erkundung durchaus überraschende Erkenntnisse und Aussichten mit sich bringt.

**Morsbach - Rom - Paris**
**Seite 82**

19

## Telegenes Allerlei

Gleich mehrere illustre Zutaten verfeinern, zum Horsd'œuvre sogar musikalisch begleitet, das erlesene Mahl, das uns zu den Stätten wohlfeiler Unterhaltungskunst bringt, manch köstliche Erinnerung aufkommen lässt und sogar einiges Naschwerk der Natur bereithalten kann.

**Rund ums Aggertal**
**Seite 110**

18

## Grautier mit vier Buchstaben

Geografisch ganz dicht am bergischen Taktgeber bietet diese Wanderung zahlreiche Leckereien für den Feinschmecker, dessen Weg gewürzt ist mit einer Rezeptur aus diversen historischen Zutaten, mit humorigen Anekdoten und überaus bekömmlichen Panoramen und Einsichten.

**Bechen im bergischen Herzen, Seite 104**

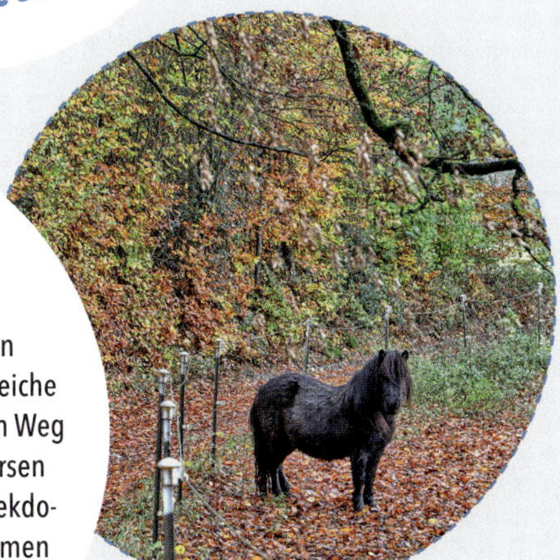

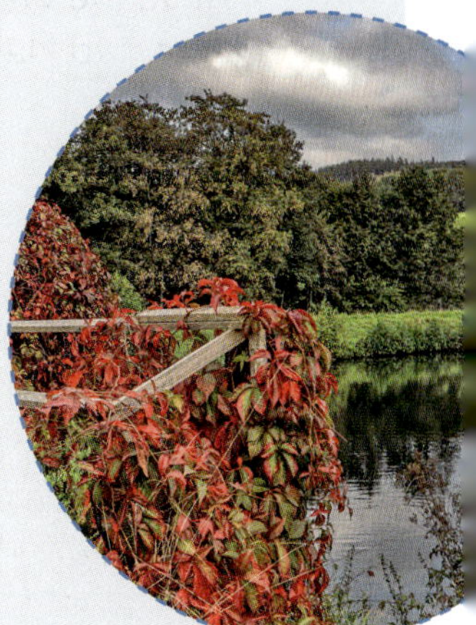

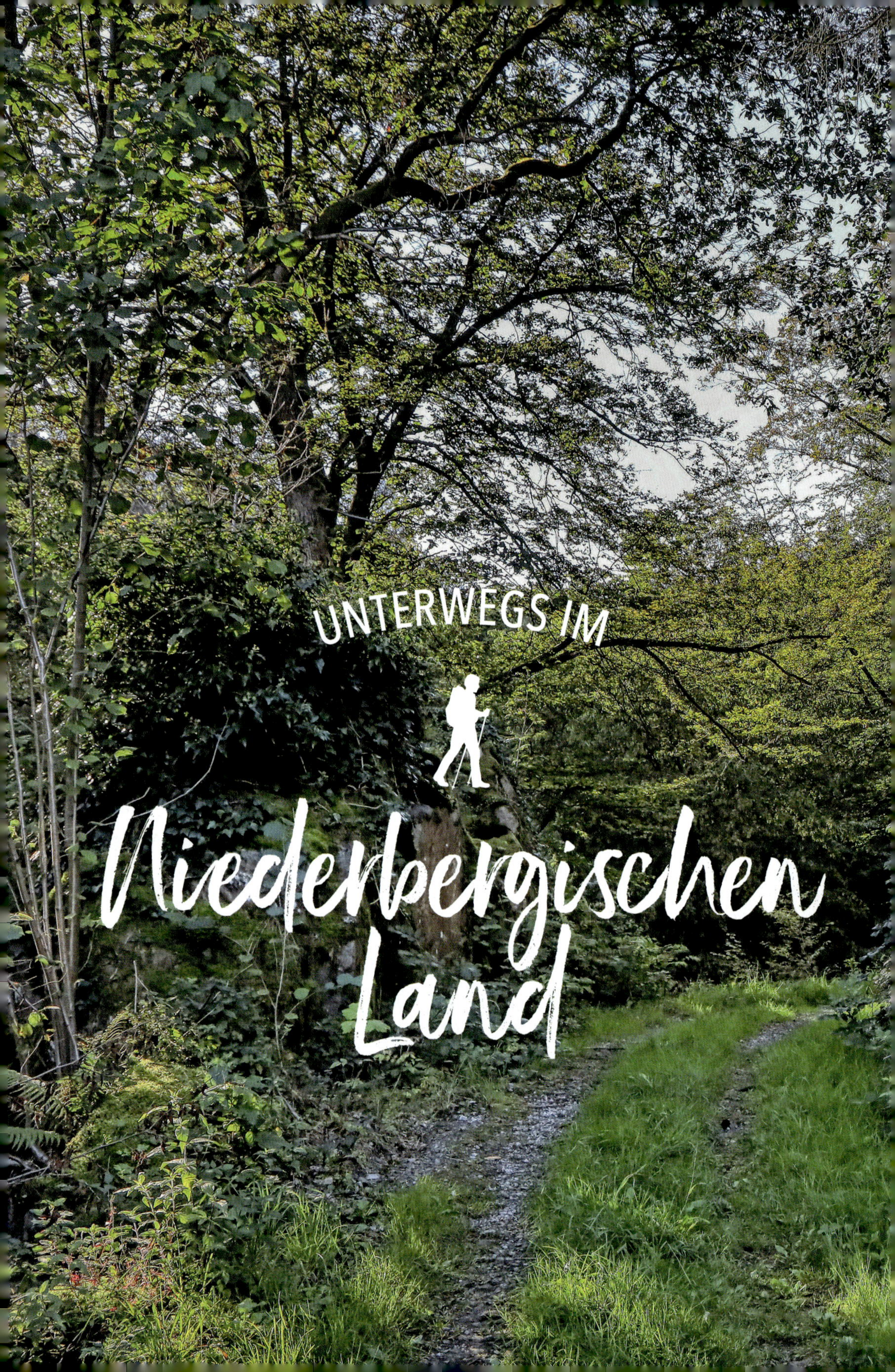
UNTERWEGS IM
Niederbergischen Land

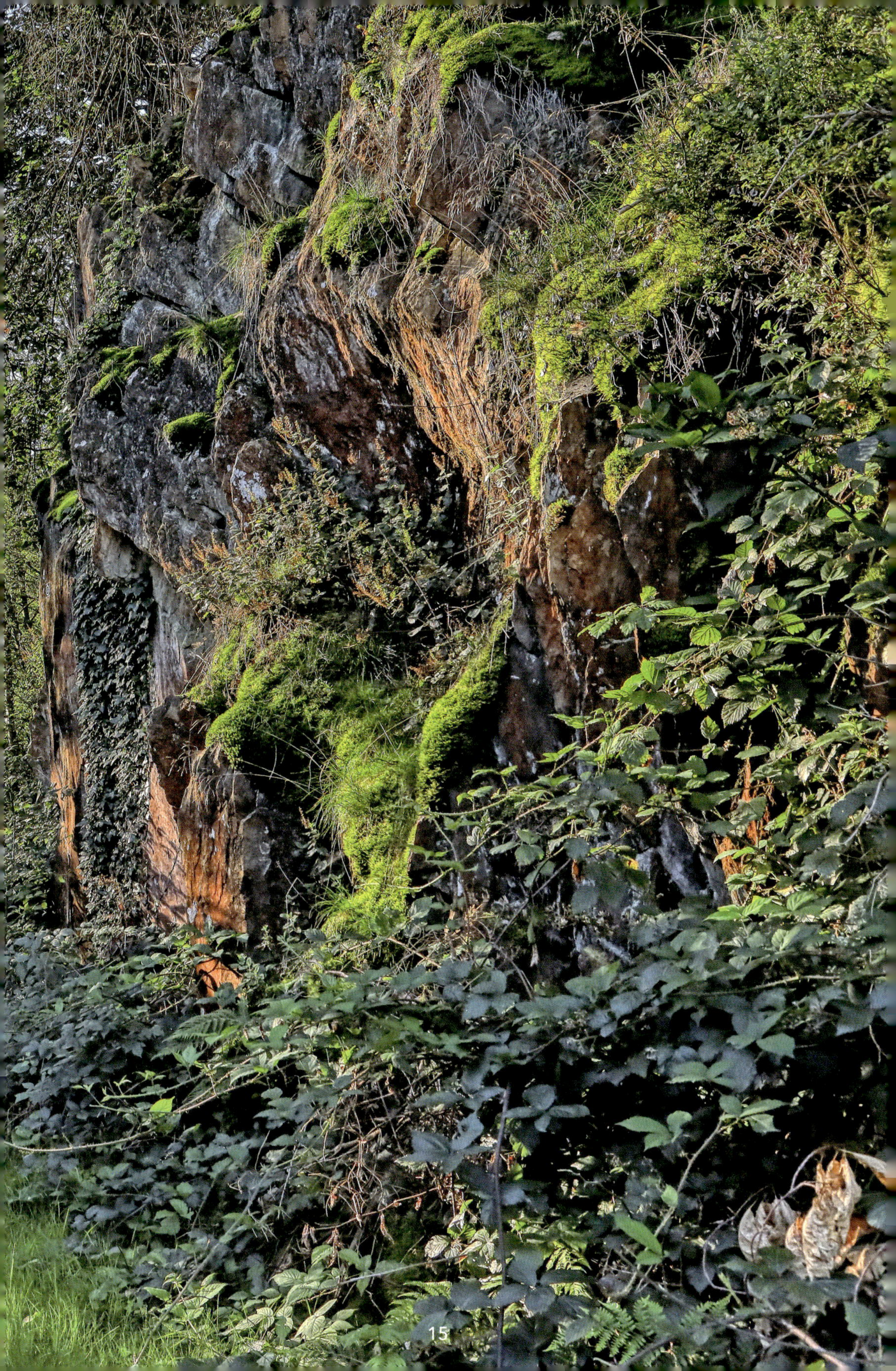

AN DER JUNGEN DÜSSEL

1

# Malerisches Niederberg

Von Gruiten-Dorf, das sein Idyll schon im Namen trägt, führt die Route durch niederbergische Hügel- und Waldlandschaft über den Rand des Wuppertaler Kalksteinabbaugebietes bis in den nicht minder idyllischen Weiler Schöller mit geschichtsträchtigem Rittergut.

Der kleine Parkplatz am westlichen Rand von Gruiten-Dorf ist der Ausgangspunkt unserer Wanderung. Wir überqueren die mitunter stark befahrene Mettmanner Straße und biegen am Abzweig Osterholzer Straße rechts auf den kleinen, etwas versteckten Wanderpfad »A1« ein, der eigens mit einem Schild »Wanderweg« ausgewiesen ist. Am Weg Bröckers passieren wir die gleichnamige historische, schon 1448 erstmals urkundlich erwähnte Hofschaft. Das nebenstehende Fachwerkhaus diente, glaubt man der Jahreszahl am Giebel, seit 1714 dem Hof als prachtvolle Scheune und Lagerhaus.

Zu unserer Rechten plätschert die Kleine Düssel in ihrem Bett. Wir passieren sie über eine Brücke und halten uns links auf der Vohwinkeler Straße bis zum Kreisverkehr. Dort geht es wieder links und nach wenigen Metern nochmals links auf der Straße »Zur Mühlen«. Sie ist nach der einstigen Hofschaft benannt, zu der auch eine ehemalige Wassermühle vom Anfang des 18. Jahrhunderts gehört, die nun als Wohnhaus genutzt ihr historisches Antlitz bewahren konnte. Ein Mühlrad, angetrieben vom steten Strom der Kleinen Düssel, gibt es leider nicht mehr.

Auf eine mehr als 300-jährige Geschichte blickt die evangelisch-reformierte Kirche in Gruiten-Dorf zurück.

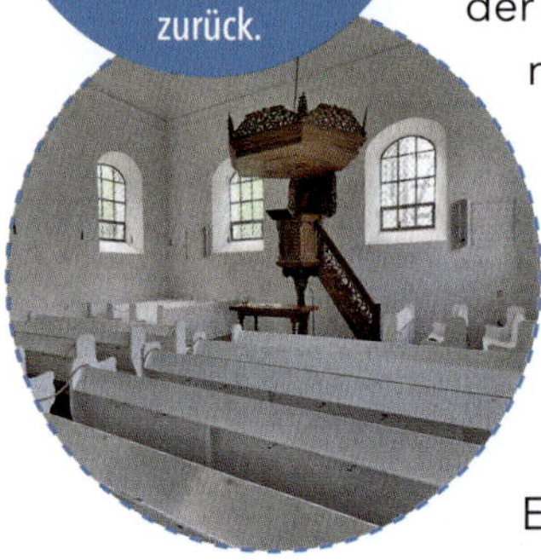

## Abstecher nach Wuppertal

Eine Schranke hinter der Bachbrücke setzt dem sowieso nur sehr spärlichen Autoverkehr ein Ende, uns jedoch nicht, und so wandern wir dahinter beschwingt leicht bergauf zwischen weiten Feldern auf ein Wäldchen zu. Unser Blick schweift in Richtung Wuppertal und über die Felder nach Gruiten und Erkrath.

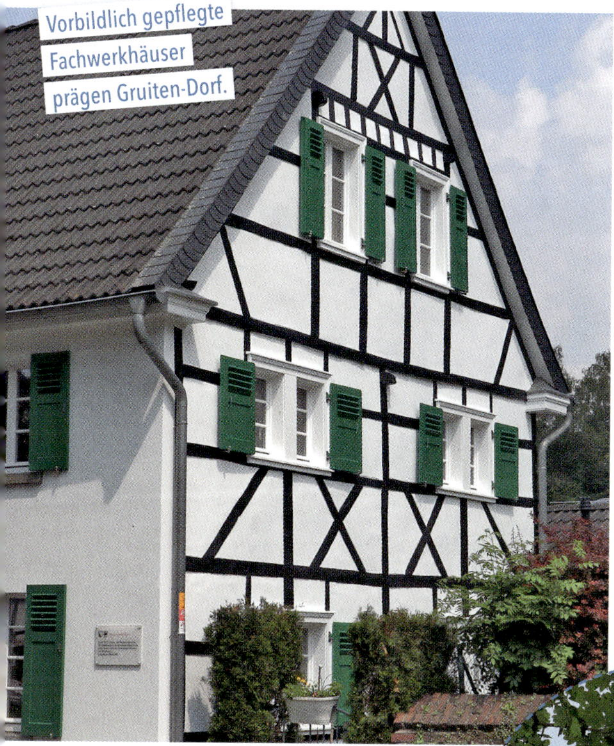

Vorbildlich gepflegte Fachwerkhäuser prägen Gruiten-Dorf.

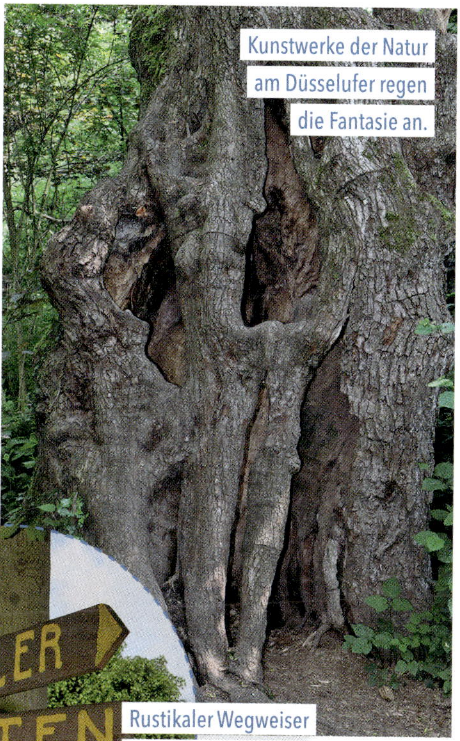

Kunstwerke der Natur am Düsselufer regen die Fantasie an.

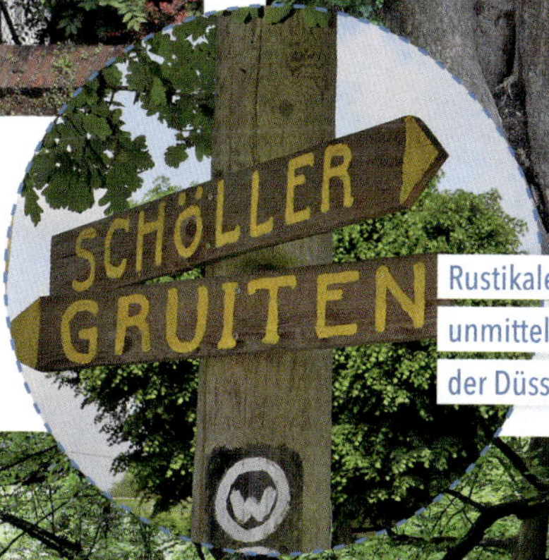


Rustikaler Wegweiser unmittelbar am Ufer der Düssel

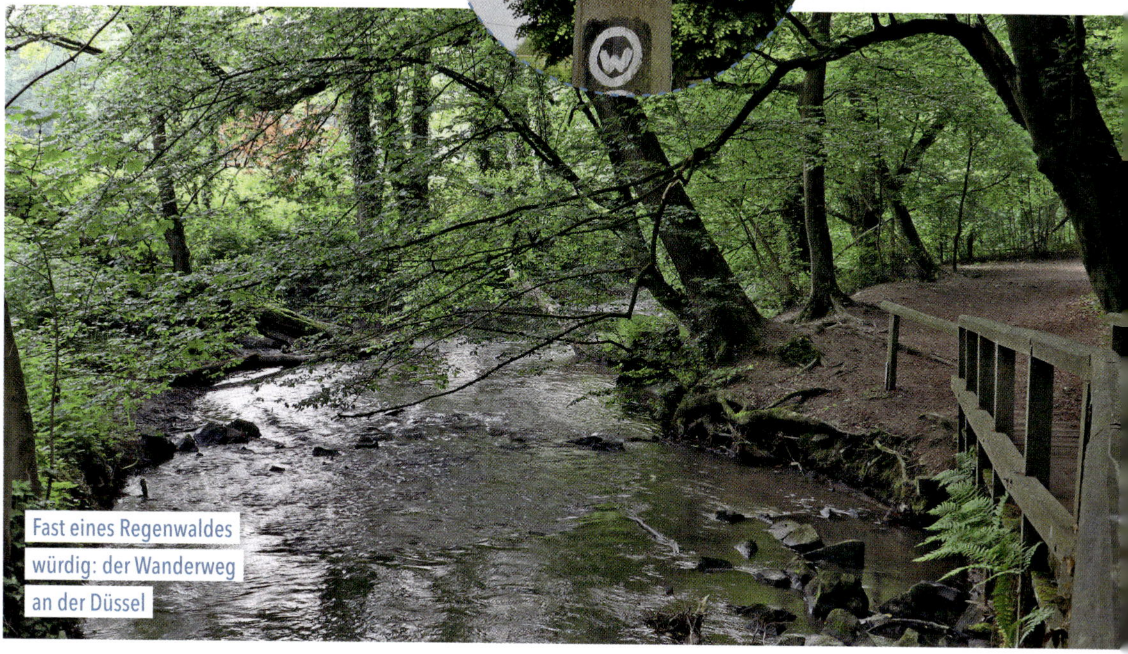

Fast eines Regenwaldes würdig: der Wanderweg an der Düssel

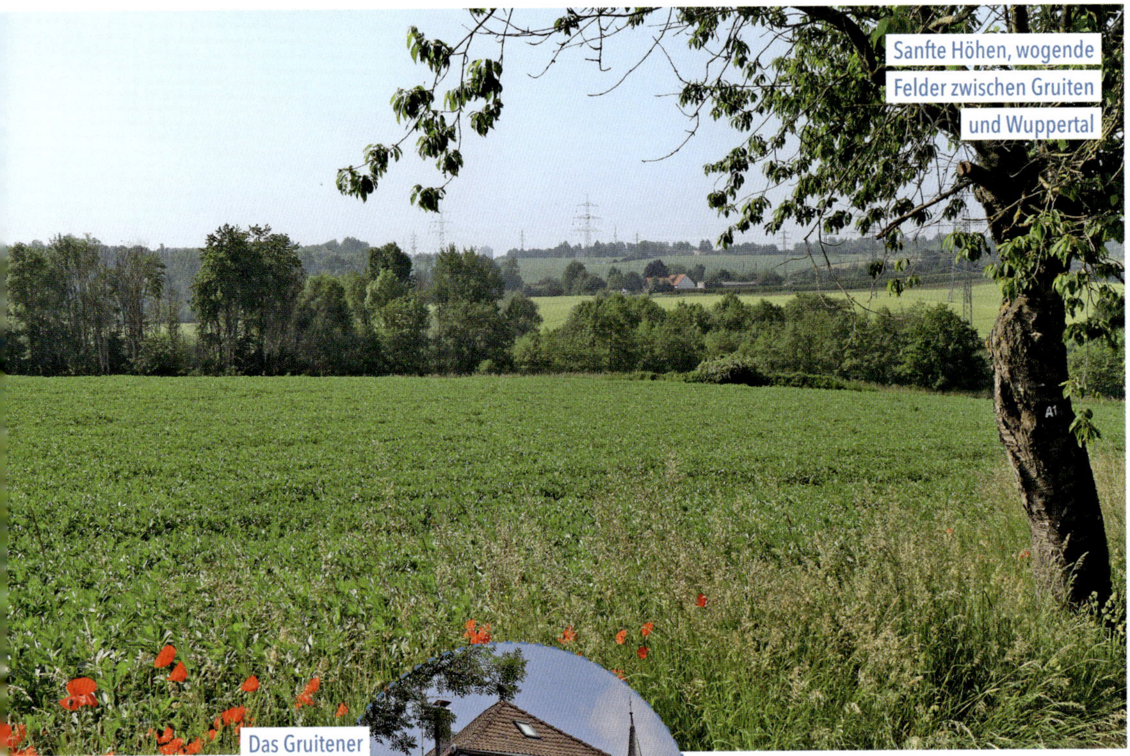

Sanfte Höhen, wogende Felder zwischen Gruiten und Wuppertal

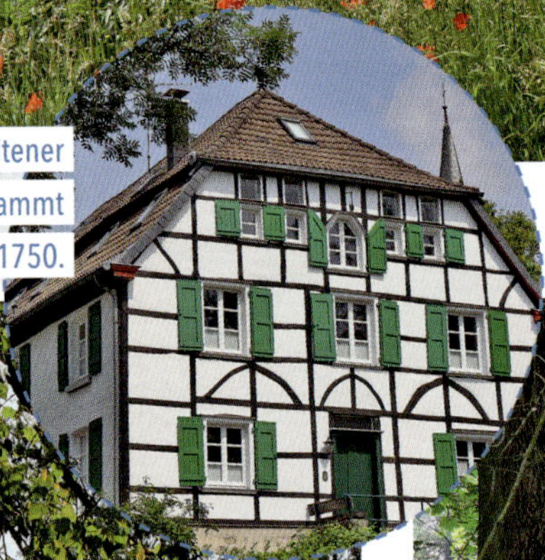

Das Gruitener Doktorhaus stammt aus dem Jahr 1750.

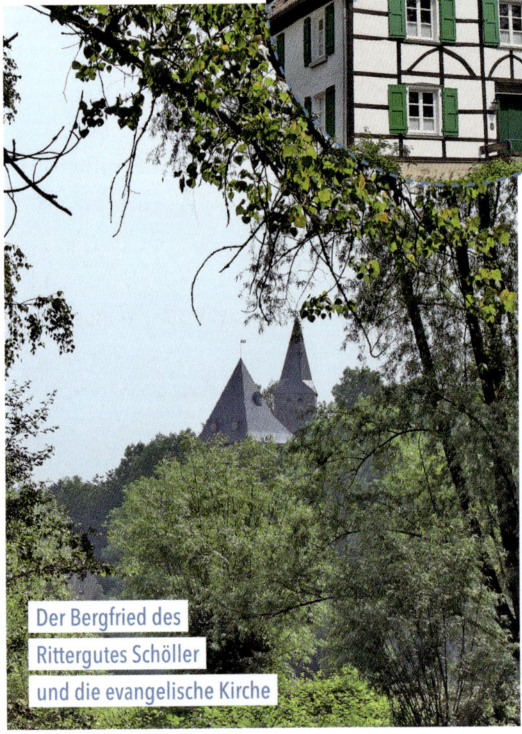

Der Bergfried des Rittergutes Schöller und die evangelische Kirche

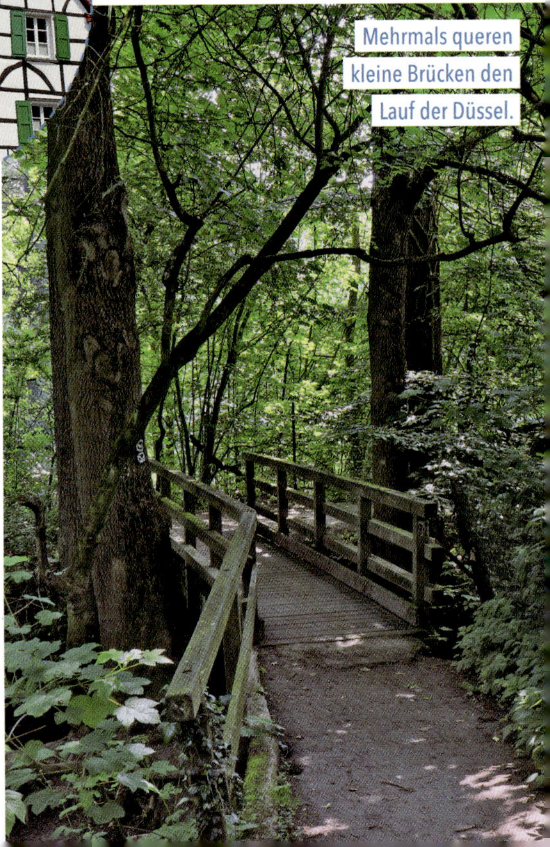

Mehrmals queren kleine Brücken den Lauf der Düssel.

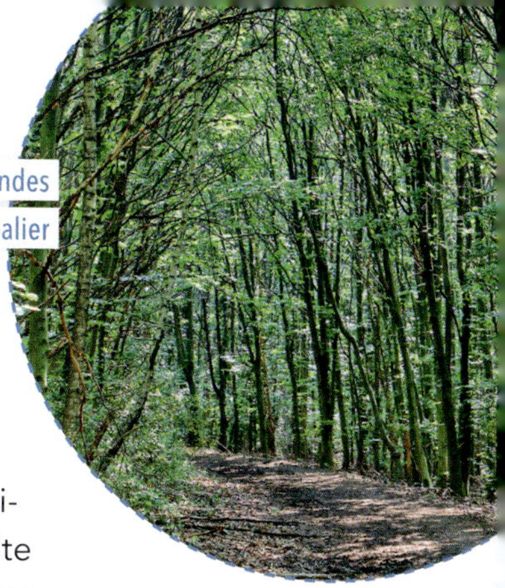

Schatten spendendes Baumspalier

An der Wegkreuzung gehen wir nach rechts und befinden uns jetzt auf dem neanderland STEIG bzw. dem Bergischen Weg. Deren Markierungen folgen wir am nächsten Abzweig nach links, wo uns ein dichtes, fast schon düsteres Waldstück mit breiten wie schmalen Pfaden empfängt, an dessen Ende wir die alte Hofschaft Derken erreichen und damit das Stadtgebiet des Wuppertaler Ortsteiles Vohwinkel. Rechts mit Blick auf die Ausläufer der Stadt weisen uns die Wegmarkierungen an der kommenden Querstraße wieder nach links in den Wald hinein. Hier wird es etwas abenteuerlich, denn wir sollen nun dem weißen »W« und dem runden Symbol des »Eulenkopfweges« folgen. Beide geleiten uns auf verschlungene Pfade ins Unterholz. Durch die Bäume ist der Ortsrand von Osterholz zu erkennen, doch wir halten uns, die Markierung ignorierend, links in nördlicher Richtung, bis wir an die Kreisstraße 20 gelangen.

## Vom Steinbruch zur Burg

Wir folgen der Straße ein Stück im Wald nach Osten, bis ein Forstweg nach links einschert. Diesen nehmen wir, und uns empfängt sofort wieder die von Vogelgezwitscher heimelig untermalte Ruhe des Waldes. Gleichzeitig aber nimmt auch die Geräuschkulisse des Steinbruches Oetelskofen allmählich an Intensität zu. »Ich bin Du« mahnen mit Kreide auf einigen Baumstämmen gemalte Texte und weisen darauf hin, dass zumindest Teile dieses Waldstückes von der Ausweitung des Steinbruches bedroht sind.

Im Bogen nach links und im langen Bogen nach rechts bleiben wir auf Distanz zur umzäunten Abbruchkante und durchwandern den Forst auf einem breiten Waldweg, flankiert von manch eigentümlich geformten Baumstümpfen, bis wir an den Wanderparkplatz Hermgesberg kommen. An der Kreuzung rechts, dem Eulenkopfweg folgend, begleiten wir den Straßenverlauf, der nah am abgezäunten Steinbruchgelände vorbeiführt, ohne dass wir dieses jedoch direkt einsehen könnten. Dann geht es rechts steil bergan und links steil bergab und wir sind im leicht verschlafen anmutenden Flecken Schöller angekommen, den die Kirche und der Turm des Rittergutes überragen.

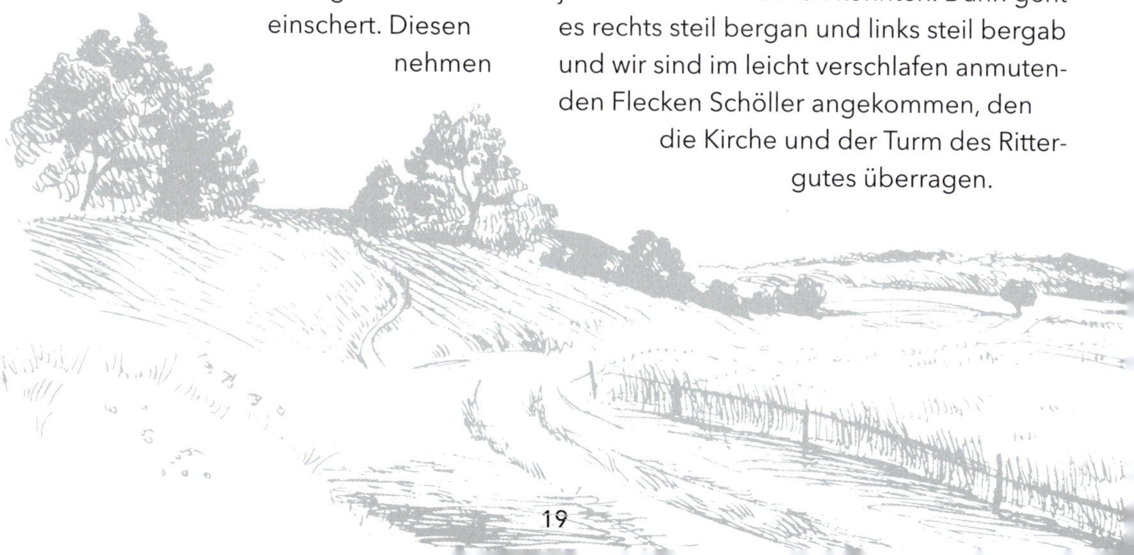

## Im Bann der Historie

Ein rostiges Tor umrahmt von einer dicken rustikalen Feldsteinmauer weist unmissverständlich auf die einstmalige Befestigung der Gutsanlage hin, die schon 1265 als Lehnshof der Abtei Corvey erwähnt wurde. Wir queren die Straße, passieren eine Bushaltestelle und gehen an der Mauer entlang talwärts.

Stolz ragt der Bergfried als wuchtiges Wahrzeichen des früheren Rittergutes, das in Chroniken auch gern als »Herrlichkeit Schöller« bezeichnet wird, in die Höhe. An einem der wenigen Fenster fällt eine Art eiserner, nun vom Rost befallener Käfig auf, um den sich mancherlei Geschichten ranken. So soll der »Schinderhannes« dort eingesessen haben, was aber wohl auf einer historischen Verwechslung beruht. Gleichwohl mag man sich die Qualen vorstellen, die Gefangene haben erleiden müssen, wenn sie mit süßem Honig bestrichen hilflos den Angriff von Insekten über sich ergehen lassen mussten. Die Geister dieser armen Sünder sollen noch immer im Dunstkreis des Käfigs, wahrscheinlich dann doch nur in luftiger Höhe, spürbar sein.

## An der Düssel ins Dorf

In engen Kurven geht es jetzt talwärts zur Düssel hinunter, die hier eine der vielen, leider nicht mehr aktiven Mühlen an ihren Ufern passiert. Vorbei am Mühlteich stoßen wir wieder auf den Bergischen Weg und den neanderland STEIG, denen wir nach links folgen. Schon bald wandern wir nah am Ufer im zauberhaften Wald- und Bachidyll entlang, das beinahe so etwas wie Urwald- oder Dschungelcharakter besitzt. Wir überqueren den Namensgeber der nordrhein-westfälischen Landeshauptstadt und bleiben weiter auf dem Eulenkopfweg, der auch mit »Raute 4« gekennzeichnet ist.

Am rechten Düsselufer kommen wir zum landwirtschaftlichen Betrieb Pelzers, dessen Schafherde lautstark auf sich aufmerksam macht, während die Pferde auf der Weide eher stoische Ruhe angesichts der Wanderer ausstrahlen. Alternativ zum befestigten Wirtschaftsweg mit etwas mehr landschaftlicher Vielfalt können wir auch weiterhin die Kühle des Waldes am anderen Ufer genießen, bis die in Privatbesitz befindliche Düsseler Mühle erreicht ist.

Nun verbleibt nur noch ein kurzes Stück auf dem Wirtschaftsweg bis Gruiten-Dorf an unserem Startpunkt. Natürlich widmen wir dem wunderhübschen Ensemble aus historischen Fachwerkhäusern inmitten bestens gepflegter Gärten ebenfalls noch etwas Zeit. Und zum Abkühlen der Füße stellen wir die Wanderschuhe beiseite und lassen das Wasser der Düssel an der Kneipp'schen Wassertretstelle in der Dorfmitte seine wohltuende Wirkung entfalten.

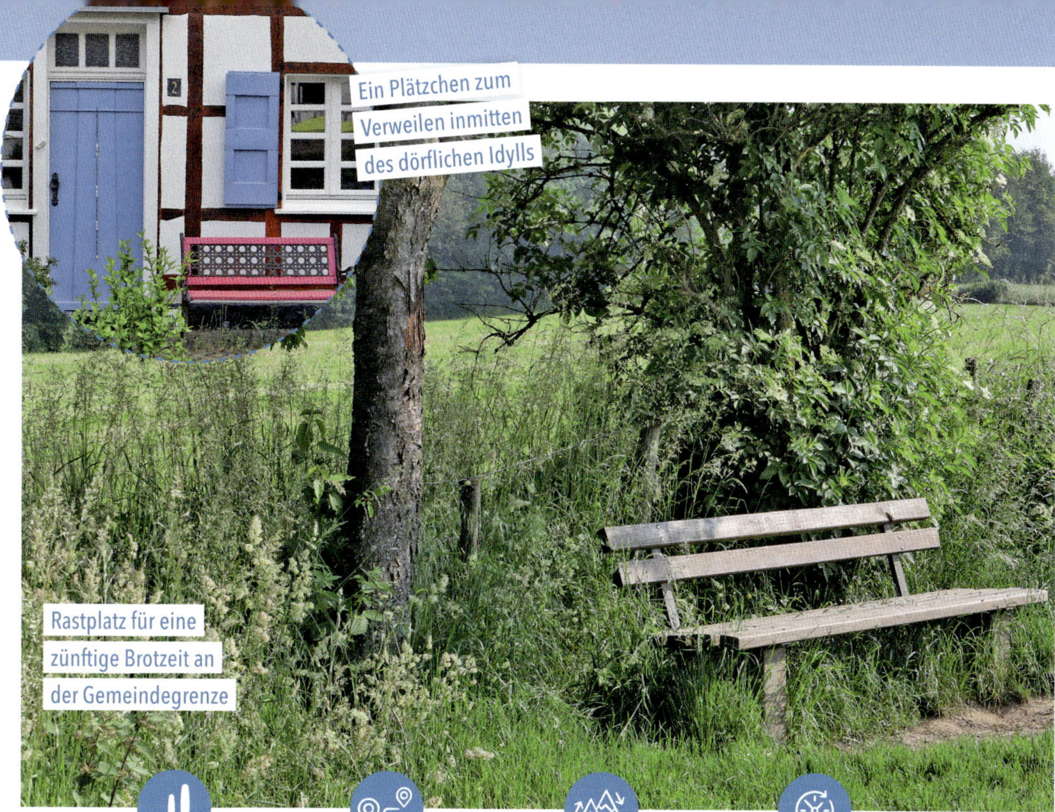

Ein Plätzchen zum Verweilen inmitten des dörflichen Idylls

Rastplatz für eine zünftige Brotzeit an der Gemeindegrenze

mittel | 11,3 km | 386 Hm | 3-3,5 Std.

## Auf einen Blick

### Tourencharakter
Einige wenig befahrene Straßen, viele Waldwege, wenige schmale Pfade

### Ausgangs-/Endpunkt
Wanderparkplatz an der Pastor-Vömel-Straße, Pastor-Vömel-Straße 23, 42781 Haan
GPS 51.22594, 7.01168

### Anfahrt
**Auto:** Auf der A 535 bis Ausfahrt 5 Wuppertal-Dornap, links auf die B 7 Richtung Mettmann, hinter dem Golfclub Haan-Düsseltal an der Ampelkreuzung links bis Gruiten-Dorf, der Ortsumgehung Mettmanner Straße folgen, nach der langen Rechtskurve rechts in den Ort. Der Parkplatz liegt direkt links.

**ÖPNV:** Mit dem Bus Linie 641 (Wülfrath Stadtmitte-Haan-Gruiten) oder Linie 742 (Haan-Mettmann Jubiläumsplatz) bis Haltestelle Haan, Gruiten Kirche

### Karte
Freizeitkarte Mettmann, 1:15 000, Scala Verlag

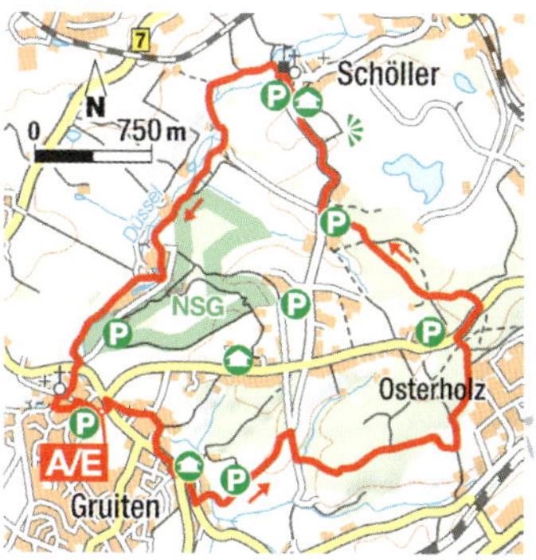


### Einkehr
Darstellende Kunst und kunstvolle Kuchenkreationen serviert das Café im Dorf in Gruiten-Dorf von Donnerstag bis Sonntag und feiertags (www.cafe-im-dorf.net).

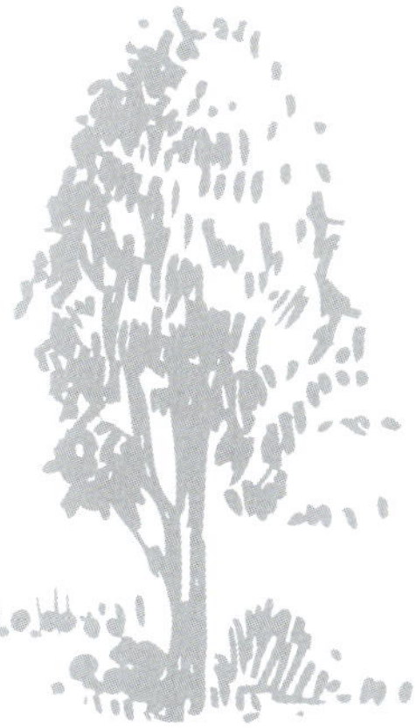

KAFFEKANNE BIS WUPPERTALSPERRE

2

# Radevormwalder Ausflüge

Weil Fuhrleute an der kleinen Hofschaft im Süden von Radevormwald nach dem steilen Anstieg aus dem Wiebachtal einst ihre Kaffeepause abhielten, bekam sie ihren ungewöhnlichen, bald leicht veränderten Namen »Kaffekanne« verpasst.

Der Parkplatz an der lauschigen, vor allen Dingen bei Kindern beliebten Freizeitanlage Hölterhof liegt gleich westlich von der heutigen Siedlung aus Reihenhäusern und Kleingewerbe, die noch immer diese Bezeichnung trägt. Wir spazieren, begleitet vom trubeligen Lärm des ausgelassen und vergnügt spielenden Nachwuchses, durch den Park und tauchen sogleich ein in einen dichten Forst, der bald jegliches Geräusch zu absorbieren scheint, um den Klängen des Waldes Raum zu geben. Über holpriges Wurzelwerk führt der Pfad, der hier als Teil des Bergischen Panoramasteiges ausgewiesen ist, in südliche Richtung hinab ins Tal des Wiebaches, das den braven Fuhrmännern so viel Mühe bereitete. Am Rand des Waldes schweift der Blick über Wiesen, Felder und Wälder des recht breit angelegten Tales, in dessen Mitte einige ausgesprochen hübsche Fachwerkhäuser die Blicke auf sich ziehen.

## Auf dem Bergischen Panoramasteig

Wir tauschen den Pfad für wenige Meter mit der Kohlstraße, von der wir dann gleich halb rechts abzweigen. Wir folgen dann dem Verlauf des Wiebaches, dessen Anwesenheit wir aber erst wirklich bemerken, als der Wirtschaftsweg an einem verborgenen, ja mystischen Wohnhaus mit kleinem, nicht minder verwunschenem Garten endet. Hier plätschert der Bach ausgelassen unter einem Brückchen hindurch. Wir hangeln uns hinüber entlang eines Pfades unmittelbar am Zaun zum Grundstück, der kurz danach im rechten Winkel weiter südwärts abknickt. Nun liegt der Bachlauf zu unserer Rechten und wir folgen dem Pfad und dem gelben Logo des Panoramasteiges sowie

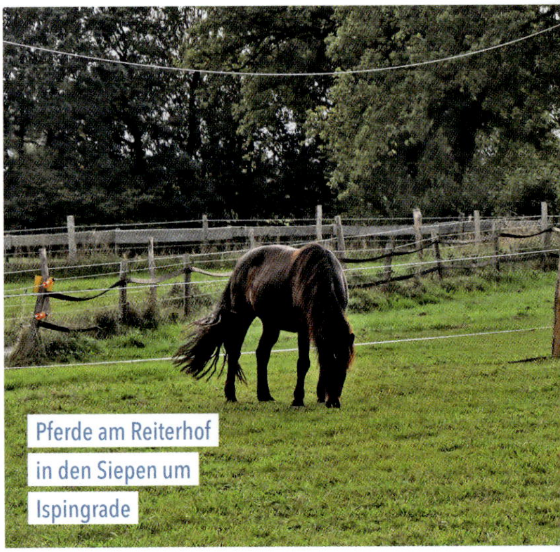

Pferde am Reiterhof in den Siepen um Ispingrade

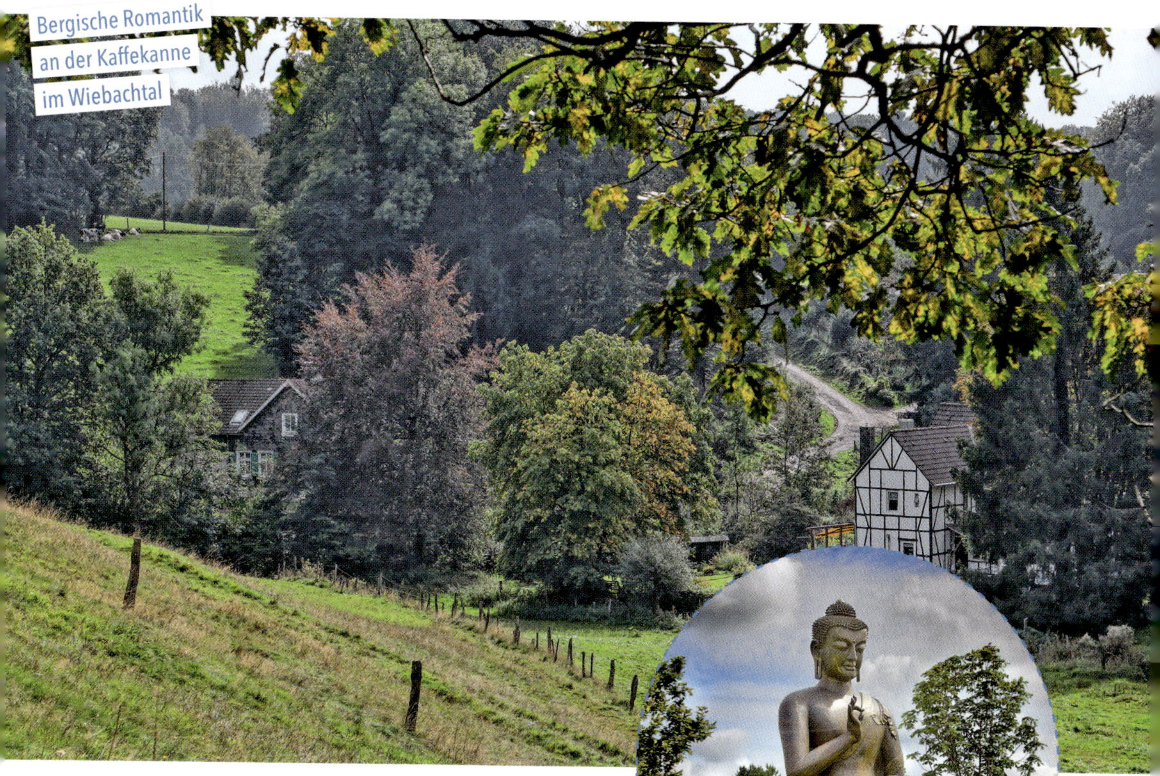

Bergische Romantik an der Kaffekanne im Wiebachtal

## Geheimtipp

In die Welt des Orients entführt das privat und mit viel Herzblut geführte ungewöhnliche Museum für Asiatische Kunst. Im zauberhaften Garten warten kleine Pagoden, Wasserspiele und unzählige Skulpturen, Elefanten und Buddhas sowie ein prachtvoller Gong, während im Inneren auf drei Ebenen kultige wie rituelle Objekte aus allen Teilen des asiatischen Kontinents zu sehen sind (www.asianart-museum.de).

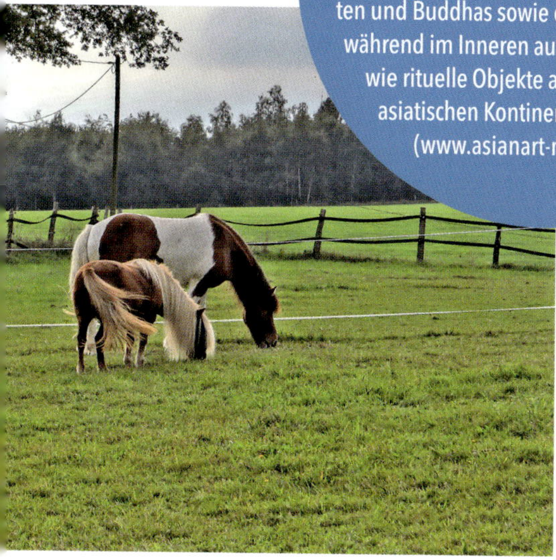

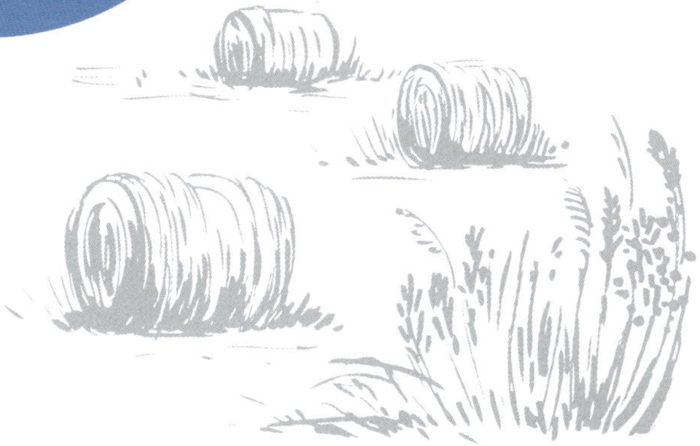

den Wegen A2 und A3 durch den lockeren kerzengeraden Baumbestand. Die Stämme verstellen nur wenig die Sicht auf den bald 750 Jahre alten Flecken Ispingrade auf der westlichen Talseite. Unser Pfad endet an einem Querweg, den wir nach rechts hinunter zum Bach gehen. Wir überqueren den Bach und folgen am anderen Ufer weiter seinem quirligen Verlauf.

**Tipp**

Die beiden Bänke an der Vorsperre der Wuppertalsperre laden zur Pause ein.

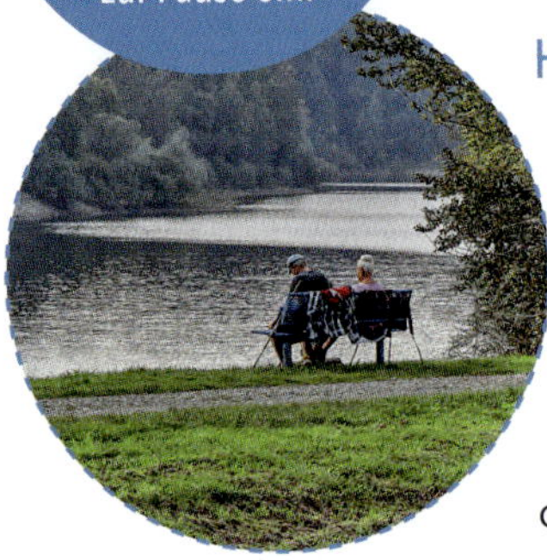

## Die Quelle der Wuppertalsperre

Die Natur breitet sich in den schon vor geraumer Zeit gerodeten Waldflächen links und rechts neuerlich aus, bietet ein chaotisches Bild aus jungen Bäumen, Brombeerbüschen und wildem Pflanzenwuchs. Nochmals überqueren wir den Wiebach, kurz bevor sich dieser in die in ihren Umrissen der Schwanzflosse eines Delfins nicht unähnlichen Vorsperre zur Wuppertalvorsperre ergießt. Auf dem großen Wasser, das hinter Bäumen und Gebüsch schon zu erahnen ist, machen Gänse eifrig schnatternd auf sich aufmerksam. Wir passieren den kleinen Bachlauf, der vom Möhrchenhof auf dem Gemeindegebiet von Hückeswagen zielsicher herunterstrebt, um auch in der Vorsperre zu münden. Nun gelangen wir zur Staumauer, die die beiden Gewässer voneinander trennt und einen weiten Blick über die bereits aufgestaute Wupper ermöglicht. Einige Parkbänke laden zur Rast und zum Genuss der nachmittäglichen Sonne ein.

## Höhen und Täler vor Radevormwald

Hier verlassen wir den Panoramasteig, halten uns im Wald leicht bergan rechts, um gleich darauf vor der Gabelung der Wege den Ispringrader Bach zu queren, dessen Verlauf wir nun an seinem rechten Ufer folgen. Weiter im Schatten der Bäume erreichen wir eine Lichtung, die den Blick über Wiesen und Weiden in Richtung Radevormwald freigeben. Nach Durchquerung eines weiteren Wäldchens lassen wir den Hof an der Froweinstraße rechts liegen und treffen wieder auf den Weg A3, der uns dann nach einer kurzen Asphaltpassage auf einen Wiesenpfad führt. Es geht nun talwärts auf die winzige Hofschaft Geilensiepen zu.

Die wenig befahrene Straße macht an der Talsohle eine ordentliche Wende und bringt uns bergan, vorbei an ein paar Pferdekoppeln, an den Ortsrand der Stadt mit einigen Tennisplätzen. Eine Brücke quert den tief darunter verlaufenden Springeler Bach, der kurz darauf in seinen großen Bruder Ispringrader mündet. Die Dietrich-Bonhoeffer-Straße führt uns durchs Wohngebiet bis zur Kreuzung mit dem Höhweg. Hier schwenken wir nach rechts, passieren ein kleines Gatter und die Straße geht in Auf der Höh über. Am Kohlweg biegen wir rechts auf den Finkenweg ein, der uns zurück zum Hölterhof bringt.

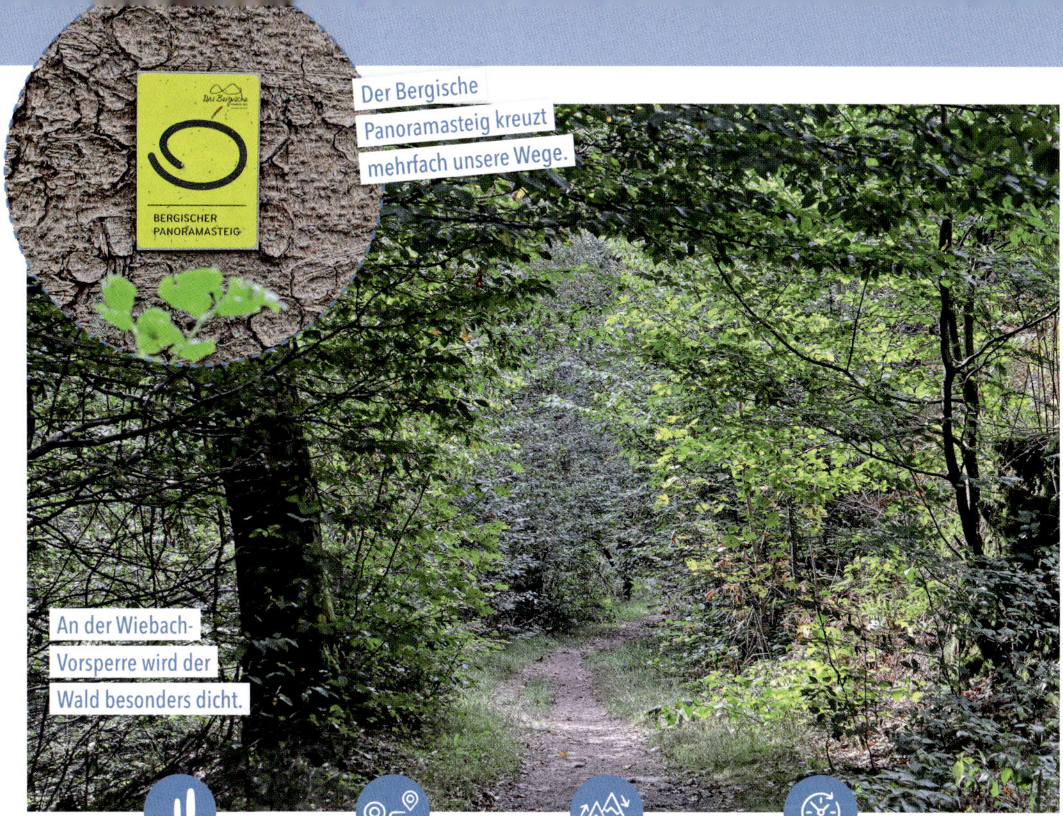


Der Bergische Panoramasteig kreuzt mehrfach unsere Wege.

An der Wiebach-Vorsperre wird der Wald besonders dicht.

leicht | 8,1 km | 302 Hm | 2-2,5 Std.

## Auf einen Blick

**Tourencharakter**
Die Wanderung verläuft zum überwiegenden Teil auf Waldpfaden und Wirtschaftswegen, während auf dem letzten Abschnitt nur gering befahrene Dorfstraßen passiert werden.

**Ausgangs-/Endpunkt**
Wanderparkplatz Hölterhof, Hölterhofer Straße 35, 42477 Radevormwald, GPS 51.19648, 7.35899

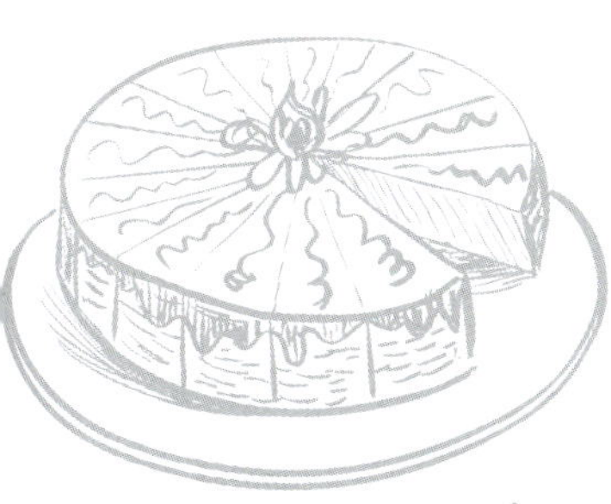

**Anfahrt**
**Auto:** Auf der A 1 bis Ausfahrt 95b, Remscheid. Links auf die B 229 Ringstraße bis Lennep, an der Ampelkreuzung rechts weiter der B 229 folgen, 7,4 km über die Wuppertalsperre bis zur großen Kreuzung am Radevormwalder Busbahnhof, an der Ampel rechts auf die Bahnhofstraße und an der nächsten Kreuzung links auf die Hölterhofer Straße. Nach knapp 300 Metern liegt der Parkplatz auf der rechten Seite.
**ÖPNV:** Mit Bussen der Linien 339, 626 und 671 bis Busbahnhof Radevormwald und 10 Minuten Fußweg

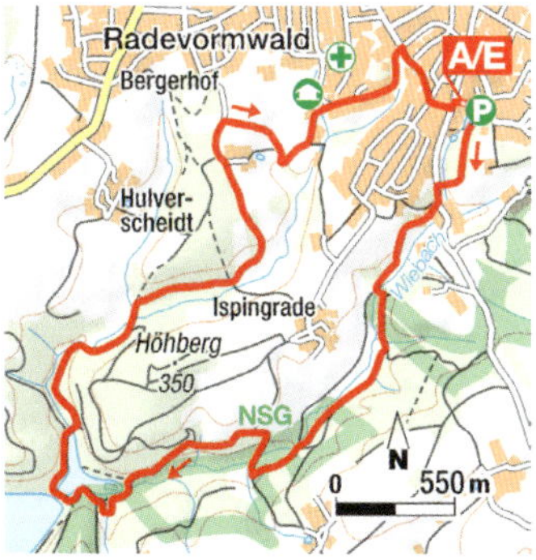


**Karte**
Wanderkarte Bergisches Land, Karte 1: Norden/Osten, 1:25 000, Das Bergische

**Einkehr**
Etwas versteckt gelegen offeriert Feldermann's Hofcafé leckere Kuchen in historischem Ambiente am Kattenbusch nah des Museums für Asiatische Kunst.
■ *www.feldermanns.de*

DIE GESCHICHTE DER TALSPERREN

3

# Eschbach- und Panzertal

Große und kleine Talsperren prägen das gefällige Landschaftsbild im Bergischen. Mithilfe zahlreicher aufgestauter Bäche und Flüsse bilden sie das Rückgrat der Wasserversorgung für die Region. Unsere entspannte Wanderung führt uns an ihre historischen und soziokulturellen Anfänge.

Wir starten an der oberhalb des Ufers und der Staumauer der Eschbachtalsperre gelegenen Ostseite der Raststätte Remscheid der Autobahn A 1. Dort folgen wir dem 1977 mit einem Waldlehrpfad angelegten Rundweg, markiert mit »A1«, in südöstlicher Richtung. Er führt am Ufer der 1891 eröffneten ersten Trinkwassertalsperre Deutschlands entlang. Gekrönte Häupter zeigten sich damals beeindruckt von dem visionären Bauwerk, das die wirtschaftliche Bedeutung der Region entscheidend beeinflussen sollte. So ließen es sich sowohl Prinz Friedrich Leopold von Preußen im Jahr 1897 als auch Kaiser Wilhelm II. 1899 nicht nehmen, dem künstlichen See ihre Aufwartung zu machen und ihn mit Lob zu überschütten. Gleichzeitig schufen sie damit die Grundlage für ein in der Folge sehr populäres Naherholungsgebiet. Schon nach kurzer Zeit im Schatten spendenden Forst, vorbei an einigen erklärenden Schautafeln über das Leben im Wald, erreichen und überqueren wir den namensgebenden Wasserlauf, den Eschbach, und bleiben weiterhin am Seeufer.

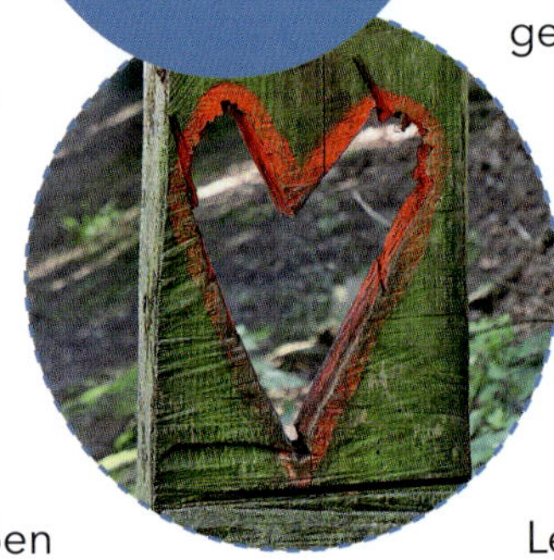

Die Wegmarkierungen am Ufer der Talsperre haben stets einen freundlichen Charakter.

## Zwischen den Stauseen

An der Mündung des Stöcker Baches in die Talsperre führt uns die Markierung »A2« weiter durch das dichte Waldgebiet. Wir gehen durch das lang gestreckte Bachtal, bleiben dabei stets in der Nähe des Stöcker Baches, bis wir ihn an einer Weggabelung erneut nach rechts queren und dabei die vorgegebene Wegführung verlassen.

Leicht bergan erreichen wir bald eine Straße und die dortige gut versteckte Quelle des Bächleins Weiersfelder Delle. Rechts ein Stück parallel zum befestigten Weg schwenken wir dann nach links und folgen der Straße Stöcken, die uns durch die gleichnamige Hofschaft führt. Hinter der Unterführung der Balkantrasse, eines Radweges auf einer früheren Bahntrasse, kommen wir zur B 51 Borner Straße, die wir

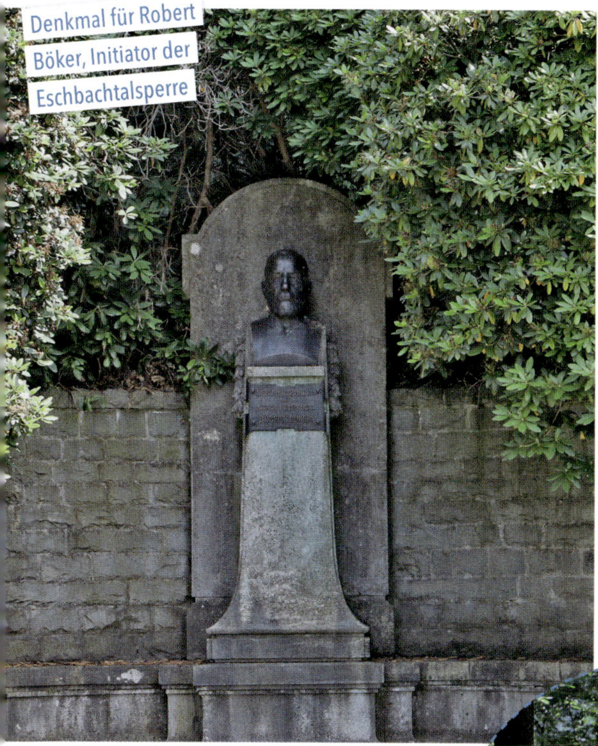

Denkmal für Robert Böker, Initiator der Eschbachtalsperre

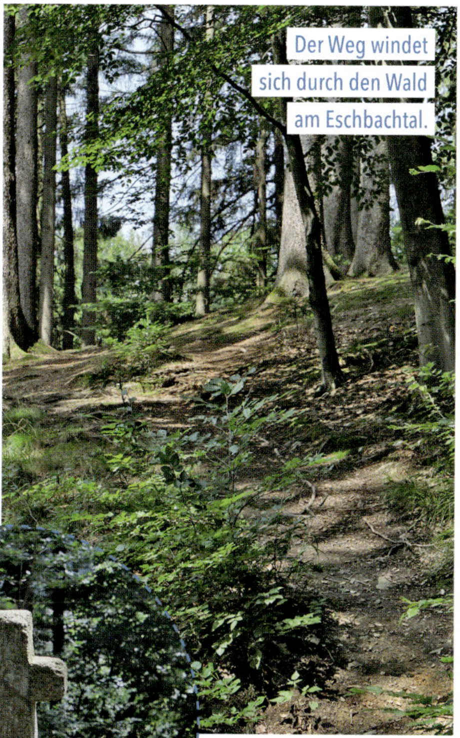

Der Weg windet sich durch den Wald am Eschbachtal.

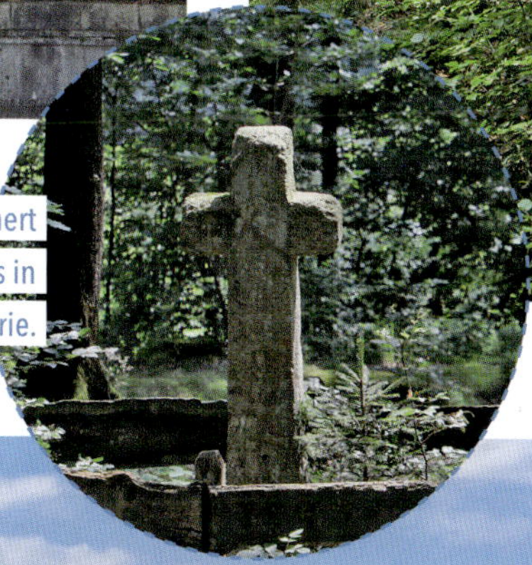

Ein Kreuz erinnert an ein Ereignis in der Waldhistorie.

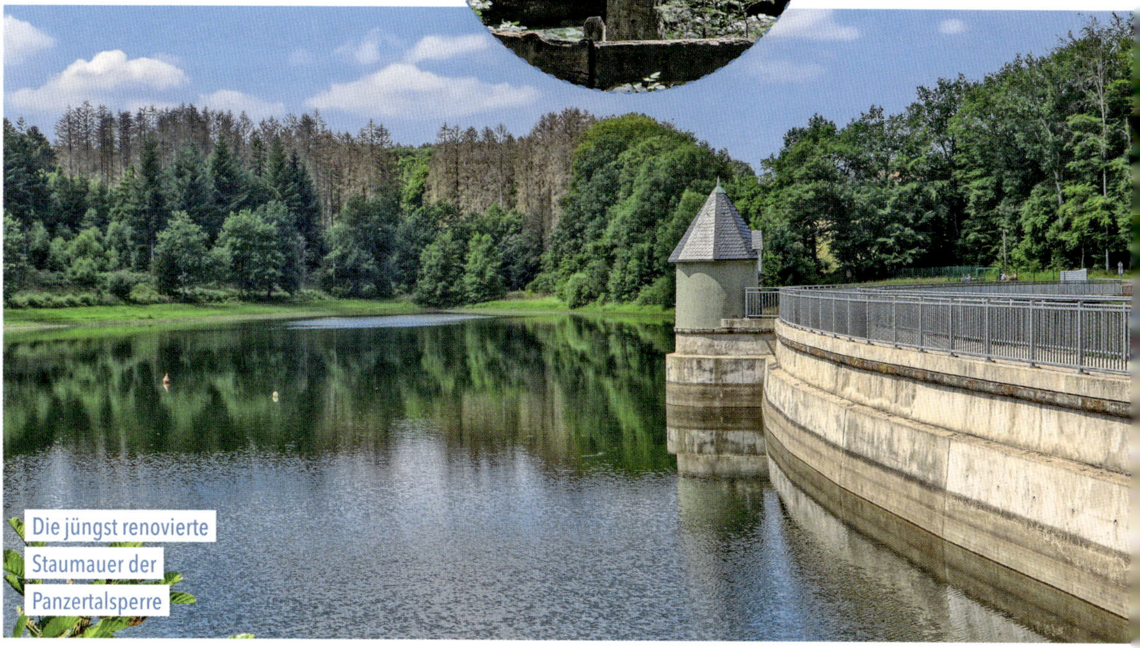

Die jüngst renovierte Staumauer der Panzertalsperre

**Geheimtipp**

Der Mystik des menschlichen Körpers kam Konrad Röntgen mittels der nach ihm benannten Strahlen auf die Schliche und sorgte damit für wichtige medizinische Erkenntnisse, die auch heute noch Anwendung finden. Dem größten Sohn der Stadt widmet sich das Röntgen-Museum im Zentrum Remscheid-Lenneps (www.roentgenmuseum.de).

zügig passieren. Dann erreichen wir auf der Höhe zwischen Feldern und bergischen Panoramen die nächste Hofschaft Leverkusen. Wir bleiben auf der Straße am Waldrand und gelangen in den Forst, in dem sich zu unserer Linken die Mündung des Panzerbaches in die Panzertalsperre befindet. Das gesamte Areal des zur Trinkwasserversorgung zwischen 1891 und 1893 angelegten Stausees, damit zweitältester des Landes, ist zur Gänze umzäunt und bietet keinen Zugang unmittelbar ans Ufer, das während des ganzen Weges überhaupt nur zu erahnen ist.

## Remscheider Idyll

Erst vor wenigen Jahren wurde die Sanierung der historischen Staumauer abgeschlossen. Von hier bietet sich der beste Überblick auf die kleine, geradezu verträumt wirkende Talsperre, die nur noch zum Ausgleich von Hoch- oder Niedrigwasser dient. An der Staumauer treffen wir auf den markierten »Röntgenweg«, den wir aber am ersten Abzweig nach links in den Lenneper Stadtwald wieder verlassen.

Wir halten uns bis zum Mündungsbereich des Panzerbaches so nah wie möglich am Ufer, folgen ein Stück »A2« und »A3« und nehmen an der nächsten Gabelung den Weg nach links. Es geht geradeaus bis zu einer Lichtung und dann auf dem Höhenweg durch den Remscheider Ortsteil Lehmkuhle. Am Autohaus queren wir erneut die B 51 und kommen auf der Straße Handelsweg auf einen Abschnitt des Jakobsweges, dessen nicht nur Pilgern bekanntes blau-gelbes Muschelsymbol und die Markierung »R7« die weitere Route vorgeben. Durch Felder, ein Waldstück und weitere offene Ackerflächen mit weiten Ausblicken bleiben wir auf dem Wirtschaftsweg bis zu den Häusern des Weilers Birgden.

## Spuren der Geschichte

Der dortige recht einfache Wanderparkplatz wäre eine etwas schwerer erreichbare Alternative zum Startpunkt, aber wir wandern weiter geradeaus und an der Pferdekoppel nach links und bergab in das Waldareal an der Eschbachtalsperre. Bevor wir das ebenfalls abgezäunte Ufer erreichen, fällt ein steinernes Kreuz auf. Es erinnert an ein düsteres Kapitel aus grauer Vorzeit, als Wegelagerer im Tal des Eschbaches ihr Unwesen trieben und einen braven Knecht meuchelten. Ihr Übermut brachte sie jedoch an den Galgen.

Um einen Blick aufs Wasser zu erhaschen, gehen wir querfeldein bis nah an den Zaun heran, kehren aber bald auf den Waldweg zurück. In einer Spitzkehre treffen wir auf die Staumauer des Sees, der mittels Turbine heute Strom erzeugt. In einer Nische am Ufer befindet sich das Denkmal für Robert Böker, einen Remscheider Industriellen, der maßgeblich für den Bau der Talsperre verantwortlich war. Am anderen Ende der Mauer wurde eine Tafel mit den historischen Daten des Sees angebracht. Gleich dahinter führt der Weg nach links und zurück zur Raststätte Remscheid.

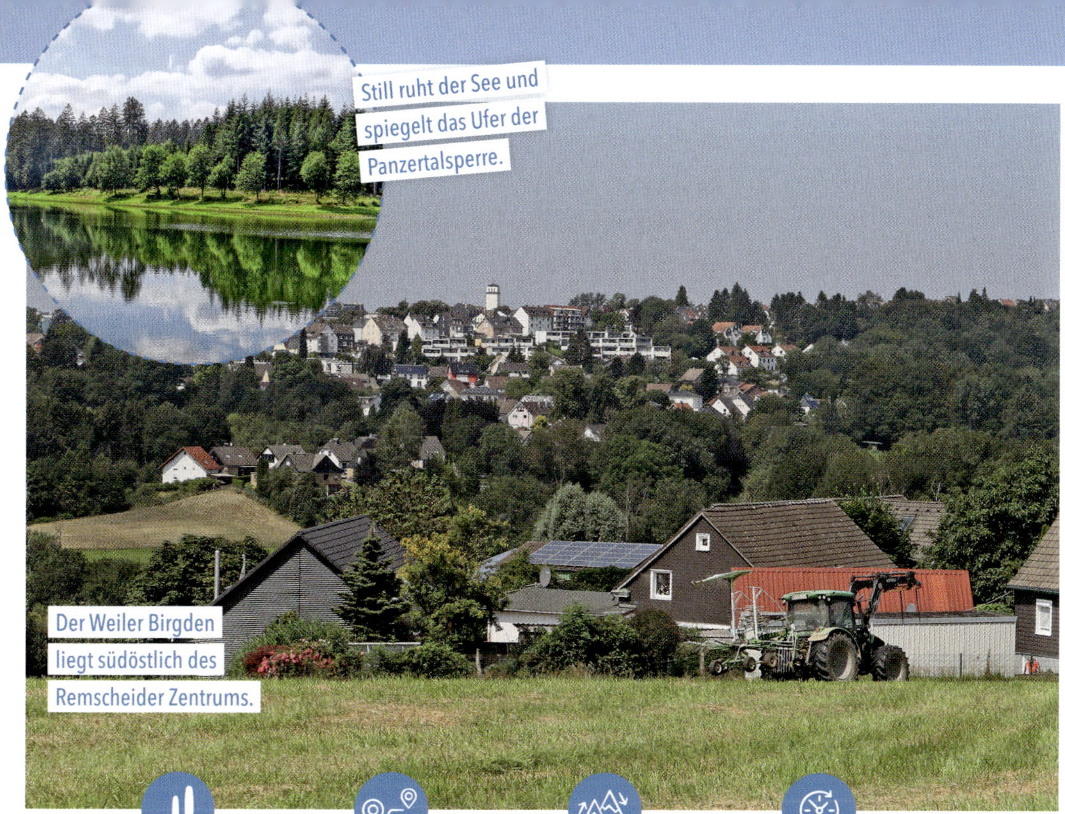

Still ruht der See und spiegelt das Ufer der Panzertalsperre.

Der Weiler Birgden liegt südöstlich des Remscheider Zentrums.

leicht | 12,2 km | 333 Hm | 3-3,5 Std.

# Auf einen Blick

**Tourencharakter**
Überwiegend Wald- und Wirtschaftswege, wenige befestigte Straßen, kurze Ortspassagen und kurze schmale Pfade

**Ausgangs-/Endpunkt**
Raststätte Remscheid, Eschbachtalsperre 1, A1, 42859 Remscheid
GPS 51.15791, 7.22988

**Anfahrt**
**Auto:** Auf der A 1 bis Serways Raststätte Remscheid. Parkplatz an Eschbachtalsperre Remscheid-Ost
**ÖPNV:** Mit dem Bus Linie 673 von Remscheid-Hauptbahnhof bis Endhaltestelle Raststätte/Talsperre

**Karte**
Wanderkarte Bergisches Land, Karte 1: Norden/Osten, 1:25 000, Das Bergische

**Einkehr**
Das Landgasthaus Baisieper Hof serviert regionale, gutbürgerliche Küche und liegt knapp einen Kilometer vom Wanderparkplatz Birgden entfernt.
■ *www.baisieperhof.de*

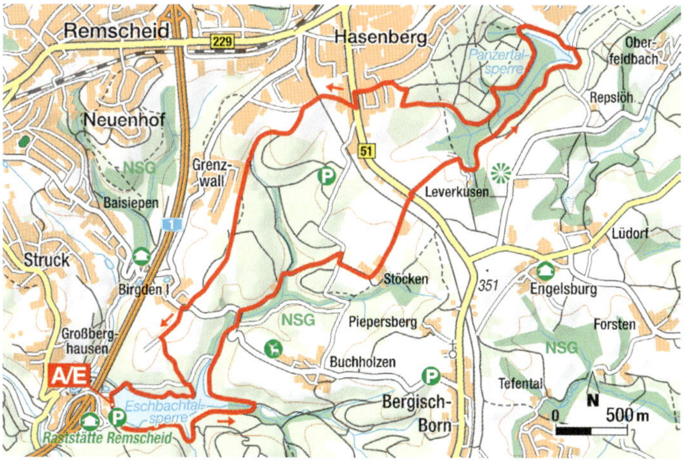

HISTORIE AM NEBENFLUSS DER WUPPER

4

# Nach Tyrol im Eschbachtal

**Die Wupper gilt als Hauptschlagader, als pulsierender Taktgeber des Bergischen Landes. Doch sind es auch ihre ungezählten Nebenflüsse, die versteckten Quellen, die fröhlichen Bäche und die beschaulichen Siefen, die den landschaftlichen Charakter der Region so nachhaltig prägen.**

Unsere Wanderung entlang eines der Nebentäler der Wupper am nahtlosen Übergang der Stadtgebiete von Solingen und Remscheid in jenes von Wermelskirchen, damit in den Rheinisch-Bergischen-Kreis, beginnt auf dem Wanderparkplatz In der Planke bei der Feuerwehr oberhalb von Schloss Burg. Das markante Gebäude, Wahrzeichen für das Bergische Land, war über mehrere Generationen ab etwa 1130 der Stamm- und Regierungssitz der Grafen von Berg und bekannt als Burg Neuenberge. Im 15. Jahrhundert verblasste sein Ruhm, fortan diente es nun als mondänes Jagdschloss, bekam seine heutige Bezeichnung. Wir besuchen Schloss Burg, das innen fast komplett besichtigt werden kann und auch das Bergische Museum beherbergt, aber erst am Ende unserer Wanderung und biegen zunächst auf den etwas versteckten Wanderweg, markiert mit »A7« an der Zufahrt zum Parkplatz, ab. Über eine Treppe mit langen Naturstufen geht es abwärts in die Schattenwelt aus Stämmen und Astwerk.

## Über Stock und Stein in bergische Industriegeschichte

Wir halten uns rechts und passieren in der nächsten Kurve ein altes und von Moos langsam überwachsenes Mahnmal, das an gefallene Schützenbrüder des Ersten Weltkrieges erinnert. Hinter einer weiteren Biegung zweigen wir links ab, halten uns am nächsten Abzweig im Wald weiter links und schwenken danach nochmals scharf nach links hangabwärts. An der Wegkreuzung laufen wir geradeaus weiter auf die baumbestandene Talsenke des Sellscheider Baches zu, der sich seinen Weg nach Westen hin bahnt. Über den Bachlauf und gleich wieder links folgen wir seinem Ufer, entfernen uns aber gleichzeitig auch wieder. Westlich von uns ist im Tal durch die Bäume die Alte Schlossfabrik erkennbar, ein traditionsreicher Ort, in dem seit dem 18. Jahrhundert Schlösser geschmiedet wurden und der heute für verschiedenste Veranstaltungen genutzt wird. Unser Weg, nun nicht mehr markiert, aber nordwärts durch teils gerodetes Forstgebiet in zahllosen

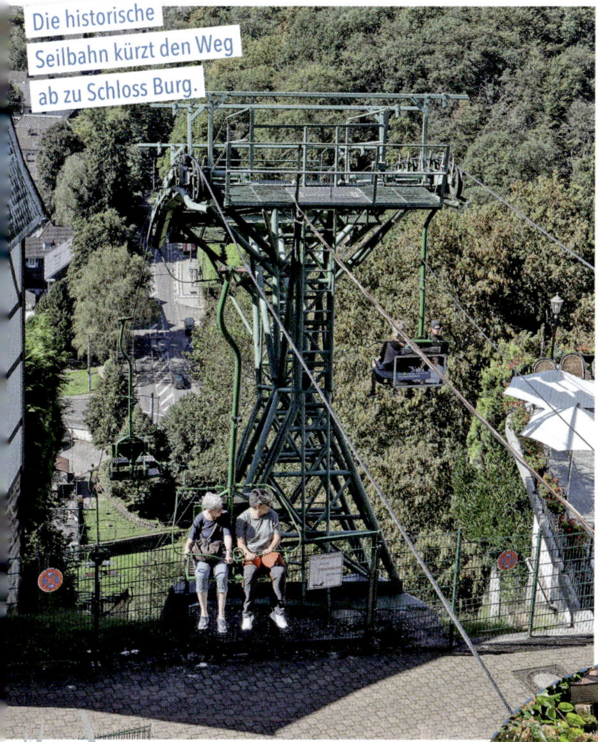

Die historische Seilbahn kürzt den Weg ab zu Schloss Burg.

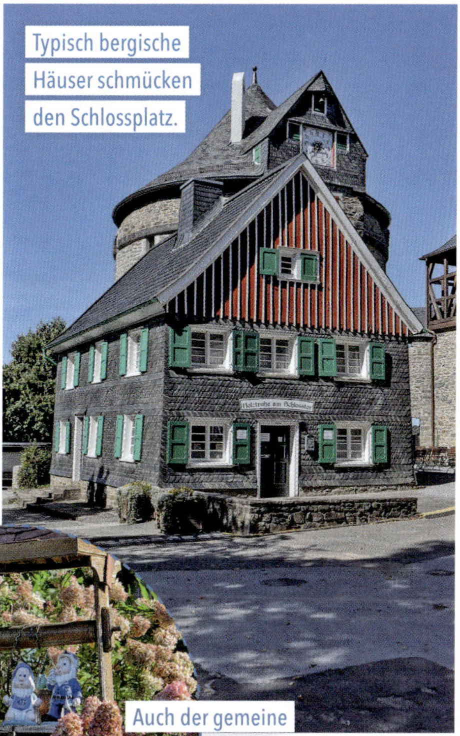

Typisch bergische Häuser schmücken den Schlossplatz.

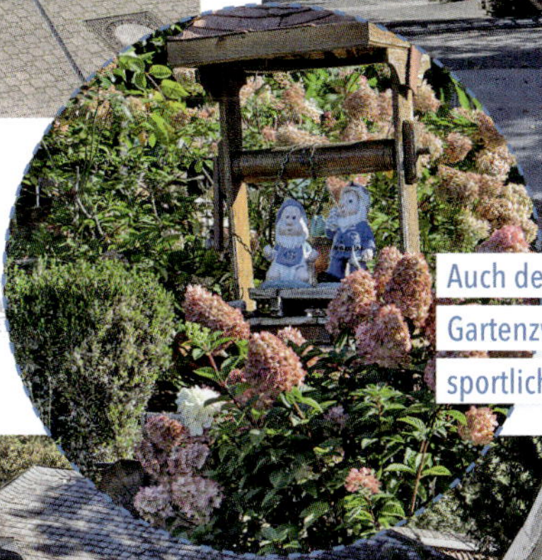

Auch der gemeine Gartenzwerg hat sportliche Vorlieben.

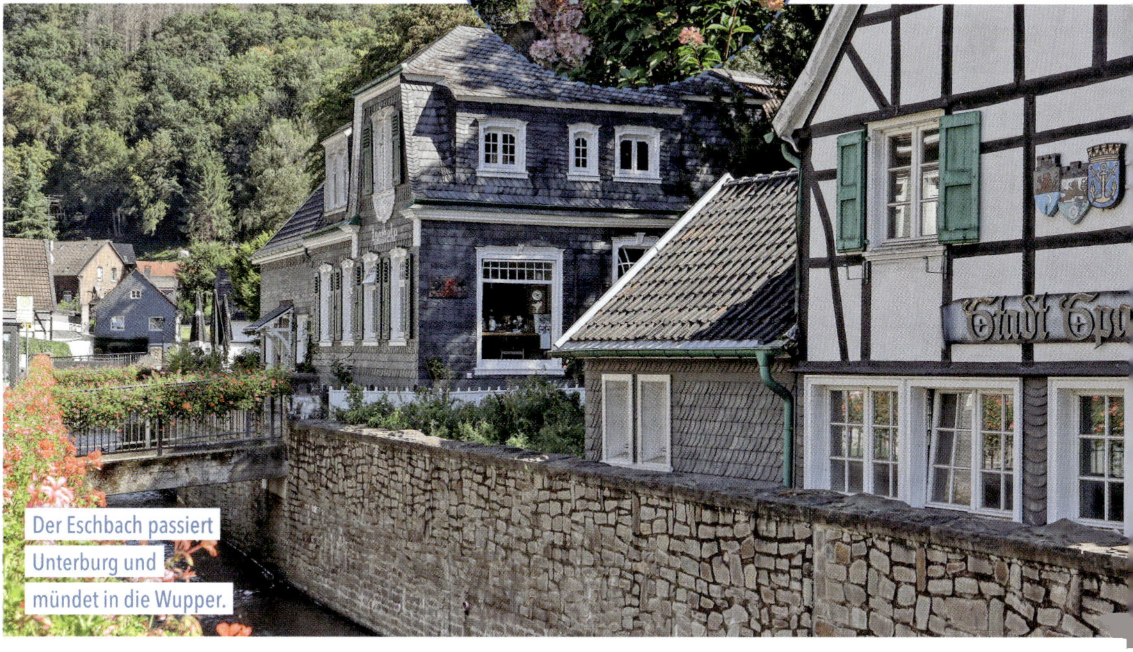

Der Eschbach passiert Unterburg und mündet in die Wupper.

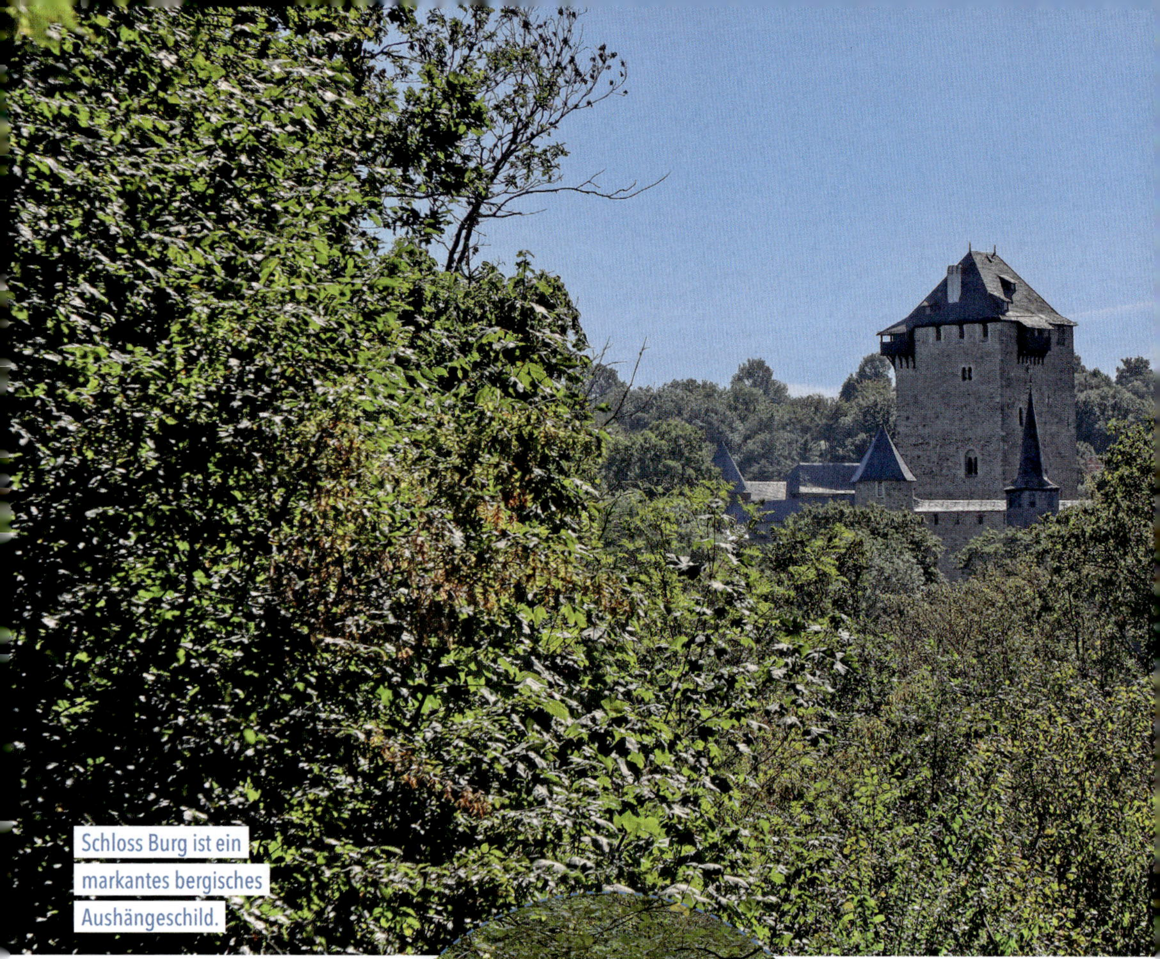

Schloss Burg ist ein markantes bergisches Aushängeschild.

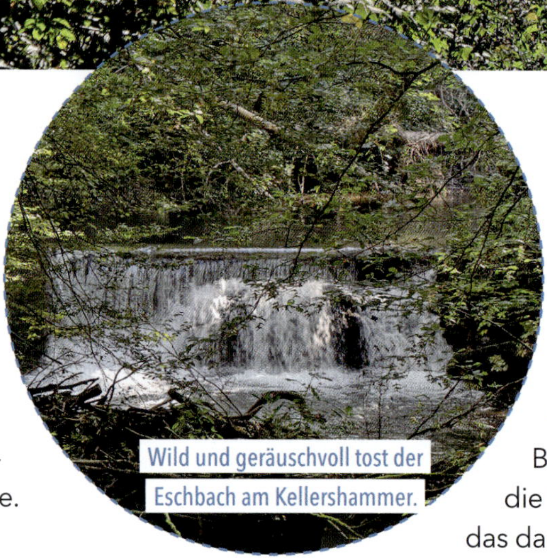

Wild und geräuschvoll tost der Eschbach am Kellershammer.

Schwüngen führend, endet vermeintlich an einer kleinen Kuppe. Der recht knifflige, sehr enge Pfad windet sich von hier abwärts zwischen den Bäumen zur Kellerstraße, das letzte Stück über eine Treppe.

## Die Hammer im Tal

Erst links, unten dann rechts auf der Eschbachstraße, treffen Lohbach und Eschbach aufeinander. Die typischen verschieferten Gebäude an den Ufern sind der Obere Kellershammer und der Hüttenhammer, an denen 1839 das erste Walzwerk Preußens für Sägen den Betrieb aufnahm. Die beiden Hammerschmieden waren schon Ende des 17. Jahrhunderts am Eschbach aktiv. Eine Stele neben der Bushaltestelle erinnert an die Regionale 2006 und das damals kreierte Projekt des »1000Wassertales«, das den zahllosen Wasserläufen einen Namen geben sollte. Wir nehmen den Weg »R« nach rechts am Schlagbaum vorbei ans Ufer des Eschbaches. Mauern, Gräben und kleine Kanäle, die von der Natur allmählich zurückerobert werden, belegen die einstige industrielle Nut-

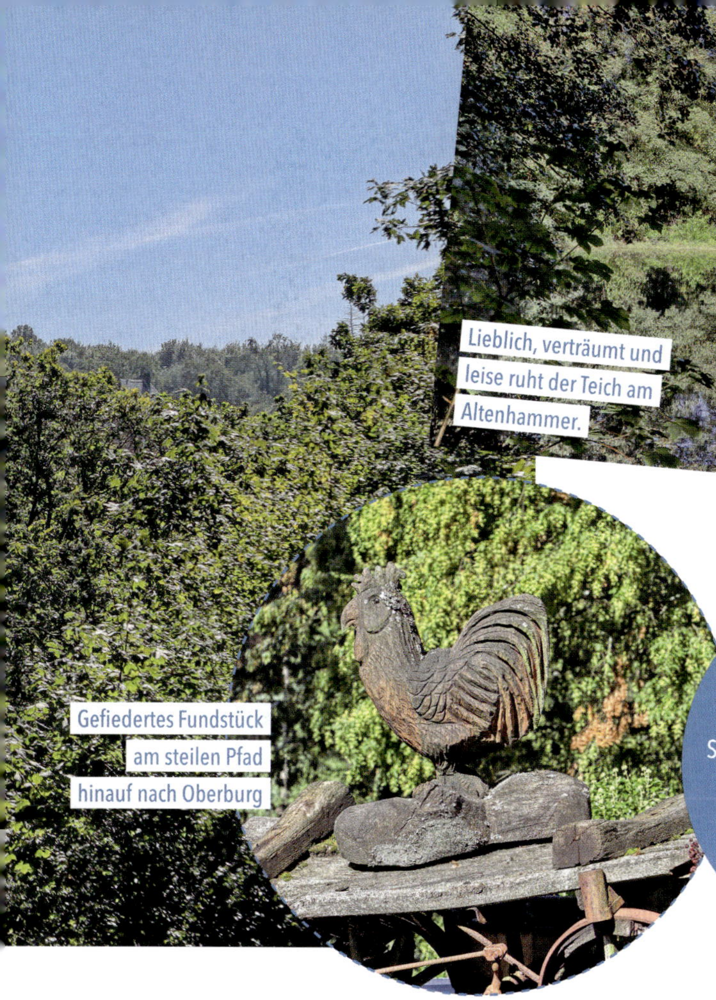

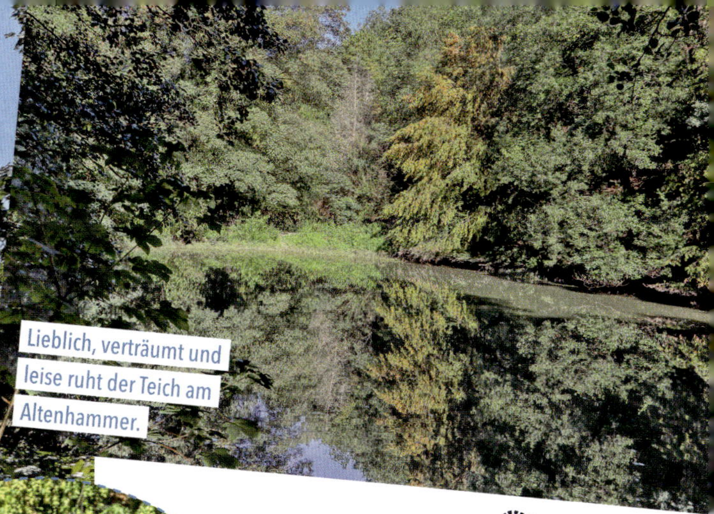

Lieblich, verträumt und leise ruht der Teich am Altenhammer.

Gefiedertes Fundstück am steilen Pfad hinauf nach Oberburg

**Tipp**

Die Schlacht von Worringen im Jahr 1288 ist Thema der im Sommer ausgerichteten Ritterspiele im Innenhof von Schloss Burg. Die Schauspieler interagieren bei den Aufführungen mit dem Publikum (www.georgs ritter.de).

zung des Gewässers, das hier überraschend geräuschvoll auf sich aufmerksam macht. Schon kurz darauf kommen wir zum Johanneshammer. Die Hammerschmiede, heute Begegnungsstätte der örtlichen Wandervögel, stammt von 1677 und war bis 1969 in geringem Umfang noch in Betrieb. Auf dem Gelände befindet sich zudem ein Ein-Mann-Bunker aus dem Zweiten Weltkrieg.

## Mystik von Natur und Industrie

Unterwegs auf der Grenze zwischen den Regierungsbezirken von Düsseldorf und Köln gelangen wir zu dem auffälligen, kreisrund angelegten Grillplatz Altenhammer und einer pilzförmigen Hütte. Lediglich die Einfassungen am Bachufer sind noch zu sehen; die schon 1591 errichtete historische Eisenschmelzhütte mit Gießerei und Hammerwerk existiert bereits seit Mitte des 19. Jahrhunderts nicht mehr. Der dahinter liegende Hammerteich ist nicht nur pittoreskes Fotomotiv, sondern auch Refugium für seltene Vogel- und Libellenarten.

Am linken Ufer des Ehringhauser Baches wandern wir nun links bergan auf den Remscheider Ortsteil zu, »R« und »A5« folgend, überqueren die Burger Straße L 507 und gehen auf dem Hammertalweg wieder abwärts in das Tal des Lohbaches. Wir halten uns weiter links, bis wir den Bachlauf erreichen. An der Hofschaft des Ehlishammers biegen wir scharf links auf die Straße Tyrol ab. Die Hammerschmiede aus dem

17. Jahrhundert wurde leider 1960 abgerissen, sodass lediglich noch Mauerreste von ihrer Geschichte erzählen, die Ära der lokalen Erzförderung und -verarbeitung dokumentieren.

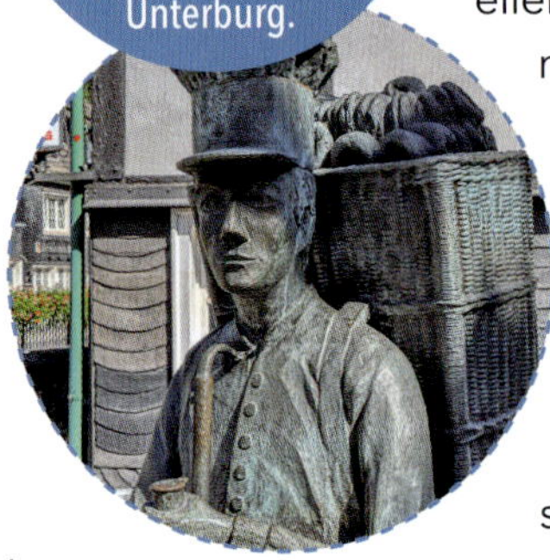

Das in Bronze gegossene Abbild des Kiepenkerls, des wandernden Händlers, steht seit 1990 in Unterburg.

## Geschichten aus Tyrol

Auf dem als Industriegeschichtspfad bezeichneten Weg durchs Hammertal am Westufer des Lohbaches passieren wir mit dem Diederichshammer und dem Jagenbergshammer zwei weitere Standorte uralter Schleifmühlen, von deren einstiger Existenz Infotafeln berichten.

An der nun von Pfadfindern genutzten Fischerhütte, einem dunklen Holzhaus rechts am Hang mit rot-weißen Blenden, haben wir Tyrol erreicht, das nur bedingt alpinen Charakter aufweist, gleichwohl aber schon vor 400 Jahren einen Schleifkotten besaß. Mitte des 19. Jahrhunderts entstand hier die »Tyroler Fabrik«, eine große Dampfschleiferei. Neben der Fischerhütte rauscht der Tyroler Bach kraftvoll zu Tal. Er durchfloss früher das Gebäude und speiste die darin verborgenen Becken für die Fischzucht. Wir biegen kurz darauf beim Schild Tyroler Straße scharf rechts ab und folgen ihrem Verlauf hangaufwärts. Nach der ersten engen Kurve zweigen wir nach links ab weiter durch den Wald und genehmigen uns nach dem Anstieg eine Naschpause bei den Brombeersträuchern. »A1« und »R« weisen uns den Weg, der nun in eleganten Schwüngen auf der bewaldeten Höhe über dem Hammertal verläuft. Dabei umkurven wir die Quellen und Taleinschnitte von Kellershammer Hüttensiepen und Kellershammer Siepen, die beide hastig hinunter zum Eschbach eilen, und wir ignorieren auch alle möglichen Abzweige.

## Aussicht und Weitsicht

Bei der Brücke über den Westhauser Siepen ist die Nähe der südlichen Remscheider Siedlung schon spürbar. Wir halten aber weiter unsere Höhe über dem Tal des Eschbaches und bekommen in einer Spitzkehre unvermittelt einen hübschen Ausblick auf unser Ziel, auf Schloss Burg, das sich etwa auf gleicher Höhe und gerade gegenüber aus den Baumwipfeln erhebt. Hinab geht es nun über die Westhausener Straße und den dortigen Wanderparkplatz links in das als »Ober der Lehmkuhle« genannte Waldstück, bis wir den Solinger Ortsteil Unterburg und das bezaubernde Sträßchen Lehmkuhle erreichen. Schiefer und Fachwerk dominieren die kleinen Häuser, die am Hang zum Tal der Wupper hin nesteln. Über die üppigen Gärten sehen wir den Turm der evangelischen Kirche und den Fluss dahinter.

Im Tal queren wir mitten im Dorf den Eschbach, der seine letzten Meter vor der Mündung in die Wupper absolviert, passieren die Figur des Kiepenkerls und stehen vor der Wahl, die Seilbahn hinauf zum Schloss zu nehmen oder die schweißtreibende Wanderserpentine. Letztlich bieten sich von oben ein wundervolles Panorama und gleich mehrere gastronomische Optionen, bevor wir dem Schloss einen Besuch abstatten oder gleich das kurze Stück bergan zum Ausgangspunkt bewältigen.

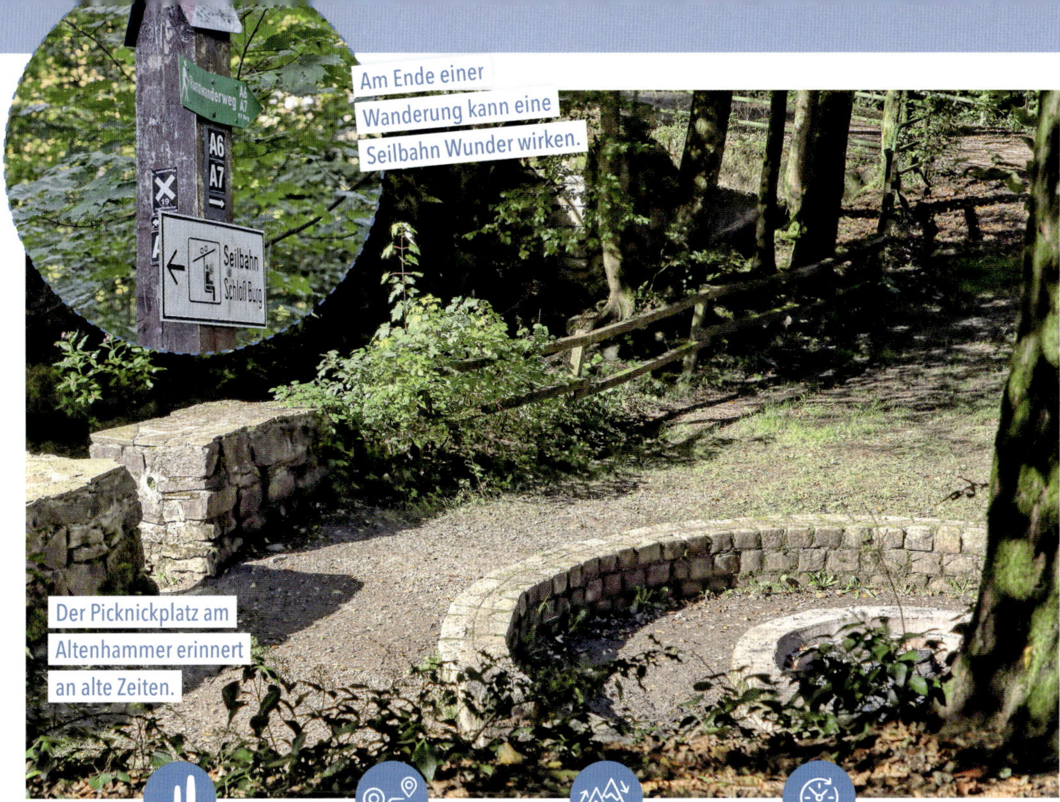


Am Ende einer Wanderung kann eine Seilbahn Wunder wirken.

Der Picknickplatz am Altenhammer erinnert an alte Zeiten.

mittel | 13,4 km | 699 Hm | 3,5–4 Std.

## Auf einen Blick

**Tourencharakter**
Viele Waldpfade und überwiegend befestigte Wirtschaftswege im Wald sowie einige kurze Passagen in Dörfern und an Kreisstraßen

**Ausgangs-/Endpunkt**
Wanderparkplatz In der Planke, In der Planke 10, 42659 Solingen
GPS 51.13896, 7.15585

**Anfahrt**
**Auto:** Auf der A 1 bis zur Ausfahrt 96 Wermelskirchen, links auf der Wermelskirchener Straße durch Hünger bis Burg an der Wupper, nach der Fußgängerampel rechts Richtung Feuerwehr und Parkplatz
**ÖPNV:** Mit dem Bus Linie 266 (Wermelskirchen-Solingen-Burg) bis Haltestelle In der Planke oder Bus Linie 683 (Solingen Bhf. Mitte–Burger Bahnhof) bis Haltestelle Burg Seilbahn; von hier in die Route einsteigen

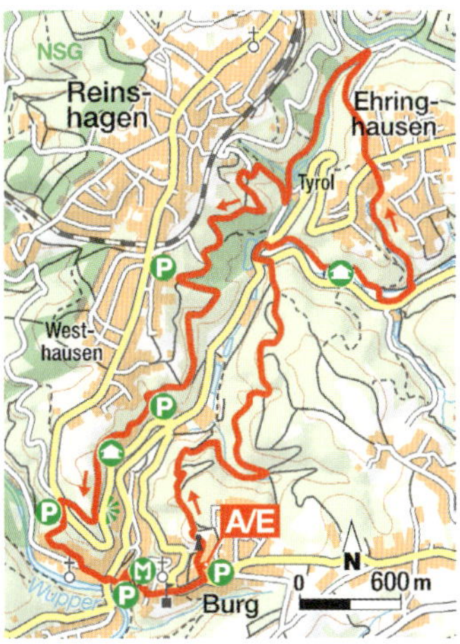


**Karte**
Wanderkarte Bergisches Land, Karte 2: Nordwesten, 1:25 000, Das Bergische

**Einkehr**
Das Restaurant Zum Burgnarr bietet im leicht nostalgischen Ambiente ein viel gerühmtes üppiges Frühstücksbüfett, eine bodenständige Speisekarte und eine fantastische Aussicht.
■ *www.zumburgnarrsolingen.de*

ES WAR EINMAL EINE BERGISCHE HAUPTSTADT

5

# Exkurs nach Düsseldorf

Auf der Rundwanderung erkunden wir den Düsseldorfer Osten, das Grenzgebiet zum Kreis Mettmann, und sind zudem mit der sportlichen Herausforderung der Überwindung einiger Höhen und Tiefen der ersten Ausläufer des Bergischen Landes konfrontiert.

Zwischen 1288 und 1813 war Düsseldorf, die heutige Landeshauptstadt NRWs, die Hauptstadt des Herzogtums Berg und hat somit durchaus auch einen berechtigten Bezug zum Bergischen Land. Am Prachtboulevard der Metropole, der Königsallee, grüßt den Besucher dementsprechend auch ein Standbild des Bergischen Löwen, des Wappentieres der Region. So geht es nun durch die hügelige Landschaft des Düsseldorfer Zentrums. Wir starten am großen Parkplatz beim nördlich und oberhalb von Erkrath gelegenen Gut Jägerhof, das uns sogleich eine schöne Aussicht ins Bergische offeriert. Nach Überquerung des Hubbelrather Weges geht es am Reitstall vorbei westwärts mitten in das dichte Waldgebiet des Morper Bachtales hinein.

## Die Romantik der Papendelle

Der Pfad windet sich durch die Bäume, es geht rauf und runter, bis wir am Waldrand das aparte Fachwerk des Gutes Papendelle erkennen. Mit seinen beiden Teichen präsentiert es feinstes bergisches Idyll. Der neanderland STEIG, die Wegmarkierung mit dem stilisierten »N«, biegt bald nach links zum Gut hin ab, wir halten uns aber rechts und folgen stattdessen dem »D« des Düsseldorfer Weges, der über Stock und Stein am Rotthäuser Bach entlang auf

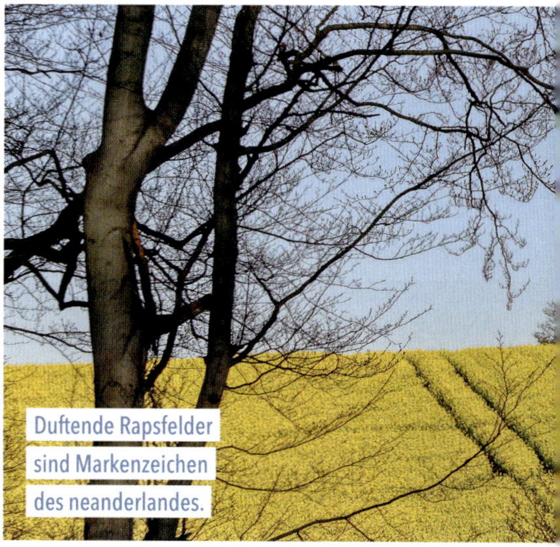

Duftende Rapsfelder sind Markenzeichen des neanderlandes.

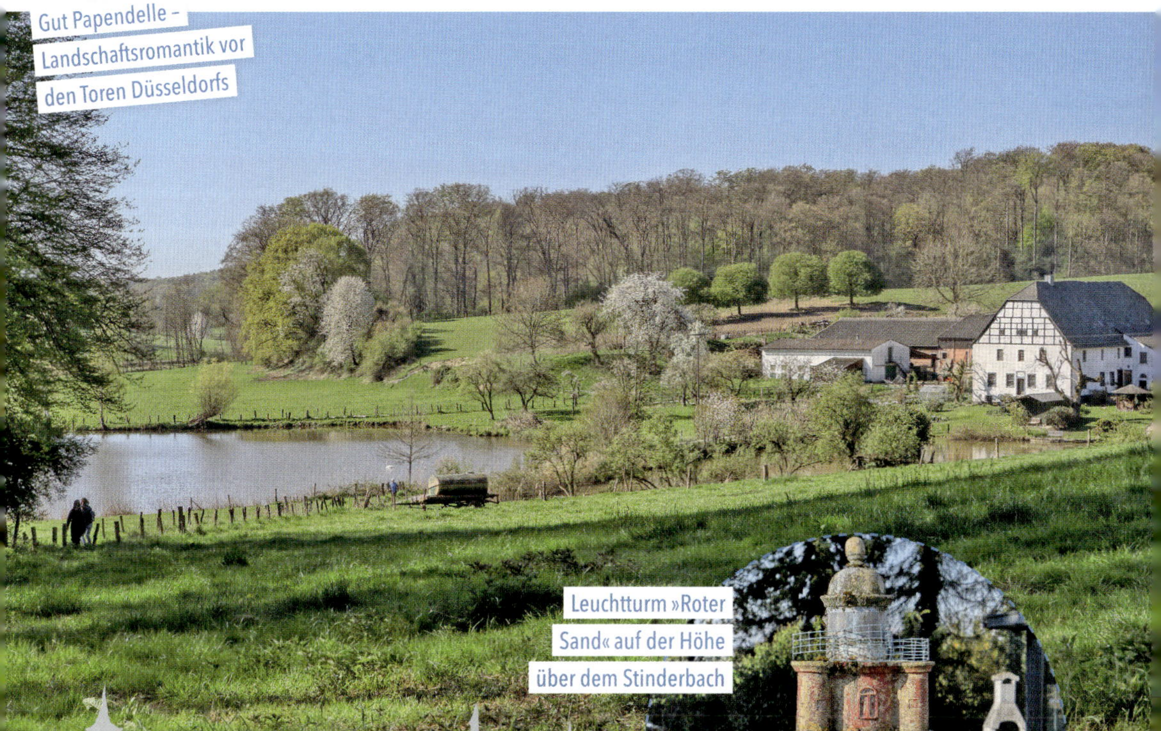

Gut Papendelle – Landschaftsromantik vor den Toren Düsseldorfs

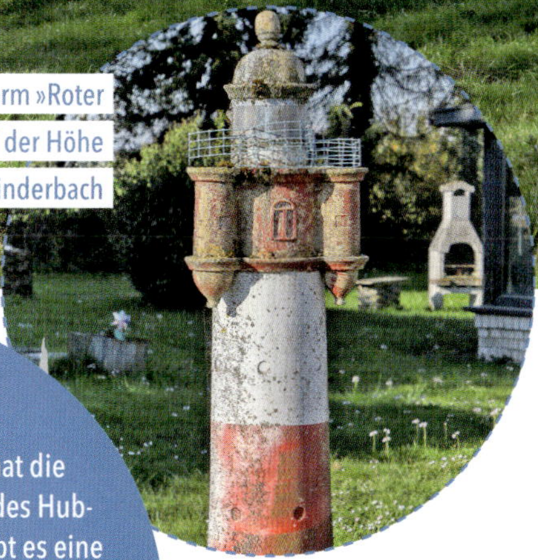

Leuchtturm »Roter Sand« auf der Höhe über dem Stinderbach

## Geheimtipp

Leider nur samstags geöffnet hat die Bogenschule Düsseldorf unweit des Hubbelrather Baches. In der Schule gibt es eine informative Einführung in die Trendsportart, an die sich eine Wanderung durchs Unterholz anschließt. Dabei zielt und schießt man dann statt auf Scheiben auf dreidimensionale Objekte und Figuren aus der Natur. Physis und Psyche werden dabei gleichermaßen gefordert (www.bogenschule-düsseldorf.de).

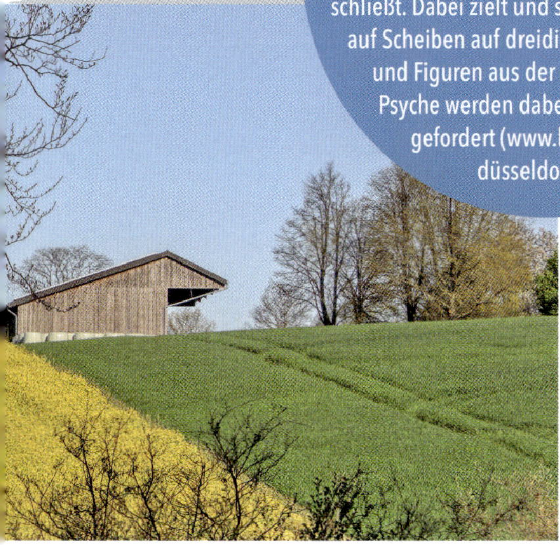

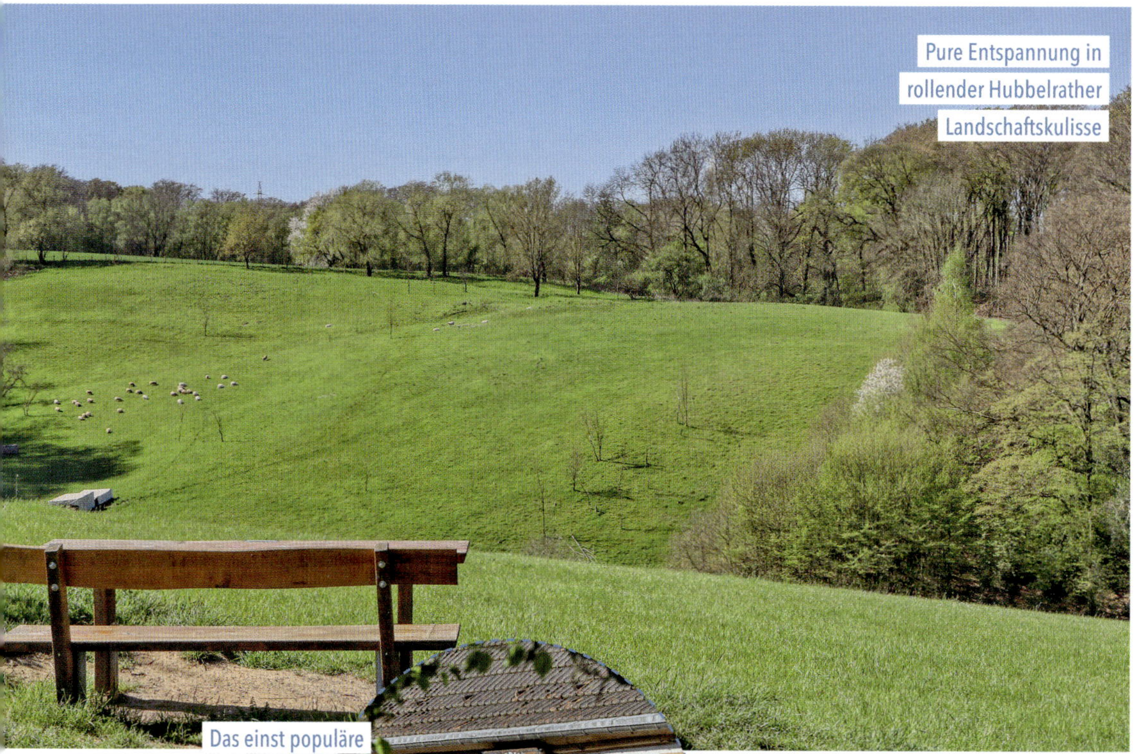

Pure Entspannung in rollender Hubbelrather Landschaftskulisse

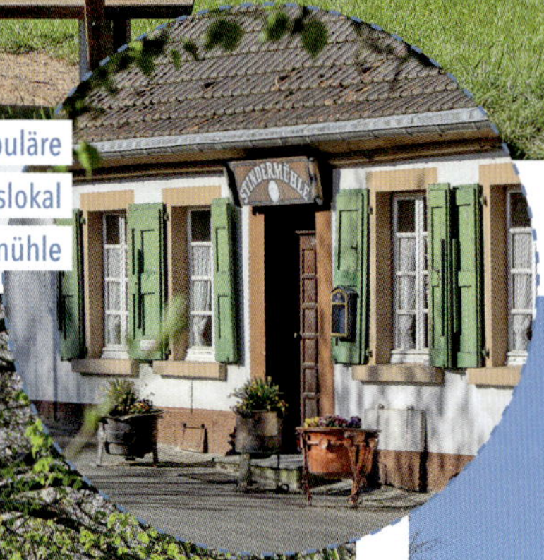

Das einst populäre Ausflugslokal Stindermühle

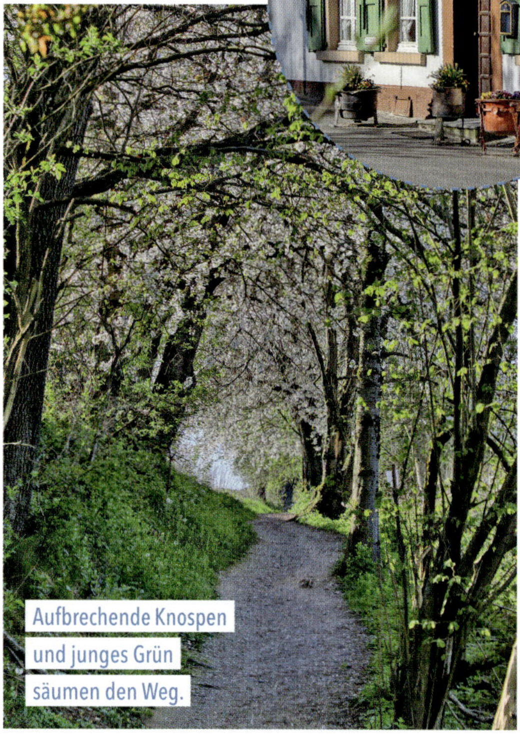

Aufbrechende Knospen und junges Grün säumen den Weg.

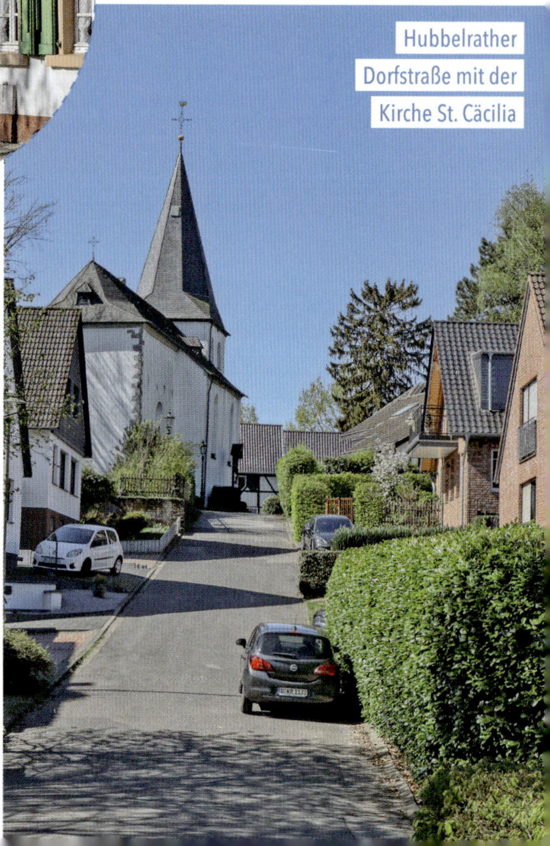

Hubbelrather Dorfstraße mit der Kirche St. Cäcilia

Verwunschen im Tal:
die Lindenbecker Mühle

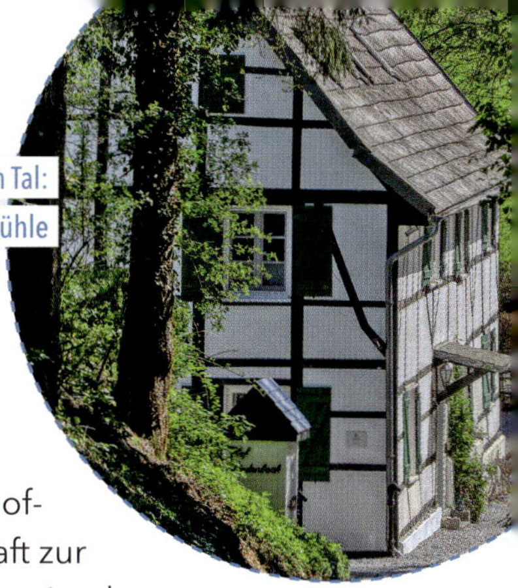

das Gebiet des Düsseldorfer Stadtteiles Hubbelrath führt. Einige für die Fischerei aufgestaute Teiche bieten uns bezaubernde Spiegelbilder, während wir den teilweise durchaus abenteuerlichen Pfad durch das Auwaldareal zu bewältigen suchen. Es bedarf ein wenig Geschicks, über umgestürzte Baumriesen zu klettern oder unter ihnen hindurchzuschlüpfen und auf gern etwas matschigem Boden nicht auszurutschen.

## Im Auwald des Rotthäuser Baches

Das »D« verlässt uns schließlich nach links über den Rotthäuser Bach zum Schäpershof. Wir folgen weiter dem Ufer des Baches, wandern am Wiesenrand bergan, passieren ein paar Bänke und nehmen hinter dem Feldrain oberhalb weiterer Stauteiche den Feldweg nach rechts, der uns an die Erkrather Landstraße bringt.

Wir teilen uns nun den Parcours neben der Straße mit oftmals etwas ungeduldigen Radlern, bis wir nach rechts auf die gepflasterte Privatstraße Bruchhausen zum gleichnamigen Gut abzweigen können. Dann umrunden wir das Anwesen mit kleinem Teich und hübschem Garten an seiner rechten Seite, spazieren den Weg auf der Höhe über dem Hubbelrather Bach, passieren dabei ein Wegekreuz, bevor wir uns entscheiden müssen, ob wir einen kleinen Abstecher durch das dörfliche Düsseldorf machen oder lieber die etwas kürzere Route auf der Dorfstraße zur Bergischen Landstraße nehmen.

Nach der Ampel biegen wir auf den Hülsdeller Weg ab und halten uns rechts, um die A 3 auf dem Lindenbecker Weg zu queren. Mit dem großen Golfplatz zur Rechten und einer welligen, offenen Landschaft zur Linken wandern wir talwärts bis zur alten Mühle am Hasselbach und weiter bergauf über die Wiese und die Felder. Über ebenso farbintensiv blühenden wie aromatisch duftenden Raps schweift der Blick zur Linken in eine sanft gewellte Landschaft.

## Aussichten auf Düsseldorf

Hinter dem von dichtem Grün verdeckten Zaun rechts erkennen wir das sorgfältig ondulierte Gelände des Hubbelrather Golfclubs. Wir halten an der Ecke rechts am Zaun, blicken hinüber nach Metzkausen und zur Kreisstadt Mettmann und gehen unter Bäumen weiter entlang des Zaunes talwärts bis zur idyllischen Hofanlage »Am Kraumenthaus«. Dort erreichen wir die gleichnamige, befestigte Straße und wandern nach der Brücke über den Hasselbach langsam bergan, den Golfplatz zur Rechten, bis wir auf der Höhe an die B 7, die Düsseldorfer Straße, kommen.
Geradeaus an der Ampel beginnt der Dorper Weg, der uns erneut eine perfekte Aussicht über die Landeshauptstadt mit der Düsseldorfer Skyline am fernen Horizont und die rheinische Ebene beschert. Nach links folgen wir weiter dem »N« und auch der neuen Markierung »A2«. Beide bringen uns hinunter zur Hofanlage Nösenberg, die sich gemütlich ins Tal des Stinderbaches schmiegt.

## Feld und Wald am Stinderbach

Freundlich, aber bestimmt weisen handgeschriebene Schilder auf die korrekte Wegführung um die Gebäude herum hin. So führt uns der Pfad links daran vorbei, knickt sogleich im rechten Winkel ab und zieht durch einen schmalen Grüngürtel zwischen Feldern wieder bergan. Oben an der Straße biegen wir nach rechts ab und wandern beim Wohnhaus mit der schwedischen Gartenlaube, der schwedischen Fahne, dem Elch-Warnschild und einem Modell des ikonischen Leuchtturmes »Roter Sand« wieder nach links. Der Wirtschaftsweg schlägt nun auf der Höhe einige Kurven durch die Felder vorbei an einer Schutzhütte auf ein Wäldchen zu, das sich als lauschiger Forst dies- und jenseits der Ufer des Stinderbaches entpuppt. Aus dem Weg wird ein heimeliger Pfad, der sich längs des Baches im steten Auf und Ab zwischen den Bäumen über ein paar Stege und kleine Treppchen windet. Unterhalb des Koxberghofes, der oberhalb einer Streuobstwiese liegt, betreten wir das Stadtgebiet von Erkrath. Das rechte Bachufer verändert allmählich seinen Charakter hin zu einem typischen Auwald. Wir überqueren den Stinderbach an einem kleinen Brückchen, dahinter flankiert eine Gruppe von Kopfbäumen den Weg, der schnell wieder nach links abknickt.

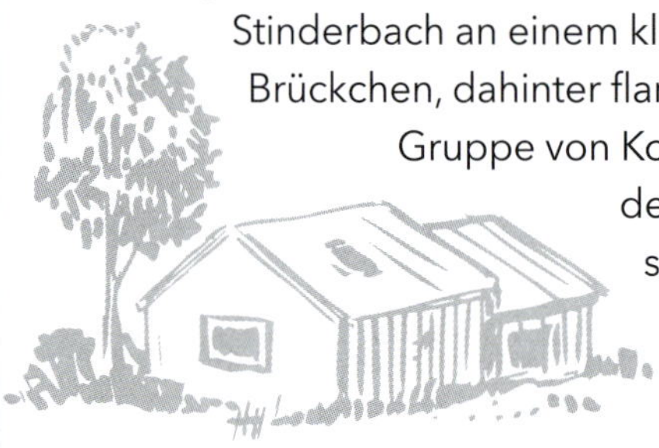

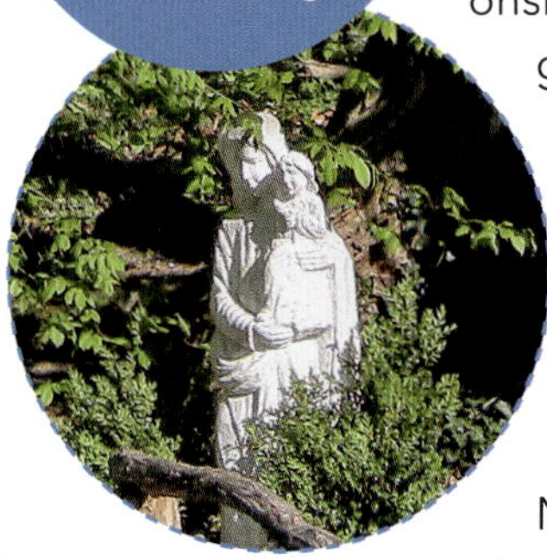

Die schneeweiße Marienstatue am historischen Bauernpfad im Stindertal feiert 2025 ihren 40. Geburtstag.

## Von der Mühle auf den Berg

Die Straße Stindertalweg schwingt sich in gemäßigten Serpentinen bergan zu einer weiteren malerischen Hofanlage, den Stinderhöfen. Zuvor jedoch werfen wir einen schnellen Blick auf die Stindermühle mit dem alten Mühlteich und dem lauschigen Minigolfplatz.

Die Historie der Wassermühle reicht zurück bis ins 15. Jahrhundert, leider ist die traditionsreiche Gaststätte nicht mehr geöffnet. Wir erfreuen uns an den hübschen Fachwerkhäusern der Stinderhöfe und spazieren durch offene Felder wieder ins Bachtal, nun dem neanderland STEIG folgend. Nach einem scharfen Knick sind wir in der Talsohle angelangt und erkennen am Waldrand hinter der Auwiese an der Mündung des Dorper Baches in den Stinderbach die schneeweiße Statue von Maria im Tal. Über uns rauscht der Verkehr auf der Autobahn A 3, während wir dem nun breiteren Weg folgen und rechts von uns gleich mehrere Fischteiche liegen.

Einige Wohnhäuser weiter zur Linken biegt der Stindertalweg links unter der Bahnstrecke ab. Wir gehen weiter geradeaus über die Brücke des Hubbelrather Baches und bergan parallel zu den Gleisen. Oben am Hubbelrather Weg angelangt, geht es wieder nordwärts zu unserem Ausgangspunkt am Gut Jägerhof, der sich idealerweise für eine kulinarische Belohnung nach der Wanderung anbietet.

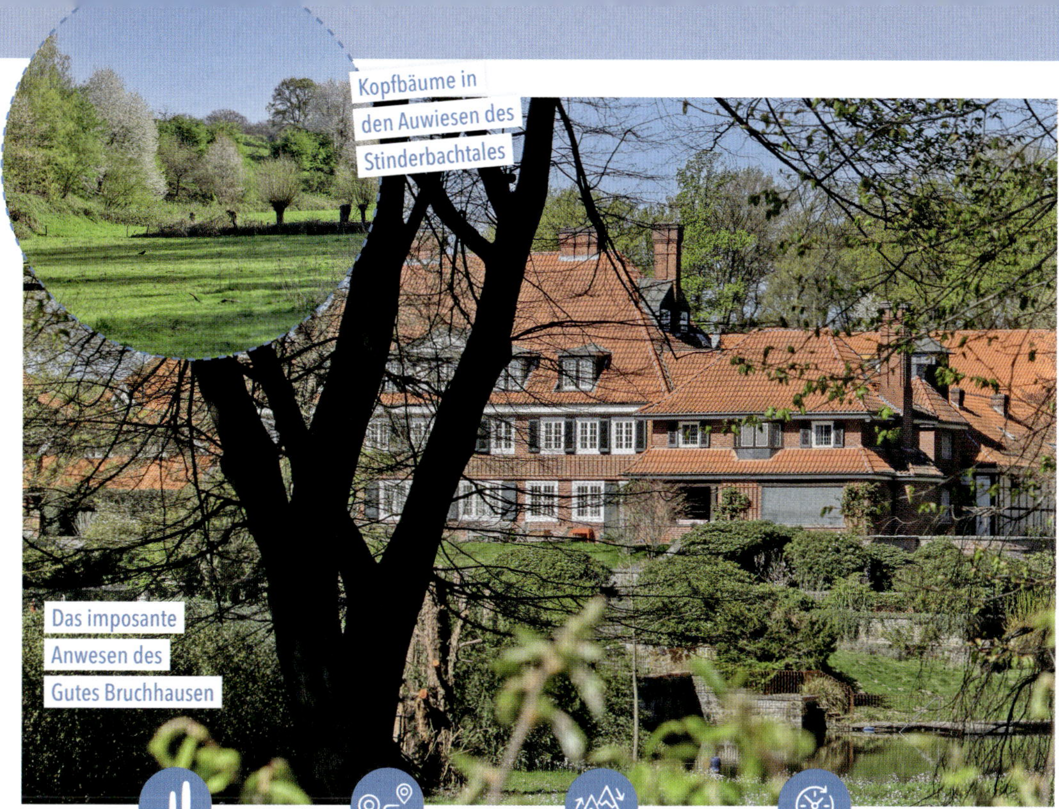

Kopfbäume in den Auwiesen des Stinderbachtales

Das imposante Anwesen des Gutes Bruchhausen

mittel | 15,8 km | 618 Hm | 4,5–5 Std.

## Auf einen Blick

**Tourencharakter**
Mehrheitlich Waldpfade und Forstwege, einige asphaltierte Abschnitte und Passagen auf wenig frequentierten Dorfstraßen

**Ausgangs-/Endpunkt**
Parkplatz am Gut Jägerhof, Hubbelrather Weg 18, 40699 Erkrath
GPS: 51.22140, 6.89375

**Anfahrt**
**Auto:** Auf der A 3 bis Ausfahrt 18 Mettmann, links auf die B 7 Bergische Landstraße Richtung Düsseldorf, an der Ampel nach der Tankstelle links auf Erkrather Landstraße, nach etwa 3,5 Kilometern links auf Parkplatz
**ÖPNV:** Mit dem Bus Linie 738 (Mettmann Jubiläumsplatz-Düsseldorf Hbf) bis Haltestelle Mettmann Lindchen, hier in die Route einsteigen

**Karte**
Freizeitkarte Mettmann, 1:15 000, Scala Verlag

**Einkehr**
Gediegen-stilvolle Landhausatmosphäre mit schöner Aussicht ins Bergische im Steakhaus Gut Jägerhof
■ *www.gut-jaegerhof.de*

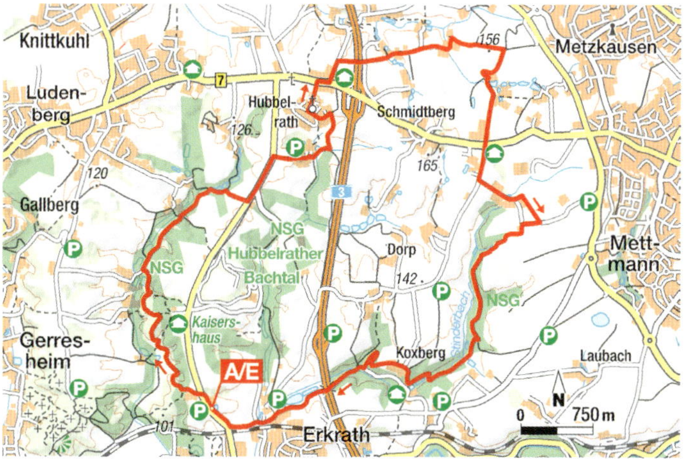

BAUMEXOTEN UND BERGISCHER SAMBA

6

# Wuppertaler Weltwald

Das Arboretum Burgholz im Wuppertaler Ortsteil Küllenhahn erhebt sich in typisch bergischer Anmut über das östliche Ufer der Wupper und bildet ein wunderbar wanderbares Kleinod an botanischen Eigentümlichkeiten in einem dichten, kosmopolitischen Waldgebiet.

Am Wanderparkplatz Kaisereiche informiert eine Tafel über den umfangreichen Staatsforst Burgholz und seine diversen Wandermöglichkeiten. Wir halten uns demnach links, überqueren die hohe Bogenbrücke über die alte Bahntrasse der Burgholzbahn und gelangen unmittelbar zu einer hübschen kleinen, natürlich baumgesäumten Parkfläche mit einigen Bänken und zum historischen Namensgeber unseres Startpunktes. Die Kaisereiche wurde zur Erinnerung an die Reichsgründung und den gewonnenen Krieg gegen Frankreich von Oberschülern des Elberfelder Gymnasiums am 14. Juni 1871 an dieser Stelle gepflanzt. Als Sinnbild von Standhaftigkeit, Widerstandsfähigkeit und des langen Lebens, mithin germanisches Heiligtum, steht der Eichenbaum sicher umzäunt innerhalb eines kleinen gusseisernen Rondells, versehen mit einer Tafel, die in goldenen Frakturlettern ihren Ursprung beschreibt.

## Die Siepen des Waldes

Hinter dem royalen Baum machen wir uns nun nach links auf den Weg, der mit verschiedenen Symbolen markiert ist, von denen im Laufe der Zeit letztlich nur das »W« erhalten bleibt. Nach rechts knickt nun der mit einem dichten Laubteppich überzogene Forstweg ab und führt moderat abwärts. Zur Linken fällt der Blick durch das Gewirr der Stämme auf mehrere Lärchen, deren Nadeln bereits ihre goldene Herbstfärbung angenommen haben.

Nach kurzer Strecke zweigt ein kleiner Pfad nach links ab. Es ist hier recht steil, und je nach Wetter kann es sehr rutschig sein, sodass diese Abkürzung nur mit Vorsicht genommen werden sollte. Entspannter, aber eben etwas weiter zu gehen ist die nachfolgende Spitzkehre. So bewegen wir uns kontinuierlich talwärts auf den Lauf des fröhlich plätschernden Bächleins Glassiepen zu.

An der nächsten Wegkreuzung gehen wir geradeaus weiter, wobei der Weg gleich links leicht bergan führt. In langer Kurve erreichen wir die Quelle des Glasbaches, nehmen danach den Abzweig nach links und folgen diesem bis zum Zimmerplatz mit einer Hütte, Tischen und Bänken für eine gepflegte Rast.

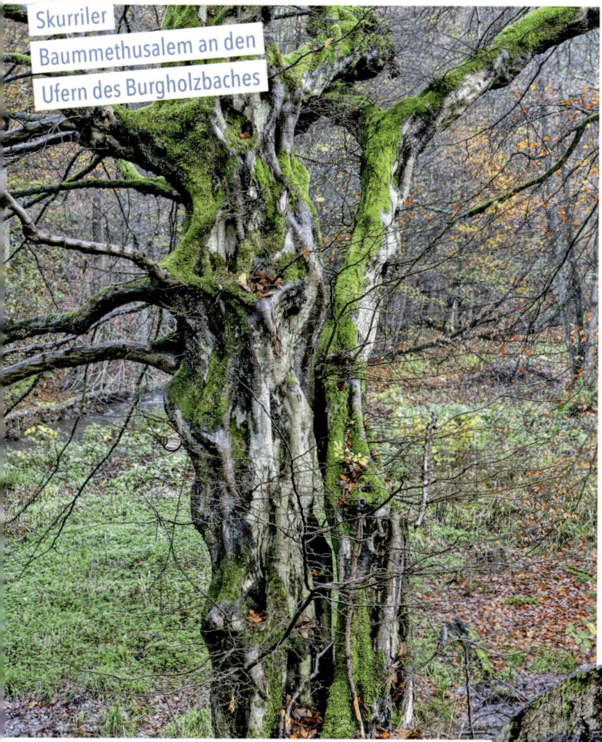

Skurriler Baummethusalem an den Ufern des Burgholzbaches

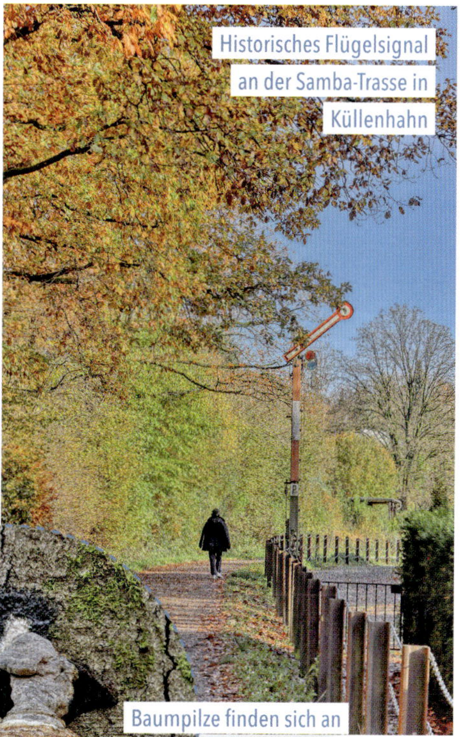

Historisches Flügelsignal an der Samba-Trasse in Küllenhahn

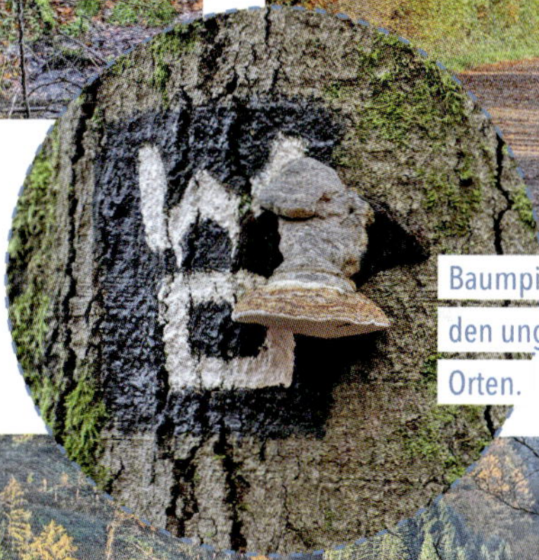

Baumpilze finden sich an den ungewöhnlichsten Orten.

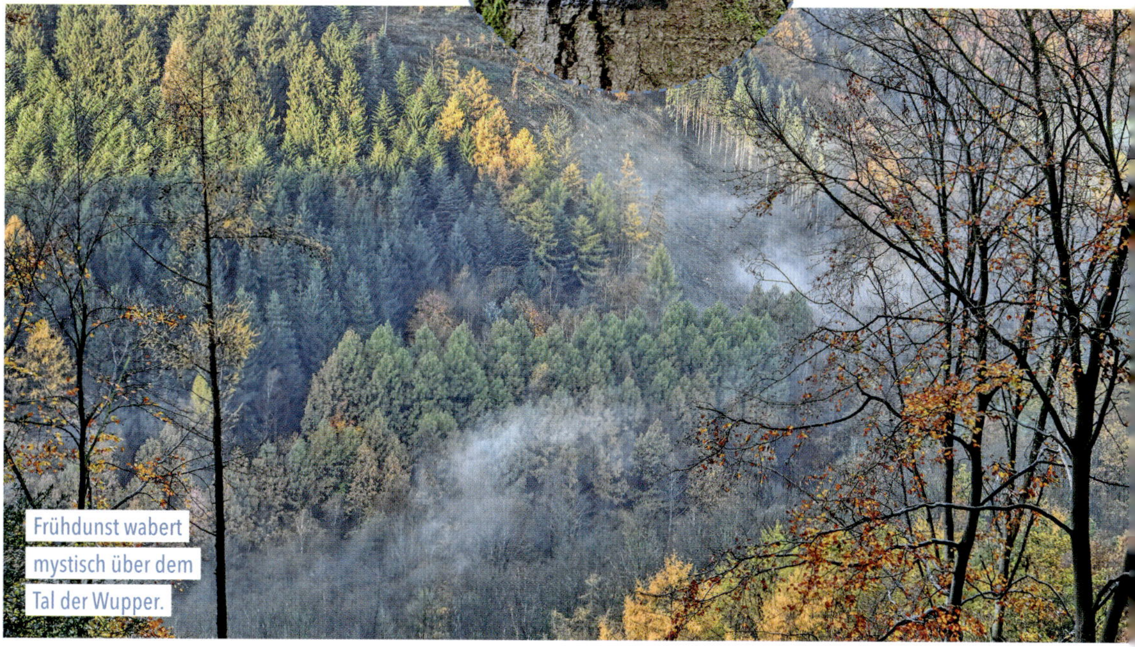

Frühdunst wabert mystisch über dem Tal der Wupper.

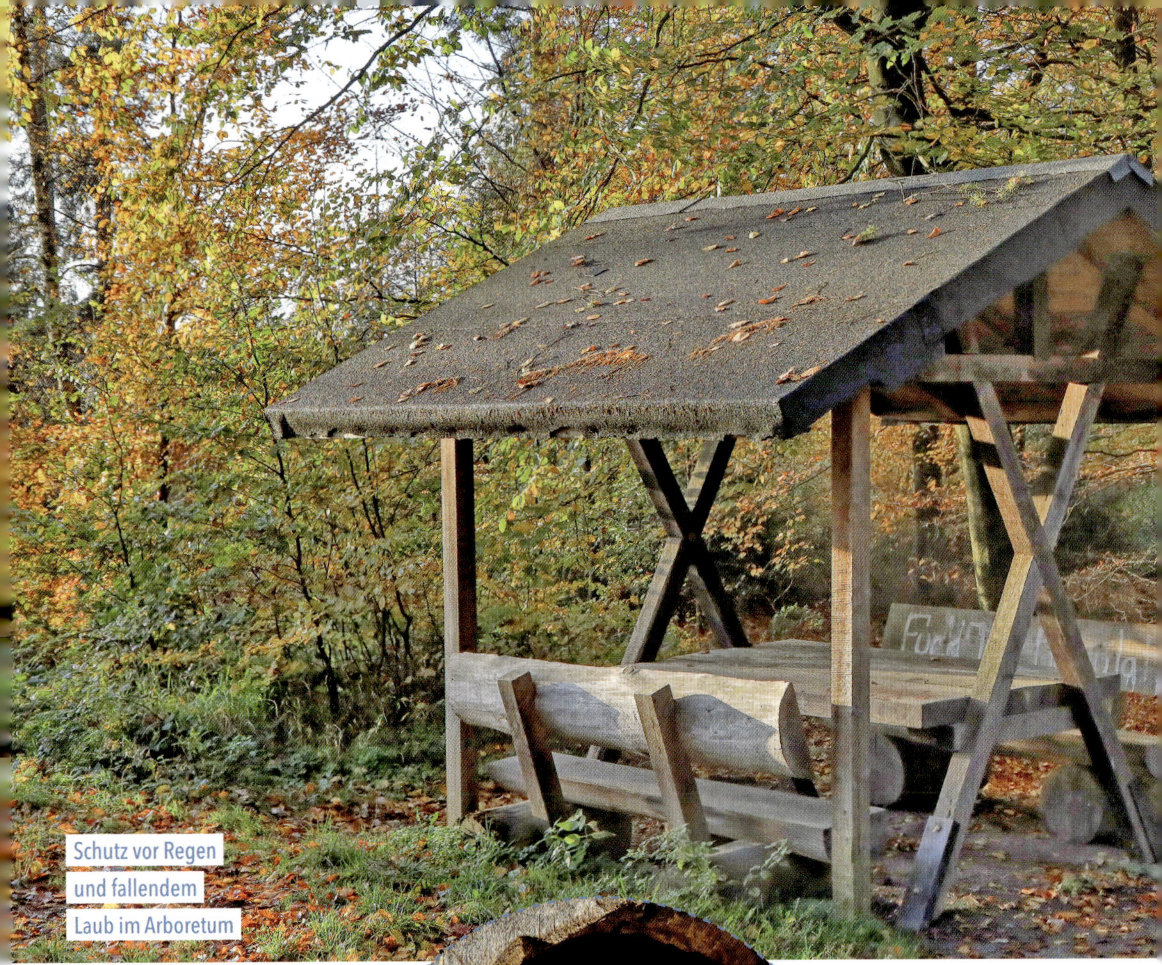

Schutz vor Regen und fallendem Laub im Arboretum

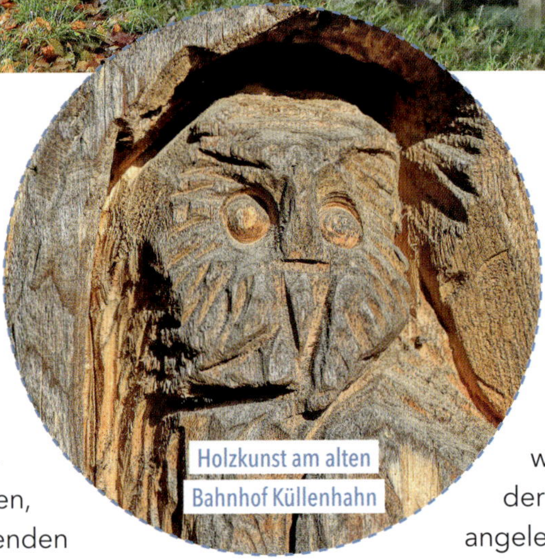

Holzkunst am alten Bahnhof Küllenhahn

## Eine geschichtsträchtige Baumschule

Ein hölzerner Wegweiser weist auf das Arboretum Burgholz hin, dessen Ursprünge bis ins Jahr 1820 zurückreichen. Mitten im riesigen, bald 540 Hektar umfassenden Buchenwaldgebiet siedelte man die unterschiedlichsten Baumarten zunächst aus anderen Regionen Europas an, um ihre forstwirtschaftliche Eignung zu untersuchen. Zur vorletzten Jahrhundertwende folgten amerikanische und asiatische Baumexoten, weitere folgten zuletzt bis 1958. Diese spannende Mischung aus gut 130 Arten von Nadel- und Laubbäumen macht nun den unverwechselbaren Charakter des Arboretums aus. Vier Themenwege zu den Bäumen der Welt wurden im Areal angelegt, ein Teil der Bestände wurde mit erläuternder Nummerierung versehen. Auf dem Hauptweg in nordwestlicher Richtung gelangen wir zu einem Gedenkstein mit einem weiteren Picknickplatz. Wir lassen beide links liegen und gehen halb links weiter. Hier befinden wir uns auf einer Art Höhenweg, markiert mit

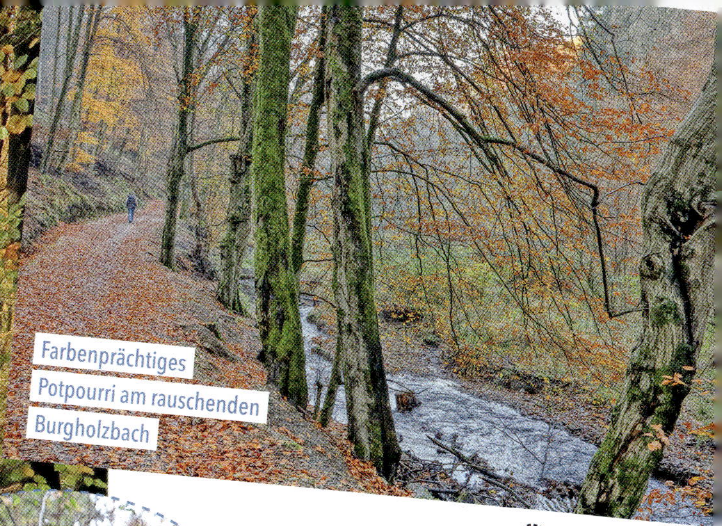

Farbenprächtiges Potpourri am rauschenden Burgholzbach

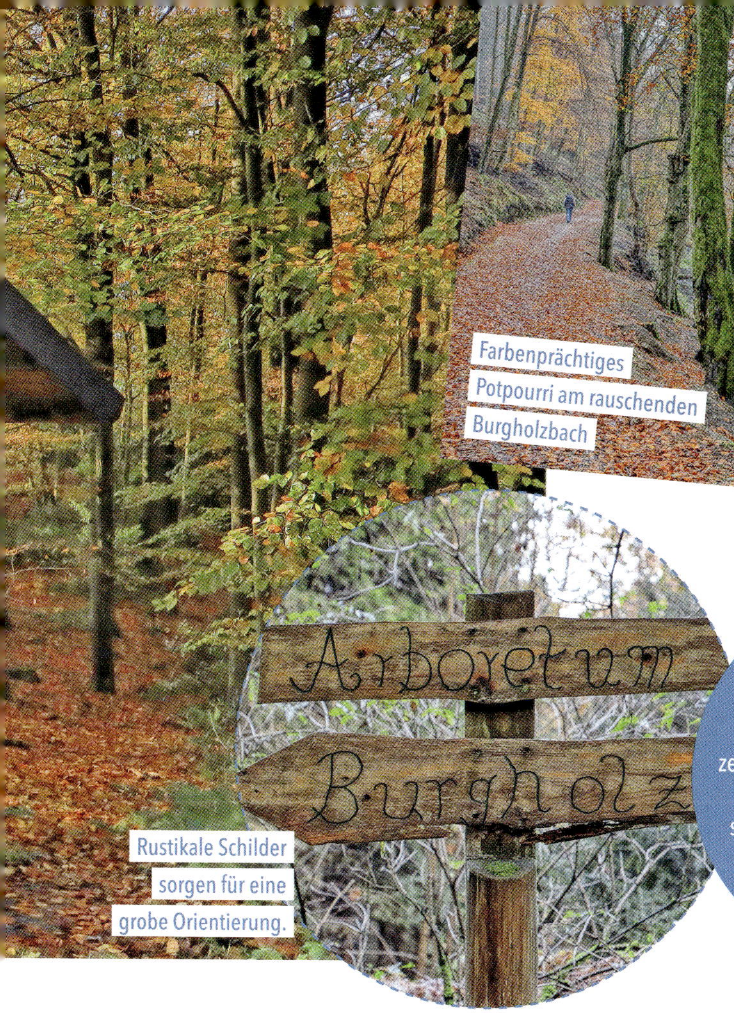


Rustikale Schilder sorgen für eine grobe Orientierung.

**Tipp**

Unbedingt sehenswert ist der Grüne Zoo Wuppertal. Er zeichnet sich durch die artgerechte Haltung seiner über 4000 tierischen Schützlinge und 480 Spezies aus aller Welt aus (www.wuppertal.de/zoo-wuppertal).

»A2« und einem weißen Quadrat, der hin und wieder Aussicht auf das Wuppertal eröffnet.

## Ein kleiner Hauch Wildwest

Nach einigen Kurven biegen wir an einer Kreuzung auf den hier nach dem Naturwissenschaftler Wolfgang Kolbe benannten Weg – ein Gedenkstein weist darauf hin – und zweigen bei der nächsten kleinen Hütte links ab. Wir gelangen in das Tal des Langensiepen, den wir aber zunächst nicht passieren, sondern dessen westlichem Ufer weiter bergabwärts folgen, um ihn dann an der nächsten Brücke zu überqueren und den Pfad unmittelbar am Bachufer, geführt vom Quadrat, einzuschlagen. Auf dem Weg hinunter liegt eine der wenigen gerodeten Flächen des Forstes. Der gut drei Meter hohe Stumpf eines Baumes verblieb jedoch und erscheint im Gegenlicht wie ein dem Wilden Westen entliehener Totempfahl. Im Tal mündet der Langensiepen in den Burgholzbach, der von Osten her heranströmt. Gleich mehrere Wege treffen hier aufeinander, daher gibt es auch einmal mehr einen Picknickplatz. Unser Weg führt hinter der Bachbrücke nach links allmählich bergan, was für die nächste Zeit dann so bleibt, allerdings ohne wirklich steile oder gar herausfordernde Passagen.

## Ein Bach und seine Geschichte

Für wenige Meter wandern wir nun auf dem mit dem orangefarbigen Symbol markierten Fernwanderweg »Bergischer Weg«, der uns

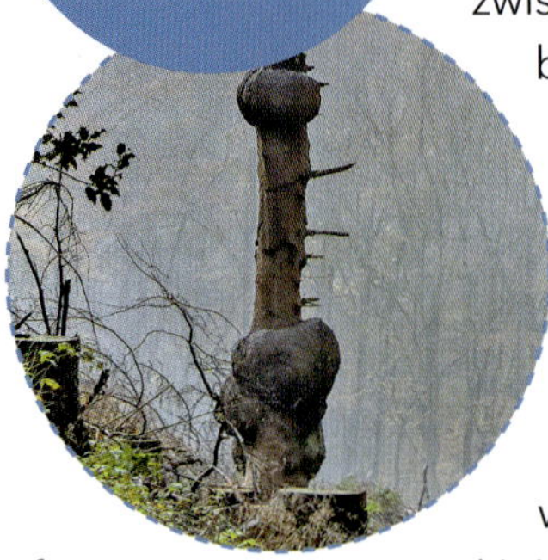

Kein Totempfahl inmitten der Natur, sondern Relikt von Rodungsarbeiten im Burgholzbachtal

schon kurz darauf wieder verlässt, während wir weiter am südlichen Ufer des Burgholzbaches laufen. Eine Furt, das sehr schnell fließende Wasser des Schwabhauser Baches, kreuzt rechts vom Hang kommend unseren Weg. Doch dieses Hindernis ist mit einem beherzten langen Schritt überwunden. Etwas später wiederholt sich diese Aktion an einem noch kleineren, aber lebhaften Rinnsal. Im Tal zur Linken liegt verwunschen ein ehemaliger Mühlteich. Gebäude sind nicht mehr erkennbar, dafür stark vermooste Mauerreste, die den Lauf des Wassers einst kanalisierten. Die Ufer entbehren hier angesichts des mäandrierenden Bachlaufes und zahlreicher skurril geformter Bäume nicht einer gewissen Romantik.

## Auftakt zum Samba

Beim Gebäude der Waldjugend mündet der Nöllenhammerbach in den Burgholzbach. Gleich mehrere Wege zweigen hier ab, wir nehmen den halb rechts gelegenen und folgen weiter unserem Quadrat. Noch immer bergauf entfernt sich das heimelige Rauschen des Burgholzbaches allmählich. Am nächsten Abzweig rechts verlässt uns auch das Quadrat, während wir den kleinen Ortsteil Vonkeln erreichen und den Wald erst einmal hinter uns lassen. Zur Linken überblicken wir eine Senke, in der unser Bach seine Quelle hat. Aufwärts durch das Wohngebiet mit einigen netten, typisch bergischen Häusern gelangen wir nach einer engen Kurve auf die nächste Passage unseres Rundweges, die sogenannte Samba-Trasse, das frühere Gleisbett der Eisenbahnverbindung der Burgholzbahn zwischen Elberfeld und Cronenberg. 1891 eröffnet, verkehrten Güter- und Personenzüge die folgenden 97 Jahre bis zur Betriebseinstellung 1988. Die Verbindung nach Südamerika bekam diese Route nicht etwa wegen ihrer geschwungenen Linienführung, sondern vielmehr, weil die eingesetzten Schienenbusse in den Kurven erheblich schaukelten.

## Die Romantik des alten Schienenstranges

Da er sehr gut befestigt ist, teilen sich Wanderer, Jogger und Radfahrer diesen zauberhaften Parcours, der nur an der Müllverbrennungsanlage der Wuppertaler Stadtwerke kurz unterbrochen wird. Am alten, im bemitleidenswerten Zustand befindlichen Bahnhof Küllenhahn hat sich im ehemaligen Güterschuppen ein Bike-Service etabliert, und nicht weit davon entfernt an der Kleingartenanlage steht ein historisches Flügelsignal als Reminiszenz an die Bahn noch stets auf Grün.

Danach regiert wieder der Wald, den wir schwungvoll genießen. Tief unter uns rauscht dabei völlig unbemerkt der Verkehr auf der L 418 im Straßentunnel, 2006 eröffnet als abkürzende Querverbindung zwischen der A 1 und der A 46. Aus dem Bahnhof Burgholz wurde ein lauschiger Gastronomiebetrieb, und an der folgenden Unterführung, hinter der wir scharf nach links bergauf gehen, gelangen wir wieder zur Kaisereiche und zum Startpunkt.

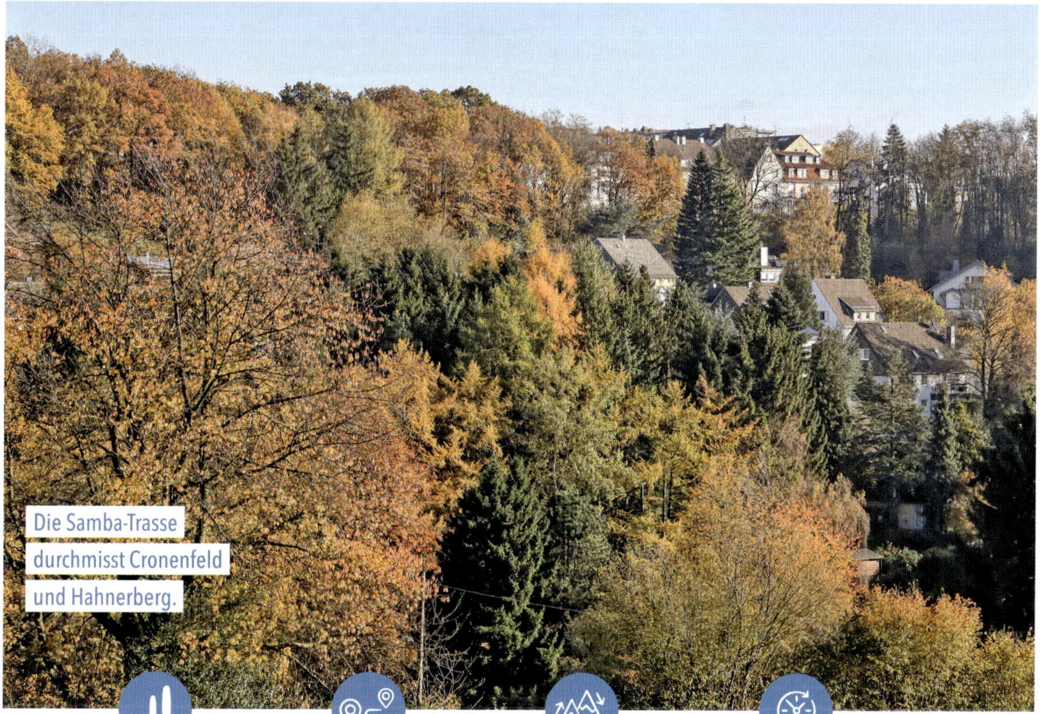

Die Samba-Trasse durchmisst Cronenfeld und Hahnerberg.

mittel | 12,3 km | 468 Hm | 3-3,5 Std.

## Auf einen Blick

### Tourencharakter
Meist Forstwirtschaftswege, dazu kleine Pfade und asphaltierte Strecken. Die Samba-Trasse ist durchgehend befestigt.

### Ausgangs-/Endpunkt
Wanderparkplatz Kaisereiche, Zur Kaisereiche 43, 42349 Wuppertal
GPS 51.23007, 7.12320

### Anfahrt
**Auto:** Auf der A 46 bis Ausfahrt 31, auf die L 418 Richtung Cronenberg/ Remscheid. Erste Ausfahrt nach Burgholztunnel, links auf die Theishahner Straße, links auf die Küllenhahner Straße, später Rhönstraße. Nach der Autowerkstatt links, Odenwaldstraße zum Arboretum. Sollingweg links, rechts auf der Küllenhahner Straße und geradeaus auf Zur Kaisereiche.
**ÖPNV:** Mit den Bussen der Linien 615, 625, 633 ab Wuppertal Hbf oder Remscheid Gerstau bis Wuppertal-Cronenfeld und Start auf der Samba-Trasse

### Karte
Rad und Wanderkarte »Bergisches Land und Wuppertal«, 1:50 000, Public Press

### Einkehr
Kleines und uriges Gartenlokal im ehemaligen Samba-Bahnhof Burgholz mit bodenständiger regionaler Küche und nettem Biergarten
■ *www.bahnhof-burgholz.de*

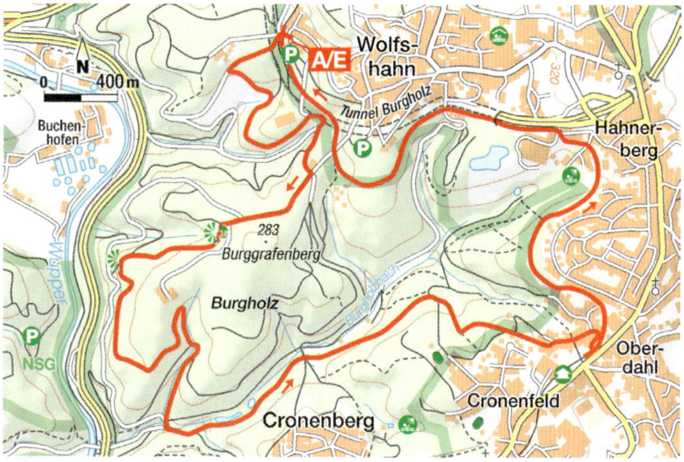

EXPEDITION IN DIE ERDGESCHICHTE

7

# Am Wülfrather Schlupkothen

An der Grenze der neanderland-Städte Velbert und Wülfrath liegt, gar nicht versteckt, sondern sogar eigens markiert und mit Steinen eingefasst, die Quelle der Düssel, die uns ein Stück des Weges begleitet.

Unsere Tour beginnt am Eingang zum 2011 eröffneten Zeittunnel, der in einem ehemaligen Abbaustollen des Wülfrather Kalksteinbruches Bochumer Bruch angelegt wurde. Eine gut 160 Meter kurze Stippvisite in 400 Millionen Jahre anschaulich illustrierte Historie seit Entstehung unserer Erde lohnt je nach Vorliebe vorab oder am Ende der Wanderung. Wir nehmen den als Entdeckerschleife des »neanderland STEIGs« markierten, baumgesäumten Weg in östlicher Richtung vorbei am Elektrizitätswerk, überqueren die recht lebhafte Nevigeser Straße und betreten das Areal des früheren Steinbruches. Von 1898 bis 1960 wurde hier Kalkgestein gefördert, eine Industrie, die für das Städtchen Wülfrath noch immer von Bedeutung ist. Das mit Solewasser gefüllte Gelände lag brach und entwickelte einen faszinierenden Mikrokosmos aus seltener Flora und Fauna, der 1984 als Naturschutzgebiet ausgewiesen wurde.

## Durch den Wald zum Ausblick

An der ersten Lichtung zweigen wir nach links ab und bewegen uns in der Folgezeit in der Nähe und entlang des Zaunes, der den See und seine durchaus gefährlich wirkenden Klippen umgibt. Auf steinigem Untergrund führt der Weg durch ein relativ junges Waldgebiet, das zweifellos in Eigenregie auf dem kargen Boden entstand. Es geht moderat auf und ab bis zum Wendehammer der Straße Kocherscheidt. Das offene Gelände wird zeitweise für geschlagenes Holz genutzt. Wir bleiben rechts und folgen dem nun sehr schmalen Pfad abwärts bis zu einem Aussichtspunkt mit Bank. Während das dichte Laubwerk uns bis hierher den Durchblick auf das Wasser weitestgehend

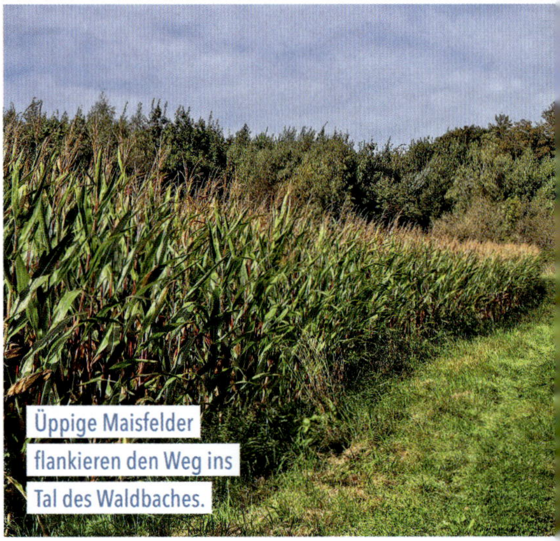

Üppige Maisfelder flankieren den Weg ins Tal des Waldbaches.

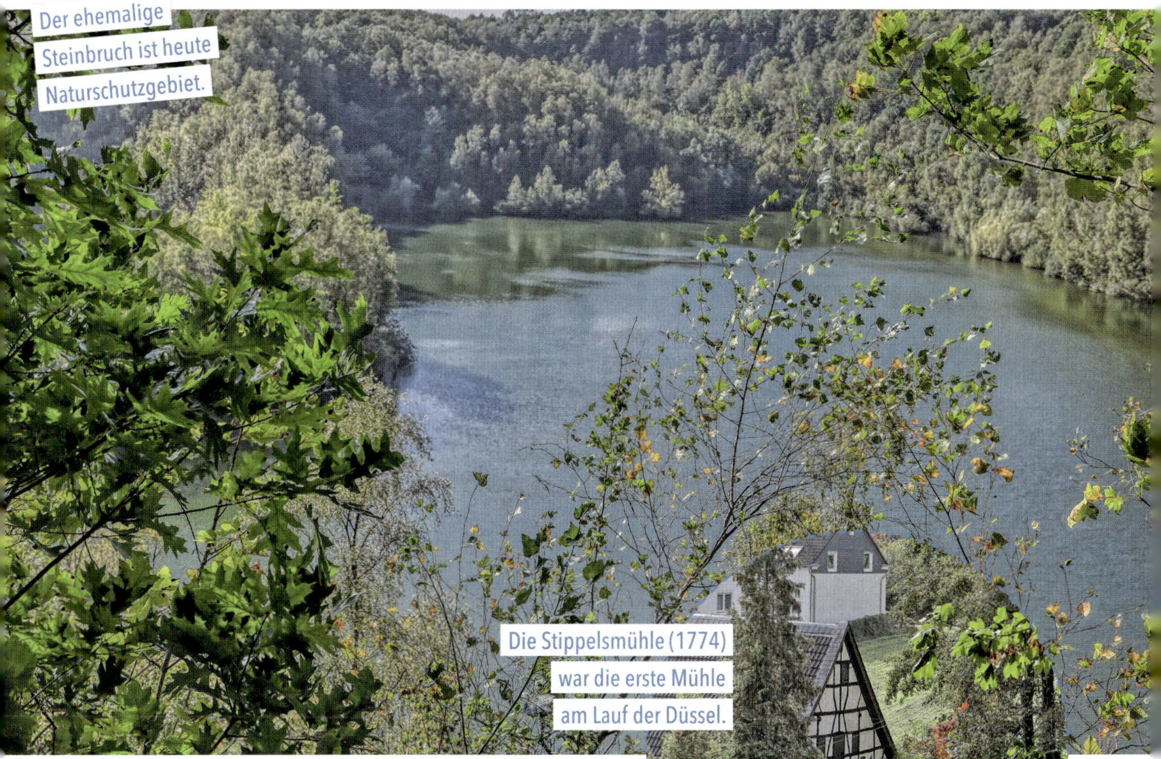

Der ehemalige Steinbruch ist heute Naturschutzgebiet.

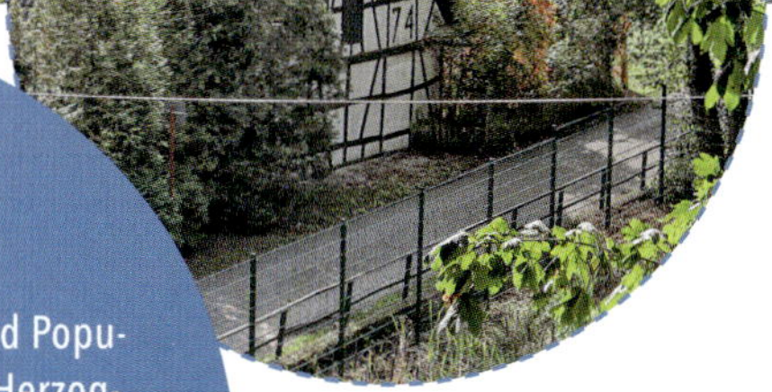

Die Stippelsmühle (1774) war die erste Mühle am Lauf der Düssel.

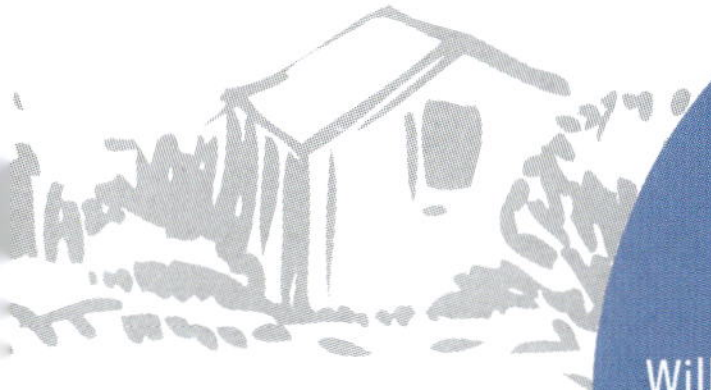

## Geheimtipp

Überregionale Bekanntheit und Popularität genießt der heimelige Herzog-Wilhelm-Markt, der alljährlich vom ersten bis zum zweiten Adventswochenende im romantischen, von malerischen bergischen Häusern umrahmten Stadtkern rund um den Wülfrather Kirchplatz stattfindet (www.herzog-wilhelm-markt.de).

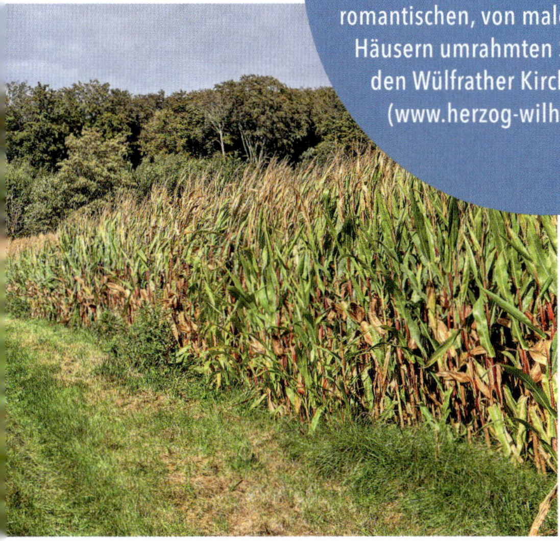

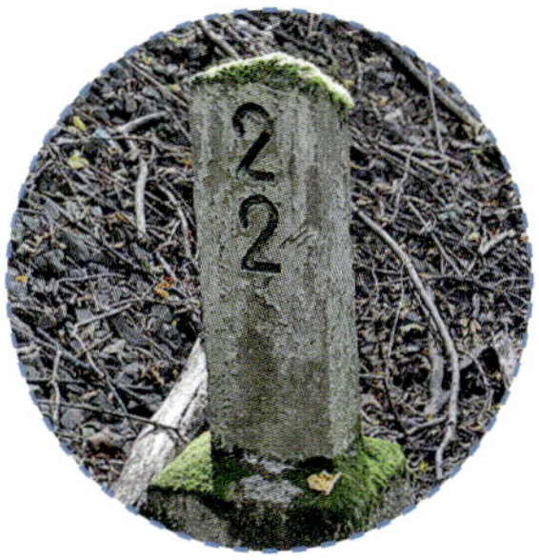

*Der abgebaute Schienenstrang ist nun bevölkert von Radlern und Wanderern, doch die Erinnerung lebt weiter.*

verwehrt hatte, lediglich ein silbriges Glänzen ist zwischen den Blättern hin und wieder sichtbar, öffnet sich hier der Blick über den Zaun auf den Schlupkothener See. Er mutet ein wenig an wie ein norwegischer Fjord, allerdings beginnt das üppig nachwachsende Astwerk die Sicht einzuschränken.

## Ans Ufer der Düssel

Der enge Pfad führt weiter abwärts nach Süden, schlägt ein, zwei Haken, und besitzt sogar einige Stufen, um den Auf- oder Abstieg durch die Serpentine zu erleichtern. Wir erreichen einen breiteren Wegabschnitt und biegen an der nächsten Möglichkeit links ab, dem stetig zunehmenden Geräusch der Fahrzeuge auf der Autobahn A 535 entgegen. Zur Rechten erahnen wir mehr, als dass wir ihn erkennen, den noch jungen Düsselbach. Nach einem Stück bergan passieren wir die Unterführung unter der bisweilen recht stark befahrenen Verkehrsader und biegen bald nach rechts ab. Das Logo »neanderland STEIG« weist uns den Weg auf einen fast schon urwaldähnlichen Pfad, der uns wieder hinabführt bis zu einer Wegkreuzung. Diese befindet sich just über dem Verlauf der Düssel, der Namensgeberin für die Landeshauptstadt Nordrhein-Westfalens. Wir folgen ihr zur Linken in angemessener Distanz, bleiben dann auf der östlichen Seite der Autobahn.

## Über die Höhen zur Niederbergbahn

Der Weg schlängelt sich parallel zu ihr, jedoch stetig aufwärts, bis wir inmitten des Oberdüsseler Waldes eine recht beachtliche Höhe erreichen. Da der Forst aber ebenfalls sehr dicht ist, sind Aussichten kaum möglich. Diese erwarten uns aber, kurz nachdem wir nochmals rechts auf dem Waldweg abgebogen sind und den Waldrand erreichen. Hier schweift der Blick über Maisfelder im breiten Tal des Waldbaches und hinüber auf die Hügel an der anderen Seite. Zwischen den Feldern wandern wir abwärts bis zur Straße Oberdüssel, die in Form einer hübschen Allee bis zum in Privatbesitz befindlichen historischen Gut Bölkum führt. Auf der Allee in Richtung Autobahn folgen wir dem kleinen Pfad nach links, der uns auf die Höhe der ehemaligen Trasse der Niederbergbahn führt, die nun als Panoramaradweg dient. Hier also die Radler im Auge behalten.

## Der Wald am Steinbruch

Zwischen den mächtigen Pfeilern und unter der Autobahnbrücke hindurch laufen wir auf dem asphaltierten Weg nordwärts bis zur nächsten Brückenquerung, an der wir die Treppe abwärts zum kleinen Industriegebiet mit dem Veranstaltungssaal der Wülfrather Kathedrale nehmen. Am Parkplatz links führt eine steile Treppe mit schmiedeeisernem Geländer in ein Waldstück. Der schmale, unbeschilderte Pfad mündet auf einen Forstweg, an dessen Ende ein weiterer Stieg in enger Serpentine abwärts auf den Forstweg am rechten Düsselufer führt. An der von unserer Route schon bekannten Passage halten wir uns links auf dem Wirtschaftsweg entlang des Zaunes und gelangen zur Aussichtsplattform, die uns fantastische Sichten über den Steinbruch beschert. Bei der nächsten Querstraße gehen wir nach links, überqueren die Bahntrasse, halten uns rechts, bis wir wieder auf den Panoramaradweg kommen, dem wir bis zurück zum Zeittunnel folgen.

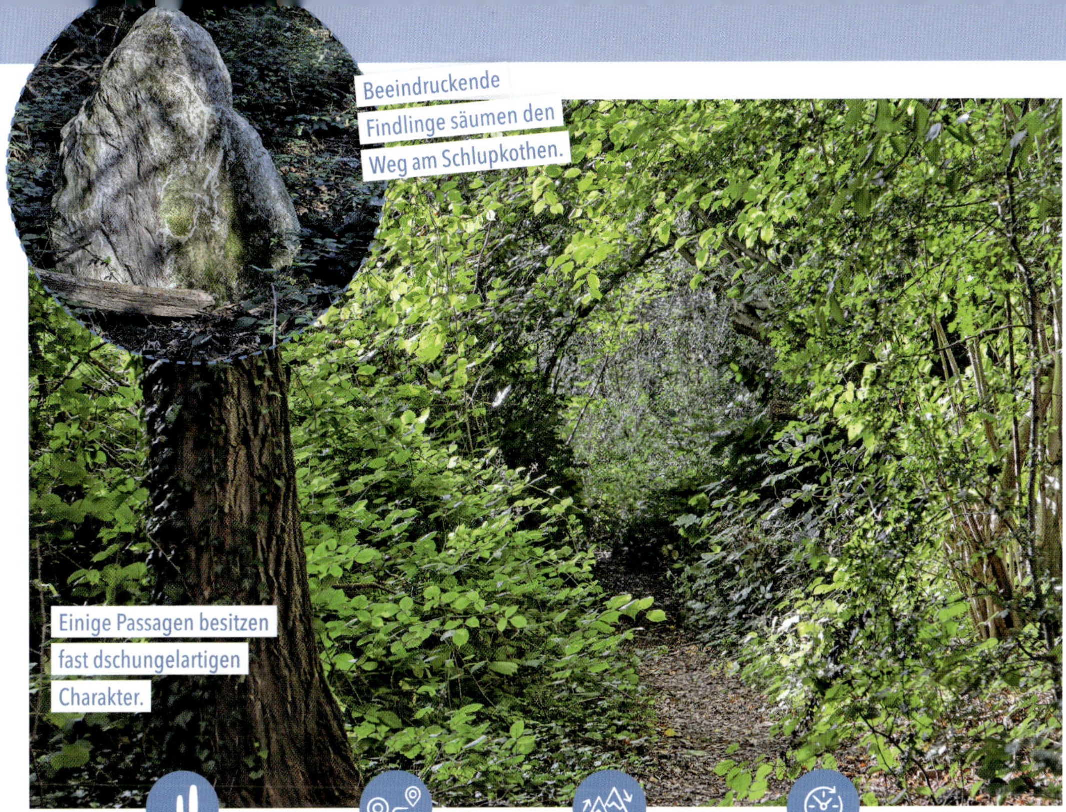

Beeindruckende Findlinge säumen den Weg am Schlupkothen.

Einige Passagen besitzen fast dschungelartigen Charakter.

leicht | 7,3 km | 226 Hm | 2–2,5 Std.

## Auf einen Blick

### Tourencharakter

Entspannte Wanderung, überwiegend auf Waldpfaden und Wirtschaftswegen sowie einer alten, als Radwanderweg genutzten Bahntrasse

### Ausgangs-/Endpunkt

Zeittunnel Wülfrath, Hammerstein 5, 42489 Wülfrath, GPS 51.28688, 7.05010

### Anfahrt

**Auto:** Auf der A 535 bis Ausfahrt 4, Wülfrath. Auf die L 355 Asbrucher Straße Richtung Neviges und Wülfrath, an der dritten Ausfahrt am Kreisverkehr auf die Nevigeser Straße nach Wülfrath, am Kreisverkehr Hammerstein die zweite Ausfahrt auf den Parkplatz Hammerstein nehmen, von hier 200 Meter zu Fuß zum Zeittunnel.

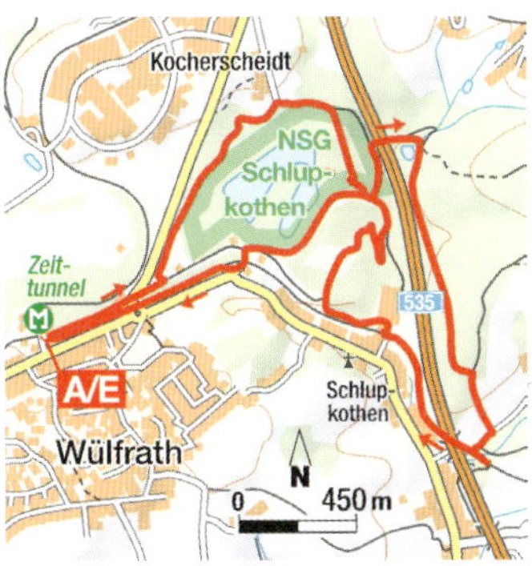


**ÖPNV:** Mit dem Bus Linie 601 (Wuppertal-Elberfeld–Wülfrath) bis zur Haltestelle Ellenbeek/Zeittunnel

### Karte

neanderland STEIG Etappen 2–5, 1:37 000

### Einkehr

Im Gebäude des Zeittunnels befindet sich auch ein Café, das während der Öffnungszeiten kleine Gerichte serviert.

■ *www.zeittunnel.com*

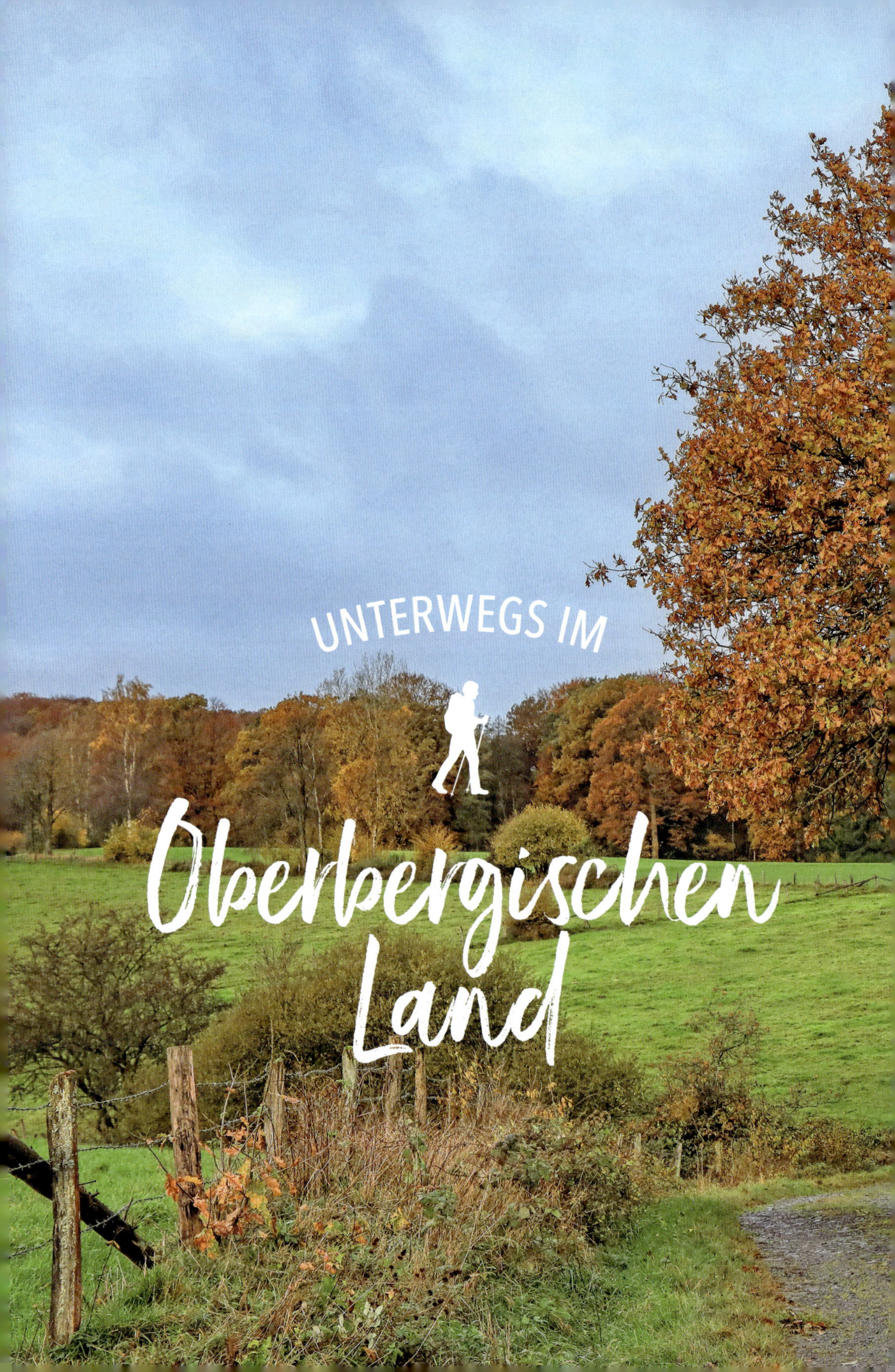
UNTERWEGS IM
Oberbergischen
Land

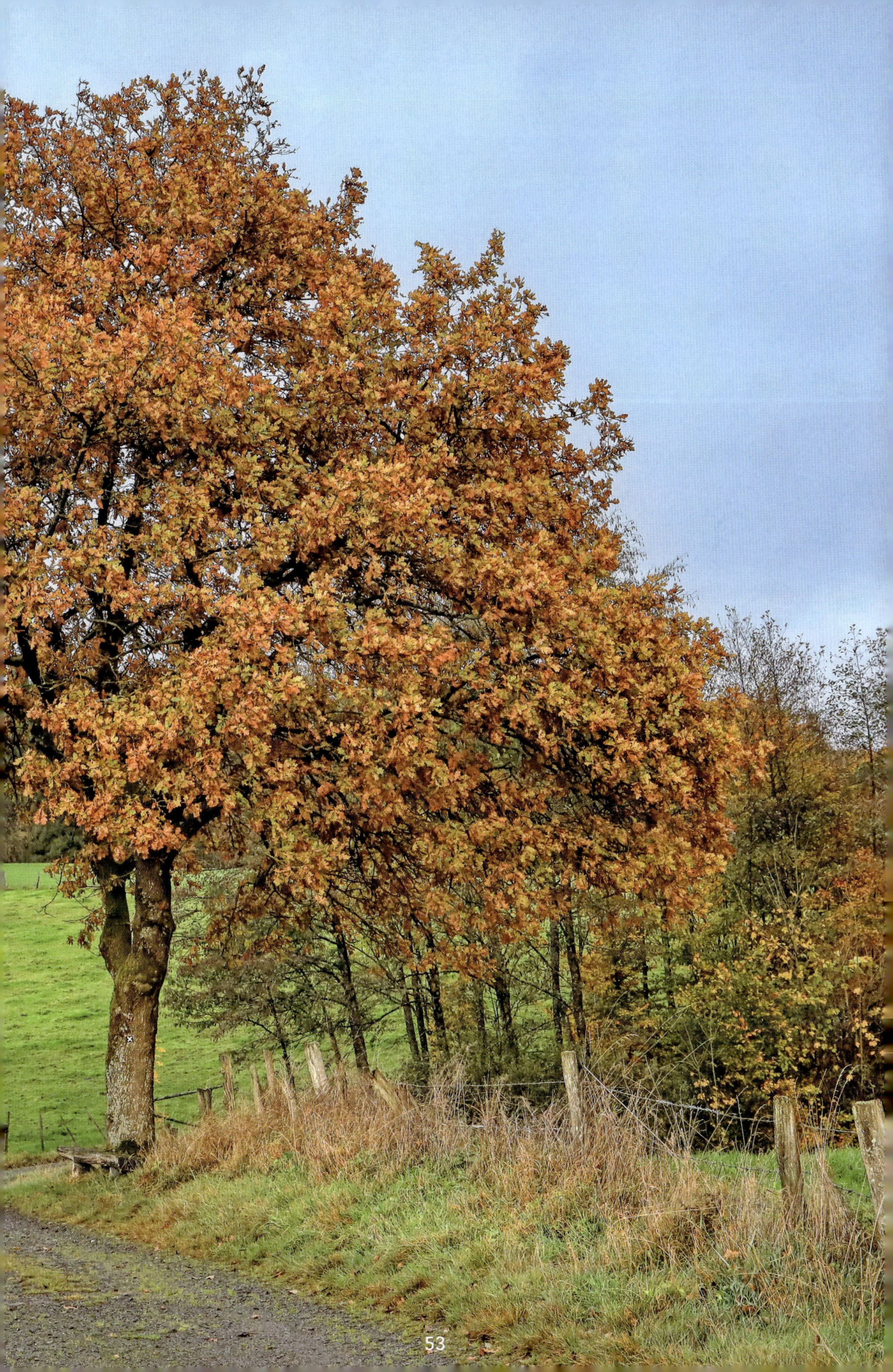

HÖHEN UND SIEFEN IM OBERBERGISCHEN

8

# Wipperfürther Kirchdörfer

Als flächenmäßig größte Gemeinde im Oberbergischen Kreis vereint Wipperfürth mit seinen verträumt inmitten rollender Landschaften liegenden Siedlungen alle Kriterien für beschauliche Wanderunternehmungen durch die Natur, durch Wald und Flur.

Wipperfürth, die älteste Stadt des Bergischen Landes, zudem traditionsreiche Hansestadt, feiert 2031 ihren 900. Geburtstag. Der flächenmäßig größte Ort im Oberbergischen Kreis ist Ausgangspunkt für zahlreiche Wandermöglichkeiten, die oft an historischen Wegführungen, an Handelsstraßen und Heerwegen liegen. Wir erkunden, ausgehend vom Parkplatz Ohler Wiesen in einem Bogen der hier noch jungen Wupper, die Stadt und einige kleine Kirchdörfer auf den Höhen und in den Tälern des Gemeindegebietes. Über die Gartenstraße geht es zunächst in die Ortsmitte auf die imposante Pfarrkirche St. Nikolaus am Kirchplatz zu, der wir, wenn Zeit ist, einen kleinen Besuch abstatten. Am Gemeindehaus links, gleich rechts und wieder links gelangen wir zum Wipperfürther Busbahnhof, überqueren die Siegburger Straße und dabei auch den kleinen Gaulbach, dessen Verlauf wir nun bachaufwärts folgen werden, markiert mit »X28«, dem Graf-Engelbert-Weg von Hattingen nach Schladern, und dem Logo des Wasserquintetts. Im Wohngebiet leiten uns die Straße Brunsbachsmühle und der Sonnenweg aus der Stadt heraus. Am Ende der Straße werden im kleinen Wäldchen endlich auch das Bachufer und der zugehörige Obergraben parallel zu unserem Pfad sichtbar.

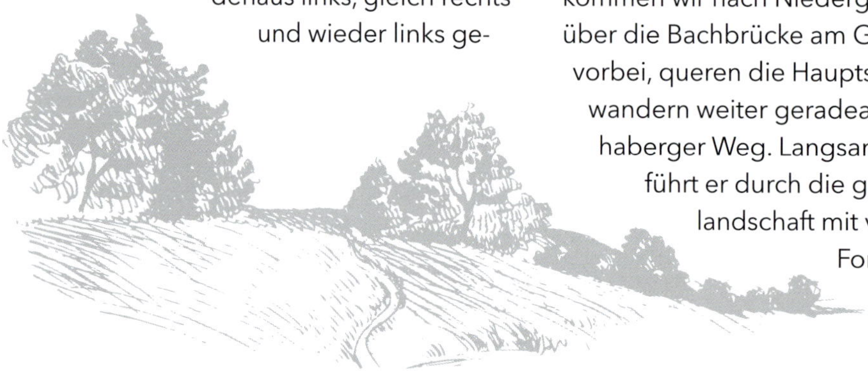

## Von der Wipper auf den Berg

Ein Stück auf dem Stillinghauser Weg, über eine Wiese und durch einen kleinen Hain kommen wir nach Niedergaul, gehen rechts über die Bachbrücke am Gewerbegebiet vorbei, queren die Hauptstraße L 302 und wandern weiter geradeaus auf dem Agathaberger Weg. Langsam ansteigend führt er durch die gefällige Hügellandschaft mit versprengten Forstbereichen und weiten Aussichten in das bald

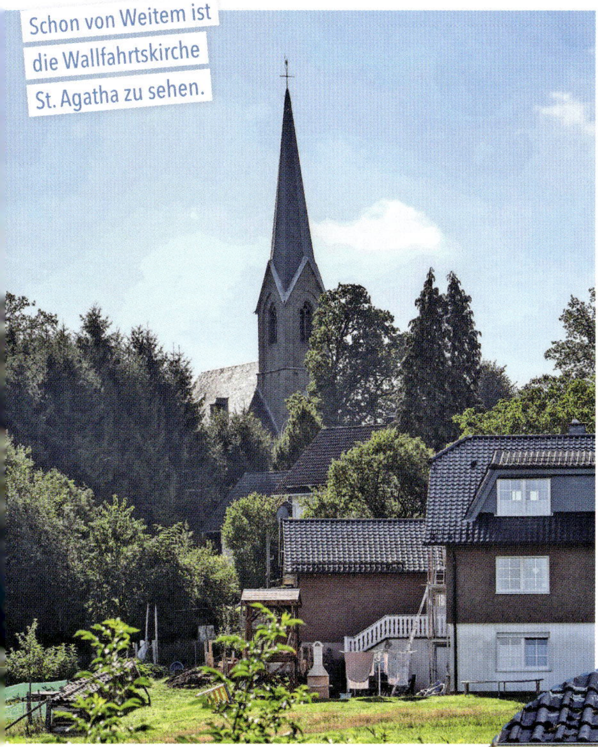

Schon von Weitem ist die Wallfahrtskirche St. Agatha zu sehen.

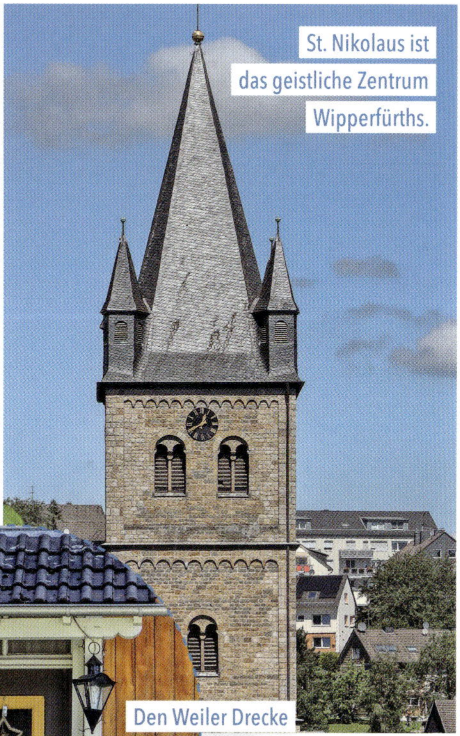

St. Nikolaus ist das geistliche Zentrum Wipperfürths.

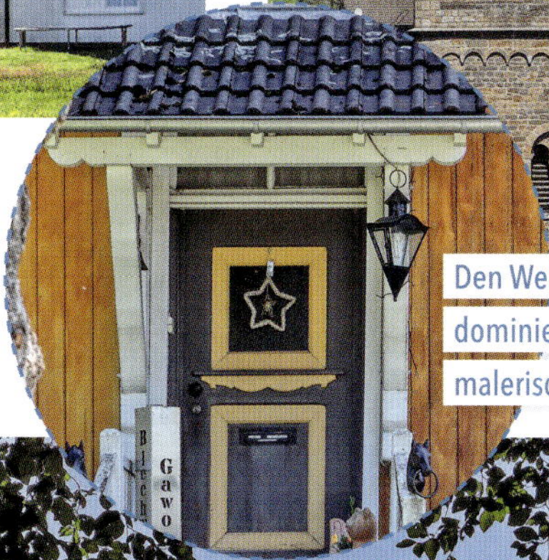

Den Weiler Drecke dominiert ein malerischer Reiterhof.

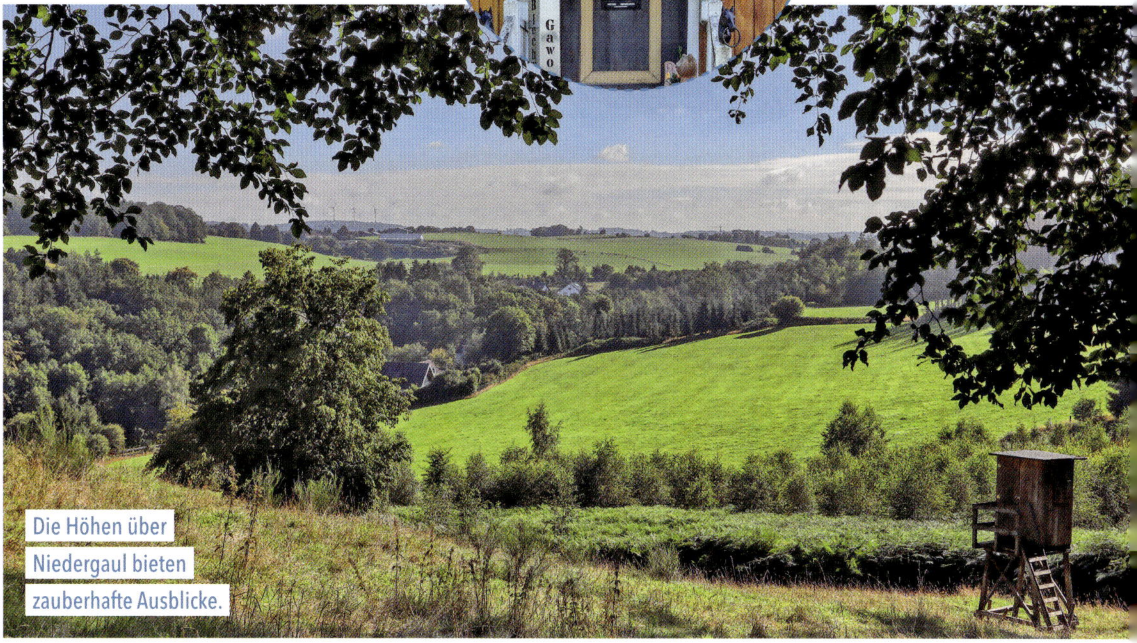

Die Höhen über Niedergaul bieten zauberhafte Ausblicke.

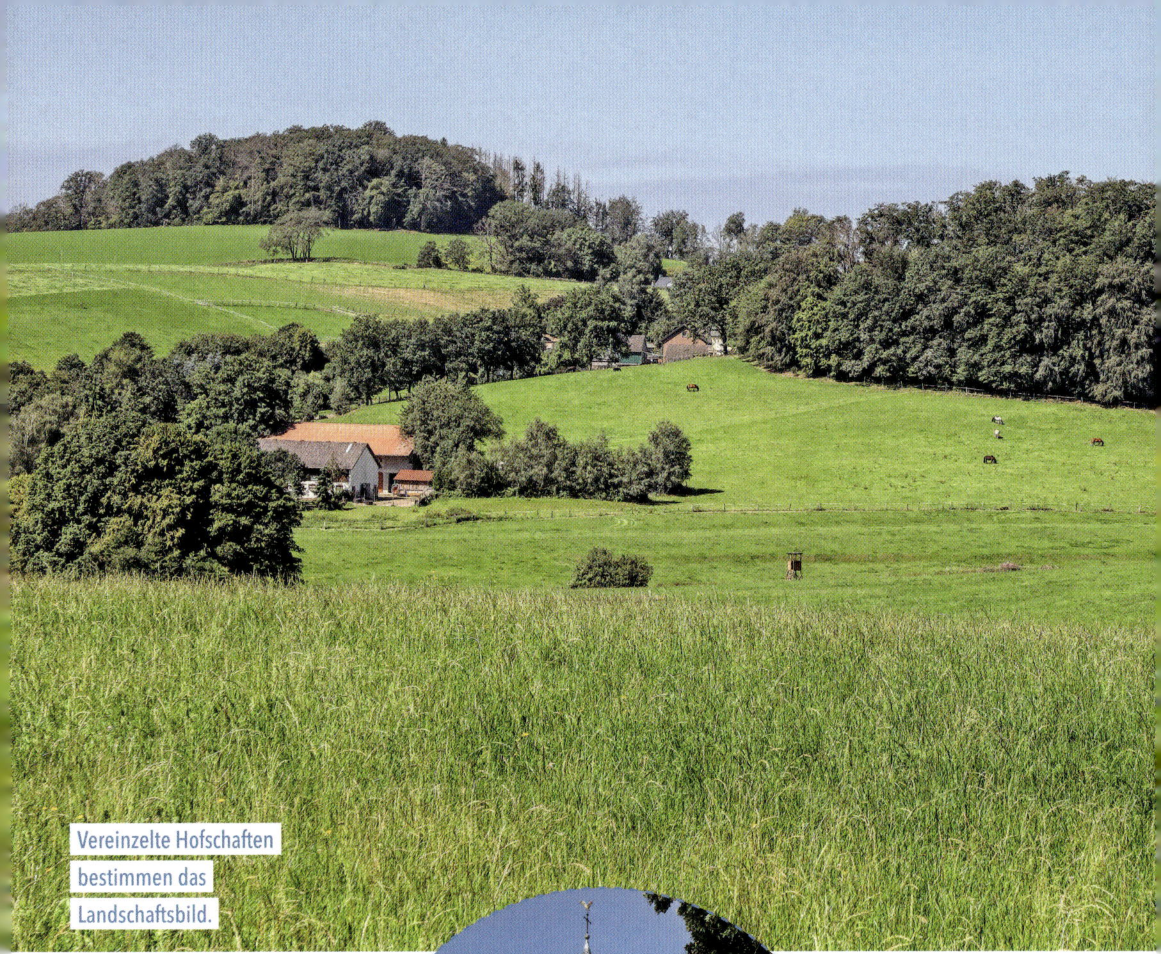

Vereinzelte Hofschaften bestimmen das Landschaftsbild.

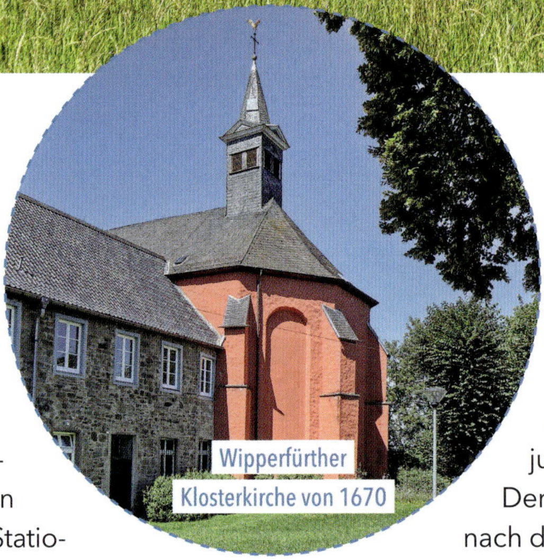

Wipperfürther Klosterkirche von 1670

450 Jahre alte Kirchdorf St. Agathaberg. Der Kirchturm eines der höchstgelegenen Dörfer im ganzen Bergischen Land grüßte uns schon aus der Entfernung. Um das Gotteshaus herum gibt es einen Prozessionsweg mit 14 Stationen. An der Hauptstraße in der Dorfmitte, der K 18, biegen wir rechts ab. Wir passieren den Sportplatz zur Linken und die leider geschlossene historische Dorfschänke mit der Schieferfassade zur Rechten, laufen zwischen den Wiesen und nach der Hochspannungsleitung links auf einen Pfad in den Wald hinein und wieder abwärts. Beidseitig stark gerodet, rappelt sich die Natur allmählich wieder auf mit erstem zartem Gebüsch und jungem Baumbestand. Der Pfad mündet auf die nach dem dortigen, bereits im späten Mittelalter urkundlich erwähnten Flecken benannte Straße Fähnrichstüttem, der wir weiter abwärtsfolgen, wobei wir einen Industriebetrieb rechts liegen lassen. Seinen ungewöhnlichen Namen erhielt das nur aus wenigen alten Höfen bestehende Örtchen während der Kaiserzeit.

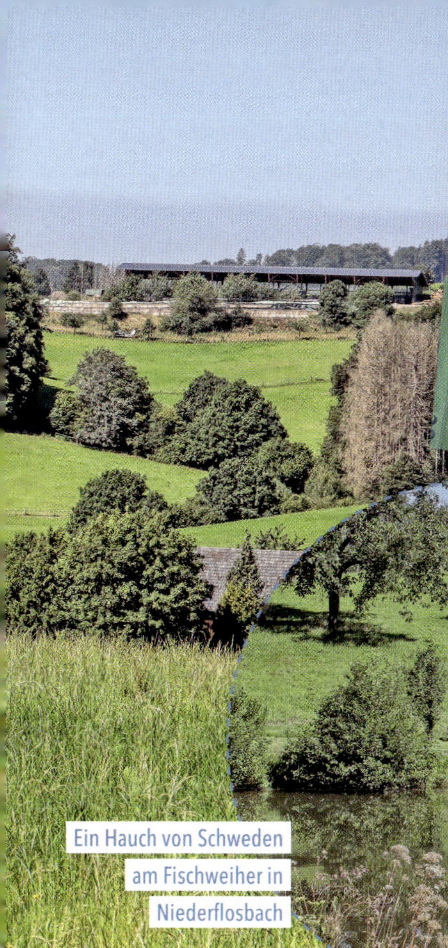

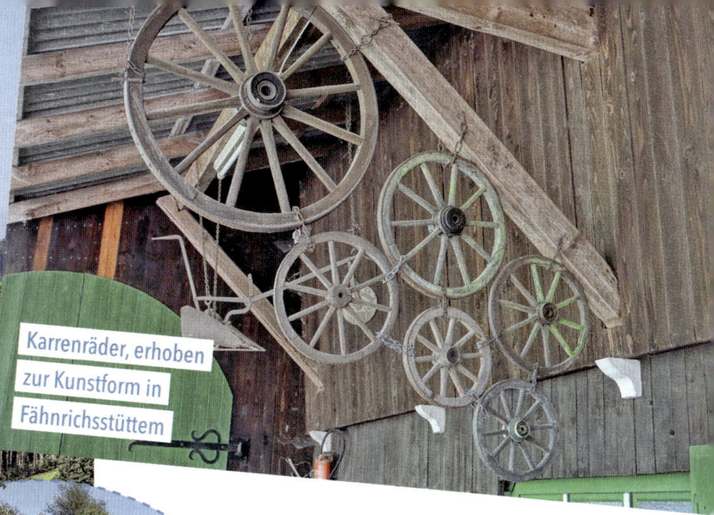

Karrenräder, erhoben zur Kunstform in Fähnrichsstüttem

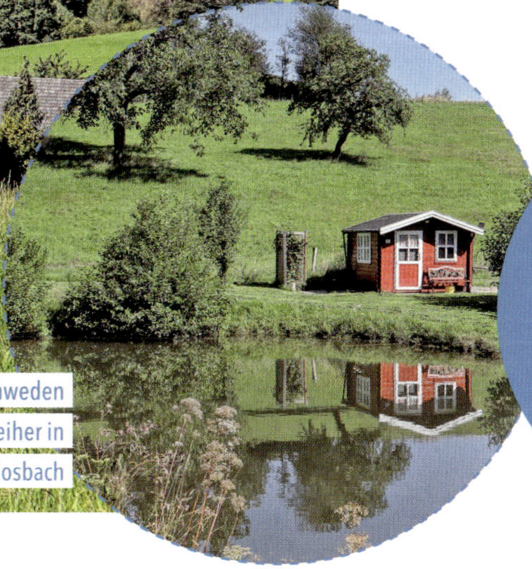

Ein Hauch von Schweden am Fischweiher in Niederflosbach

**Tipp**

Am gleichen Startpunkt am Wipperufer beginnt auch der Bergische Streifzug Nr. 3, der 11 Kilometer hinauf zur Staumauer der Neye-Talsperre führt (www.bergisches-wanderland.de/tour/heimatweg-streifzug-3).

## Durch Wald und Feld zum Golddorf

Wir biegen hinter dem Bächlein Die Lind am Wäldchen Phönixnest rechts ab auf den Fernwanderweg »X19«, den Schlösserweg, der zwischen Düsseldorf und Dillenburg verläuft. Flankiert von Wiesen und Weiden gehen wir hinter dem Landgut Stüttem eine kleine Weile an der Landstraße L284 entlang, um in der Hofschaft Graben rechts abzubiegen und erneut Weideflächen, mitunter aufmerksam von Schwarzbunten observiert, und teils auch wieder gerodete Waldareale auf der Gemeindegrenze zu Lindlar zu durchmessen. Im Weiler Buchholz halten wir uns rechts und folgen nun der Markierung »A2« in ein kleines Forstgebiet, das in leichtem Auf und Ab und nach aufgeforsteten Arealen nach Niederflosbach führt. Jetzt links, den namensgebenden Bach zur Rechten, und dann gleich wieder rechts an den Fischteichen mit den bunten Holzhütten vorbei, tangieren wir nur den Weiler mit seinen netten Häusern und Gärten und spazieren leicht aufwärts nach Thier, ins nächste der Kirchdörfer. Das Sträßchen An der Burg verrät, dass es in dem bald 600 Jahre alten und in jüngerer Zeit zum Golddorf gekürten Ort wohl einmal eine Befestigung gab, von der jedoch nichts mehr als die einst exponierte Lage erkennbar ist.

## Obst und Vierbeiner

Gerühmt ob seiner liebevoll gepflegten Gärten und seiner historischen Bausubstanz rund um die Pfarrkirche St. Anna, ist Thiers

Den Chor der Kirche zur Heiligen Agatha charakterisiert ein eher nüchternes Erscheinungsbild.

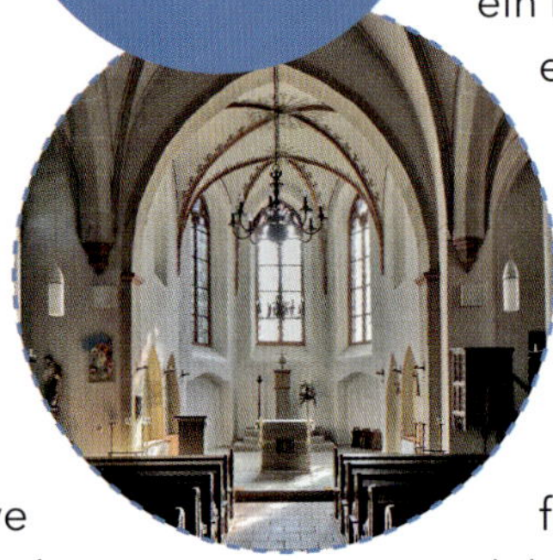

einstige Anlage als lang gestrecktes Straßendorf noch recht gut ersichtlich. An Obstwiesen vorbei halten wir uns rechts auf der Willi-Laschet-Straße und zweigen auf den kleinen Weg links hinter dem Friedhof ab, gehen geradeaus am Dorfladen vorbei und verlassen die Johann-Wilhelm-Roth-Straße hinter der Linkskurve und bevor die nächste kleine Siedlung Fürden erreicht ist. Uns führt nun die Markierung eines weißen Dreiecks. Rechts an Pferdekoppeln vorbei schwenkt der Pfad nun bergan zum Flecken Drecke, der in der Hauptsache aus einem Gestüt mit Herrenhaus und Stallungen besteht und von zwei Armen des Drecker Baches umschlossen wird. Es geht weiter bergan, das Panorama wächst stetig. Während uns im Westen der Erler Siefen begleitet, verläuft auf östlicher Seite weiterhin der Drecker Bach. Am Wegrand liegen Stapel frisch geschlagenen Holzes, stehen aber auch stolze Laubbäume in prachtvoller Schönheit. Wir schauen hinüber zur Siedlung Vorderschöneberg, die ihrem Namen alle Ehre zu machen scheint in ihrer pittoresken Lage an bergischen Hängen.

## Wandern zum seidenen Faden

In Eichholz ist in etwa der höchste Wegpunkt erreicht, der Wirtschaftsweg asphaltiert. Ein steinerner Bildstock aus dem Jahr 1840 mit einem eisernen Kreuz zuoberst erinnert an die Gefallenen des Weilers, der erstmals 1443 urkundliche Erwähnung findet. An der Weggabelung halten wir uns rechts und an der nächsten Kreuzung weiter geradeaus. Links liegt ein landwirtschaftlicher Betrieb mit einigen Obstbäumen, an denen verlockend rote Äpfel in der Sonne glänzen. Dieses lauschige Plätzchen heißt tatsächlich Seidenfaden. Möglicherweise begründet sich dieser auf der uralten Wegführung der Höhen- und Handelsstraße nach Wipperfürth, auf der wir just unterwegs sind. Von Münte, der nachfolgenden Siedlung, aus kommt Wipperfürth denn auch wieder in unser Blickfeld. Halb rechts gehen wir durch die Hofschaft Herzhof und biegen unmittelbar danach auf den Wanderpfad ab, der nach links weiter zum Wendehammer der Straße Lindenstumpf und an den Stadtrand Wipperfürths führt.

An der Kreuzung zweigt ein Pfad nach rechts in den etwas unterhalb gelegenen Siedlungsbereich ab. Wir gehen auf dem Robinienweg entlang bis zur Kreuzung hinter der Schule und links in die Sackgasse Im Feld, die über einen Pfad in den Nackenborn übergeht. Wir queren die Ringstraße geradeaus, laufen bergan auf die Antoniuskirche am Klosterberg zu, biegen vor dem Kindergarten rechts ab und erreichen über Zur Krakenburg hangabwärts den lebhaften Marktplatz mit dem Münzschläger-Denkmal und das Rathaus der Stadt. Ein Stück links auf der Unteren Straße, dann rechts durch die kleine Gasse neben dem Schreibwarenladen kommen wir zurück zum Kirchplatz und kurz darauf zurück zu den Ohler Wiesen.

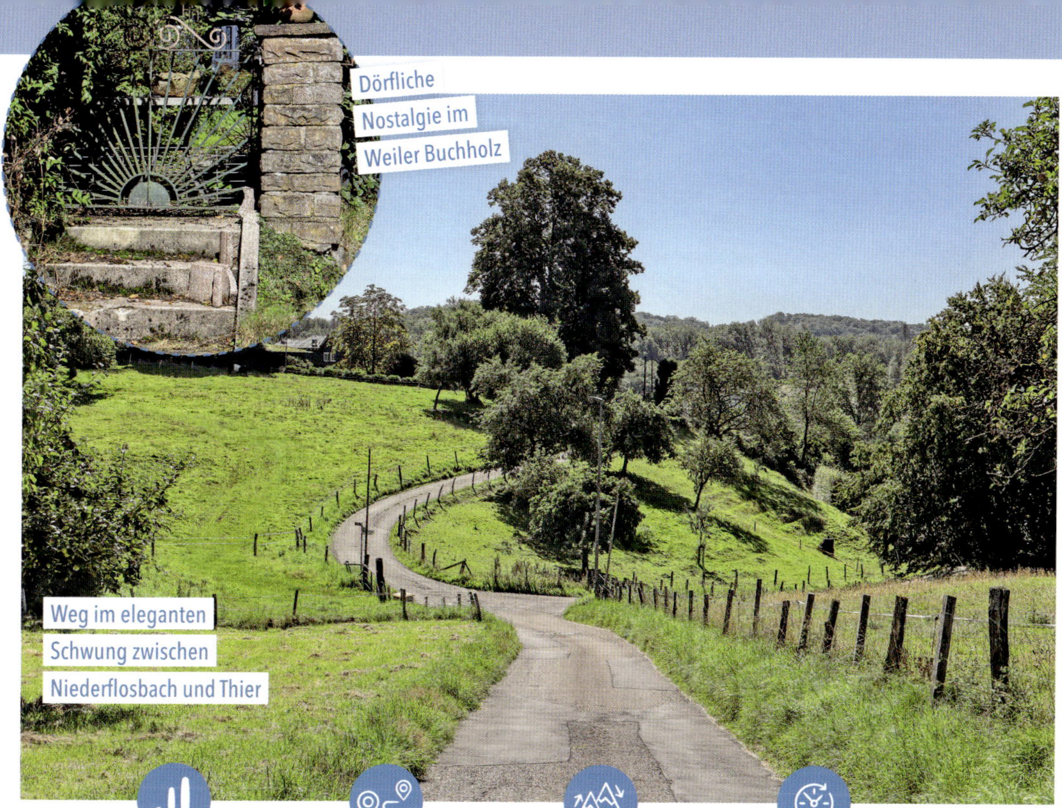

Dörfliche Nostalgie im Weiler Buchholz

Weg im eleganten Schwung zwischen Niederflosbach und Thier

mittel | 15,8 km | 536 Hm | 4,5–5 Std.

## Auf einen Blick

### Tourencharakter
Vielfach Wald- und landwirtschaftlich genutzte Wege, einige untergeordnete Straßen sowie einige kurze Passagen mit Waldpfaden in hügeligem Terrain

### Ausgangs-/Endpunkt
Parkplatz Ohler Wiesen, Wupperstraße 11, 1688 Wipperfürth
GPS 51.12025, 7.40058

### Anfahrt
**Auto:** Auf der A 1 bis Ausfahrt 95b Remscheid, links auf die B 229 Richtung Lennep, nächste Kreuzung rechts auf die B 51 Richtung Hückeswagen. In Bergisch Born bei der Feuerwehr links auf die B 237, dieser weiter folgen bis zum Kreisverkehr in Hückeswagen und rechts Richtung Wipperfürth. Hinter der Drahtzieherei zur Rechten an der Ampel rechts ab auf die Gartenstraße und zum Parkplatz.
**ÖPNV:** Mit den Bussen Linie 426 von Bergisch Gladbach, 336 von Gummersbach, 333 von Lindlar bis Busbahnhof Wipperfürth. Von hier in die Route einsteigen.

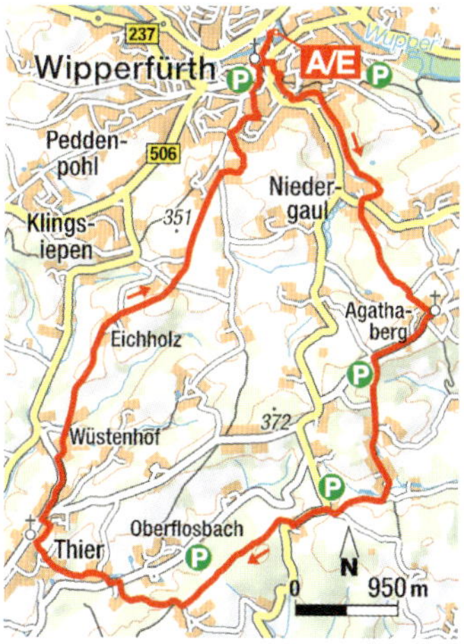


### Karte
Wanderkarte Bergisches Land, Karte 2: Nordwesten, 1:25 000, Das Bergische

### Einkehr
Das Hansecafe als gemütliches, traditionsreiches Bistro mit feiner Speisekarte, raffinierten Flammkuchen- und Schnitzelvariationen liegt direkt am Marktplatz in Wipperfürth.
■ *www.hansecafe.de*

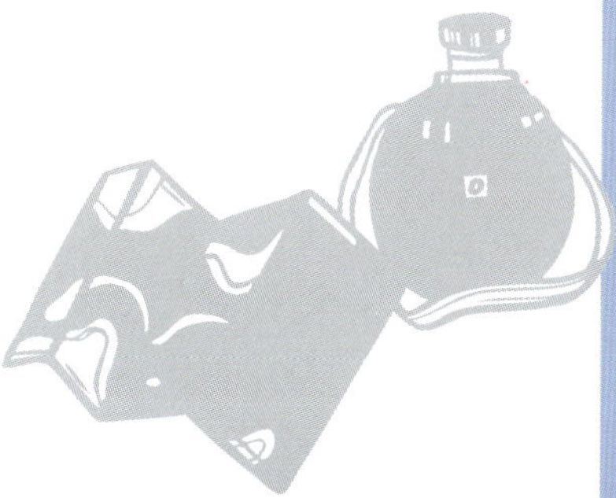

# 9 Marienheide

Aus 52 kleinen Ortschaften setzt sich die Gemeinde Marienheide seit der kommunalen Neuordnung von 1975 zusammen. Der namensgebende Hauptort blickt dabei auf eine über 600-jährige Historie zurück und über eine facettenreiche Landschaft aus Wäldern, Feldern und Seen.

Wir beginnen unsere Tour im Herzen von Marienheide am Park-and-ride-Parkplatz des örtlichen Bahnhofes, der unmittelbar zwischen Gleis und der alten Klostermauer liegt. Obwohl schon 300 Jahre zuvor gegründet, stammen Kloster und vor allem die in ihrem Inneren beeindruckende Wallfahrtskirche in ihrem heutigen Antlitz aus der Zeit um 1717. Pilger kommen alljährlich am ersten Juliwochenende, um das wundertätige Marienbildnis zu besuchen, das der Einsiedler Henricus aus Köln mit ins Dorf brachte und das in einem Seitenschiff des Gotteshauses aufbewahrt wird. Nach einem Blick in den für diese Region wenig verbreiteten Sakralbautypus in Form einer gotischen Hallenkirche gehen wir am Kreisverkehr entlang der Hauptstraße B 256 in nördliche Richtung, passieren das Rathaus und zweigen am folgenden Kreisverkehr auf den kombinierten Rad- und Fußweg ab. Er verläuft parallel zur Bundesstraße zwischen herausgesprengten Felsen auf der früheren Trasse der Wippertalbahn, die über fast 120 Jahre als Bahnverbindung zwischen Marienheide und Remscheid-Lennep diente.

## Das Quintett der Talsperren

Durch den lockeren Baumbestand sehen wir den Weiler Schmitzwipper zu unserer Rechten und nehmen einen etwas schwer erkennbaren Pfad abwärts. Wir queren die große Straße und spazieren auf der Seehausstraße abwärts ins Dorf, wobei wir auch über die Wipper, den Quellfluss der Wupper, der Lebensader des Bergischen Landes, gelangen. Links haltend geht der Weg in die Straße Waldfrieden über. Nach der

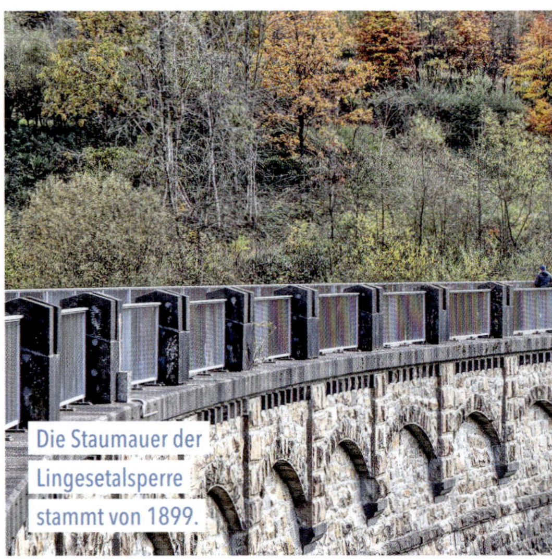

Die Staumauer der Lingesetalsperre stammt von 1899.

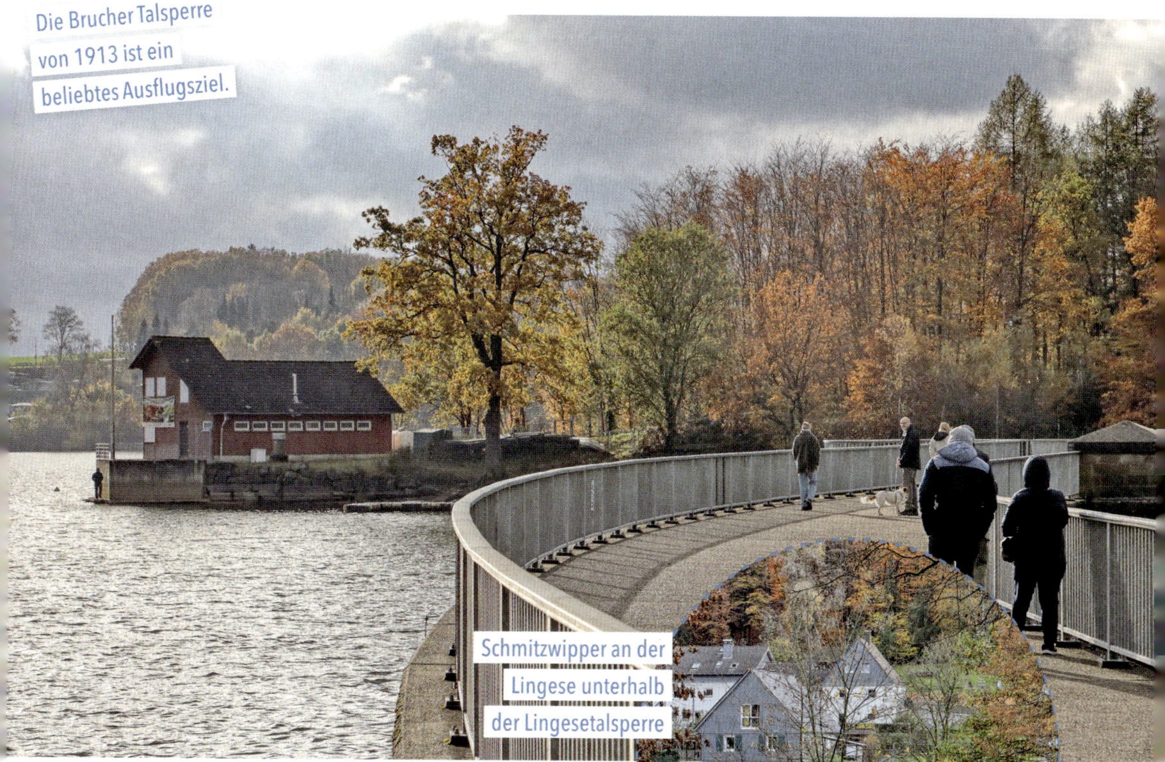

Die Brucher Talsperre von 1913 ist ein beliebtes Ausflugsziel.

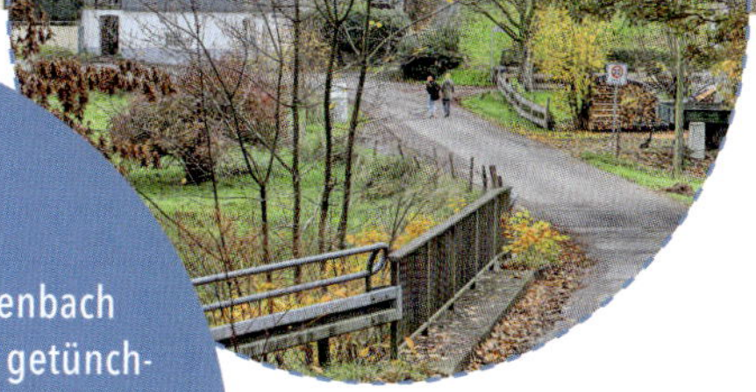

Schmitzwipper an der Lingese unterhalb der Lingesetalsperre

## Geheimtipp

Im Marienheider Ortsteil Müllenbach befindet sich mit der alten, weiß getünchten Wehrkirche von 1097 ebenfalls eine der charakteristischen »Bonten Kerken«. Bereits kurz nach ihrer Errichtung hatte sie die ikonischen Wandmalereien erhalten. Die Glocke des Gotteshauses stammt bereits aus dem Jahr 1050 (www.kirchemm.ekir.de).

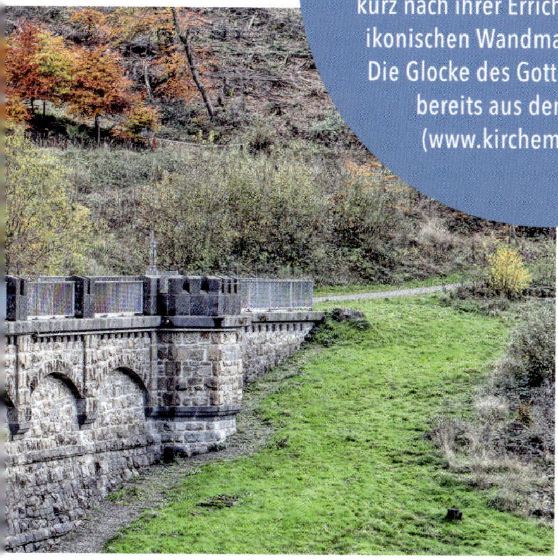

Brücke über den Wipperzufluss Lingese biegen wir nach rechts ab und folgen dem friedlichen Weg aufwärts an der populären Gaststätte Kaffeerösterei Pagnia, ehemals Haus Waldfrieden, vorbei, hinter der wir schon die Staumauer der Lingesetalsperre erkennen. 1899 fertiggestellt, staut der betagte Stausee den kleinen Fluss auf, der die natürliche Grenze zwischen Sauerland und Oberbergischem Kreis markiert. Wir gehen aufwärts und rechts auf die Höhe der mächtigen, gut 185 Meter langen Mauer. Hier fällt uns die blaue Markierung des »Wasserquintetts« auf. Die fünf regionalen Talsperren sind durch Rad- und Wanderwege miteinander verbunden, eine davon überblicken wir gerade, die zweite folgt in Kürze.

## Vom See zur Aussicht

Am Ende der Mauer zweigen wir nach links ab und folgen dem Uferverlauf der großen Wasserfläche. Auf der Fassade des Hauses oben am Hang blättert die Farbe der Schrift »Seerestaurant« langsam ab. Von den großen Fensterflächen aus muss die Aussicht beim Kännchen Kaffee und einem Stück Kuchen schlicht phänomenal gewesen sein. Nach dem Campingplatz, der unmittelbar bis an den Weg heranreicht, biegen wir rechts ab, gelangen zur L 97 und überqueren die Straße gleich am Parkplatz. Nach links führt unsere Route aufwärts über eine offene Wiese bis zu einem gerodeten Waldstück, das wir geradewegs durchmessen, wobei wir auf die Höhe über den Weiler Griemeringhausen kommen. Rechts ab am Querweg gehen wir auf der Straße Alte Fuhr talwärts und an der folgenden Kreuzung weiter links ab durchs Dorf, über die Klosterstraße und auf den Weg Zur Eulenbecke, nun wieder begleitet von Feldern und Aussichten über die Hügel.

## Die Kraft des Wassers

Erneut passieren wir die Wipper, bevor wir unter der Eisenbahnunterführung hindurchschreiten und die wirklich imposante Staumauer der Brucher Talsperre vor uns sehen. 1913 erbaut, fungiert sie heute als abwechslungsreiches Freizeitgebiet mit den unterschiedlichsten Wassersportmöglichkeiten. Wir gehen auf sie und hinauf auf den östlichen Punkt der gut 200 Meter breiten Mauer. Hier treffen wir auf den Bergischen Fuhrmannsweg, dessen Verlauf uns nunmehr begleitet. Während das Panorama über die Wasserfläche seinen Reiz hat, lohnt aber auch der Blick hinunter, wo das abfließende Wasser der von mehreren Bächen gespeisten Talsperre lautstark wieder zum Gervershagener Bach wird, der kurz darauf in die Wipper mündet.

Am Parkplatz nehmen wir den Weg aufwärts, lassen den Campingplatz links, die kleine Kapelle, die sich stolz Christ-Erlöser-Kathedrale nennt, und das Waldhotel rechts liegen und erreichen hinter dem Tennisplatz eine recht schmale Passage. Vorbei am Weltkriegsehrenmal verläuft der Weg nun in der Höhe mit Blick über Marienheide und dann abwärts bis zum Bahnübergang. Wir halten uns links parallel zu den Gleisen. Der Weg macht einen Schlenker bergauf durch jungen Forst, um gleich darauf ausgesprochen schmal wieder abwärts zu verlaufen. In der Siedlung folgen wir dem Fuhrmannsweg, der in schlängelnder Ausrichtung zurück zum Kloster führt.

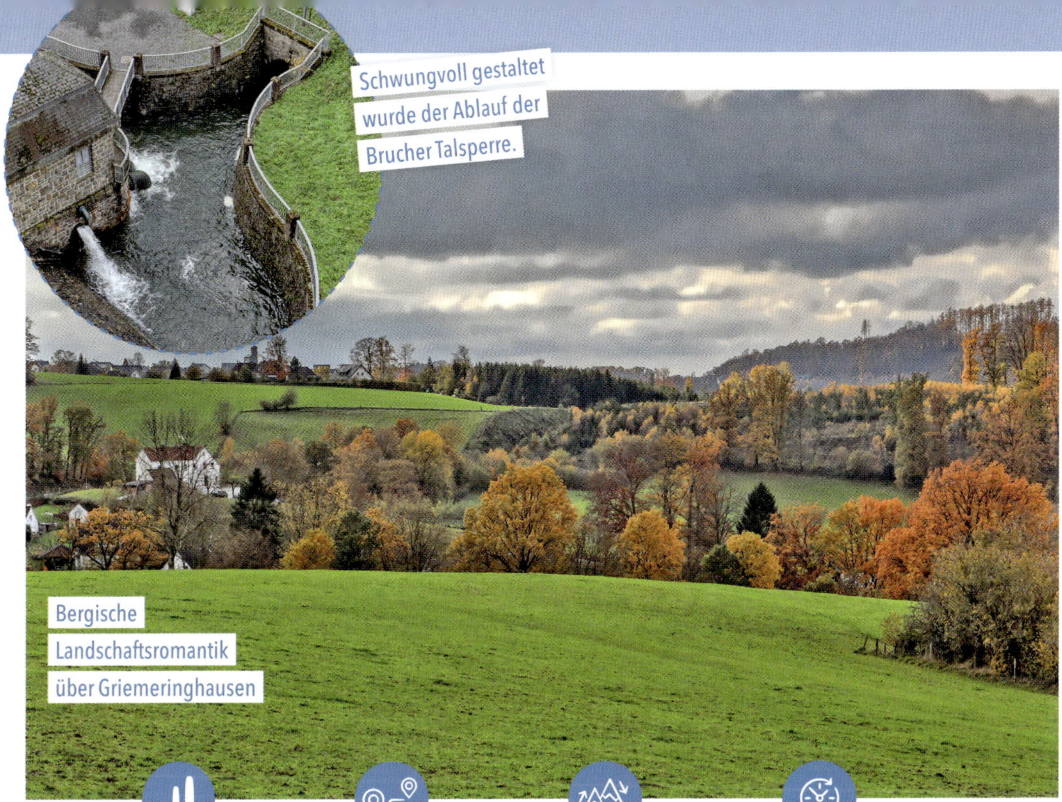

Schwungvoll gestaltet wurde der Ablauf der Brucher Talsperre.

Bergische Landschaftsromantik über Griemeringhausen

leicht | 8,9 km | 330 Hm | 2–2,5 Std.

## Auf einen Blick

**Tourencharakter**
Überwiegend befestigte Wege, teils forst- und agrarwirtschaftlich genutzte und gering frequentierte Dorfstraßen. Einige wenige enge Pfade

**Ausgangs-/Endpunkt**
Park-and-ride-Parkplatz, Zum Wasserturm, 51709 Marienheide
GPS 51.08311, 7.53308

**Anfahrt**
**Auto:** Auf der A 4 bis Ausfahrt 25 Gummersbach, auf die B 256 nach Norden Richtung Gummersbach/ Marienheide/Wipperfürth bis auf die Hauptstraße in Marienheide. Nach der Brücke über die Bahn in einer Rechtskurve links abbiegen zum Bahnhof und bei Rossmann wieder links der P+R-Beschilderung folgen.
**ÖPNV:** Mit Bussen der Linien 308, 320, 336 sowie Regionalzug RB25 (Köln–Lüdenscheid) bis Marienheide Bahnhof

**Karte**
Wanderkarte Bergisches Land, Karte 1: Norden/Osten, 1:25 000, Das Bergische

**Einkehr**
Vielleicht etwas exotisch, aber das Angebot und die Auswahl bei Tasty Falafel an der Hauptstraße in Marienheide können sich sehen lassen.
■ *www.tastyfalafel.de*

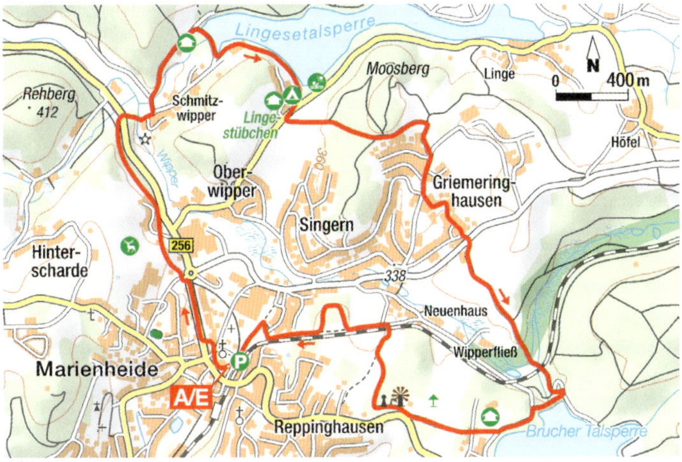

IM BERGISCHEN AUSSICHTSREICH

10

# Gummersbacher Panorama

Beste Aussichten über das Panorama bergischer Landschaftsvielfalt bietet die kurze, teils etwas anstrengende und von der rührigen Dorfgemeinschaft angelegte Wanderung rund um das Dorf Lobscheid.

Bergbau, Land- und Forstwirtschaft prägten das erstmals 1363 erwähnte Lobscheid. Bis heute konnte es seinen friedvollen und dörflichen Charakter zwischen den Erhebungen Hundsknochen, Burgberg und Eckkopf – alle um die 370 Meter hoch – bewahren. Unser Weg startet am südwestlichen Ortsrand auf der Höhe des privat betriebenen Friedhofes neben der Kapelle. Wir gehen auf dem asphaltierten Höhenweg zwischen Wiesen und Feldern Richtung Süden, folgen der Wegmarkierung »A1«. Unwillkürlich schweift der Blick über das Tal des Burbaches gen Osten hinüber zum Burgberg und in die Ferne bis Schloss Homburg und zum hölzernen Turm von Panarbora bei Waldbröl.

## Geheimtipp

Im seit 1982 unter Denkmalschutz stehenden Bahnbetriebswerk Dieringhausen mit seinem markanten Ringlokschuppen ist die unverwüstliche Dampflok »Waldbröl« zu Hause, die nach einer Zeit als Denkmal wieder betriebsfähig gemacht und zum schnaufenden Aushängeschild des Eisenbahnmuseums wurde (www.eisenbahnmuseum-dieringhausen.de).

**Verschlungene Wege im Wald.** Wir wandern am Wäldchen entlang, biegen alsbald links auf den Feldweg ab und nehmen den etwas versteckt gelegenen Pfad in den Wald hinein, Markierungen und roten Pfeilen folgend, die teilweise schwer auszumachen sind.

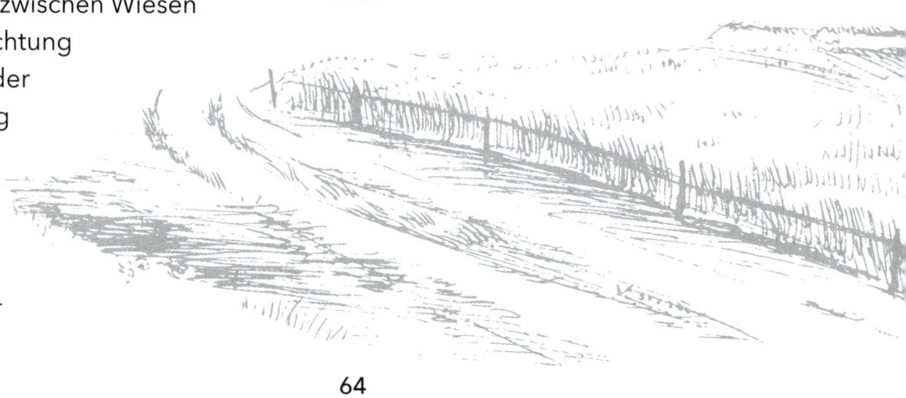

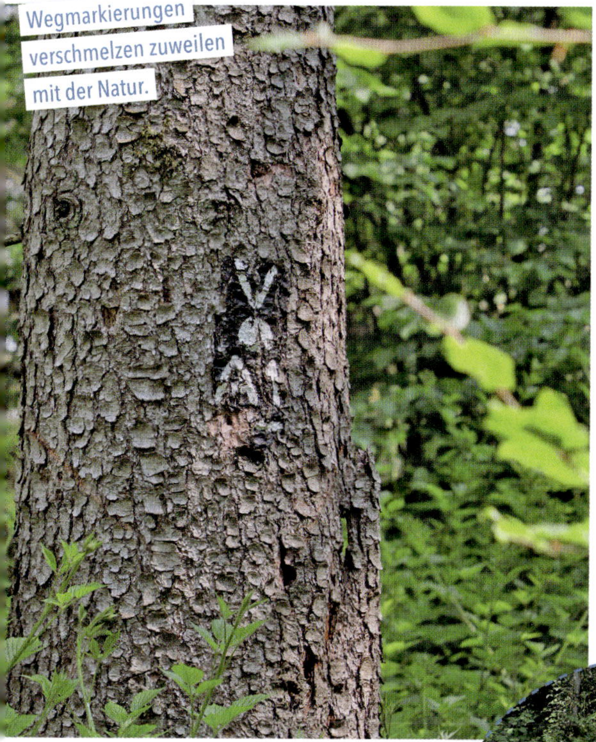
Wegmarkierungen verschmelzen zuweilen mit der Natur.

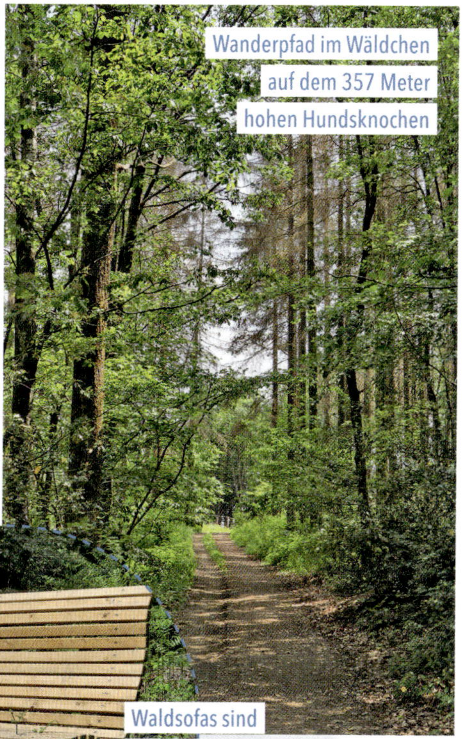
Wanderpfad im Wäldchen auf dem 357 Meter hohen Hundsknochen

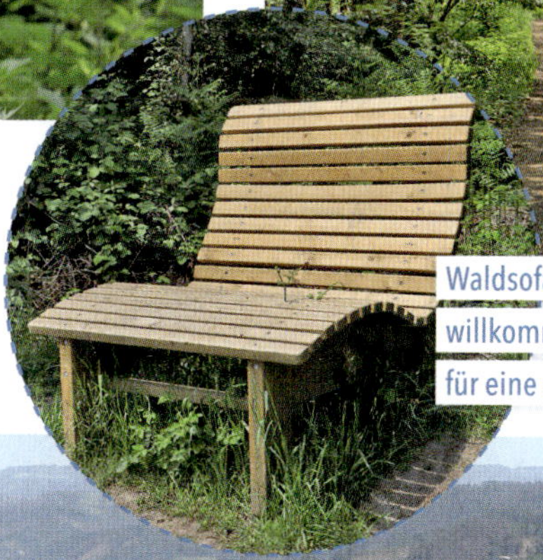
Waldsofas sind willkommenes Mobiliar für eine ausgiebige Rast.

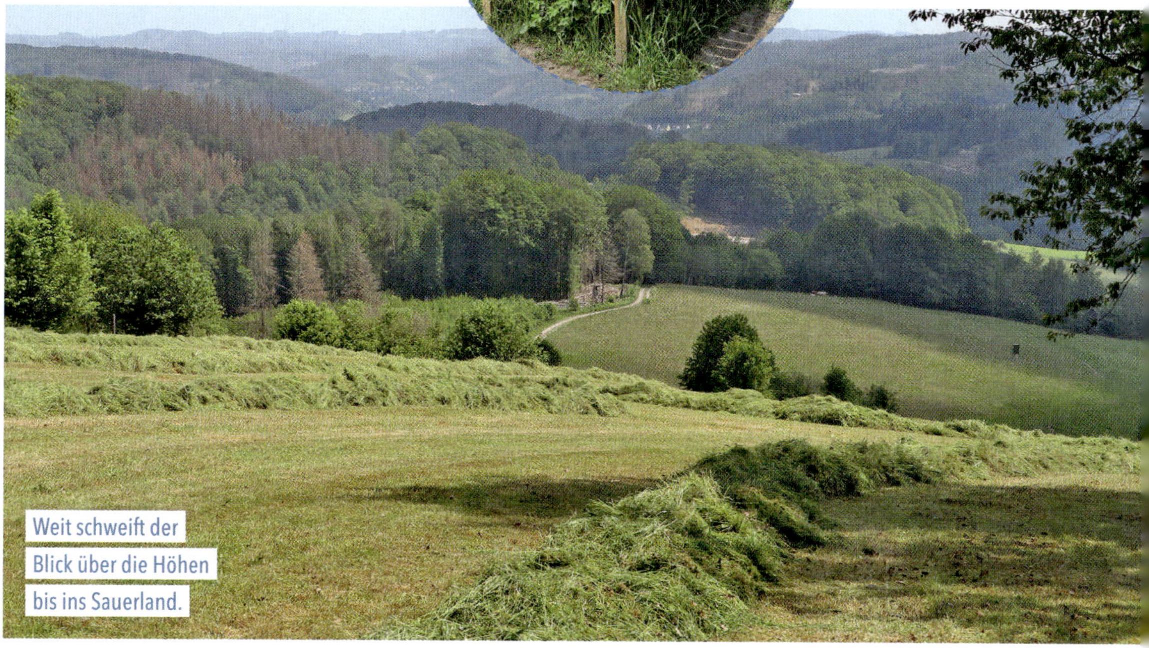
Weit schweift der Blick über die Höhen bis ins Sauerland.

In der erholsamen Kühle unter dichtem Blätterdach können wir uns auf die Schönheiten konzentrieren, welche die Natur uns im Detail bereitet. Der Weg, nun etwas breiter, führt abwärts in Richtung Dieringhausen. An der nächsten Wegkreuzung ist Aufmerksamkeit gefragt, die richtige Route geht rechts und gleich halb links leicht und stetig bergauf. Wir umrunden, melodiös untermalt vom Vogelgesang, die Höhe des Berges Birkertskopf und blicken über teils gerodete Waldflächen auf das Aggertal. Bei der nächsten Weggabelung mit Aussicht auf den Großen und Kleinen Borrberg halten wir unsere Richtung geradeaus, queren ein Bachtal und bleiben auf dem kurvenreichen Forstweg.

## Über die Höhen zum Waldsofa

»A1« führt uns scharf nach rechts, es geht kurz steil bergauf. Aufgrund der Rodung des Waldstückes verliert sich hier die Wegführung vorübergehend, wir stapfen querfeldein nach Osten, bis wir am nächsten Waldrand zurück zum vorgegebenen Pfad gelangen. Wir kommen an ein offenes Feld und kurz darauf zu einem befestigten Weg, den wir nach links einschlagen. Die Versöhnungsbank bietet Gelegenheit für eine kleine Pause. Der Straßenführung folgend, erreichen wir Gärten und Wiesen im Westen Lobscheids. Wir gehen die Hauptstraße ein Stück abwärts, um gleich wieder links abzubiegen. Eine bestens restaurierte Lore auf einem Schienenstück im Garten erinnert an die Ära des Bergbaues. Unser Weg, nun »V1«, führt zwischen Häusern und über einen Forstweg auf den Hundsknochen. Auf dessen Höhe wird der Weg zum Pfad und ein Waldsofa weist mit seiner Ausrichtung auf den schönsten Aussichtspunkt der Route, der bis nach Reichshof reicht. Zwischen Wiesen und Obstbäumen geht es anschließend hinunter ins Dorf und bergauf zurück zum Ausgangspunkt.

Die Natur braucht nur Licht und keine Hilfsmittel, um ihre ganze Farbenpracht zu entfalten.

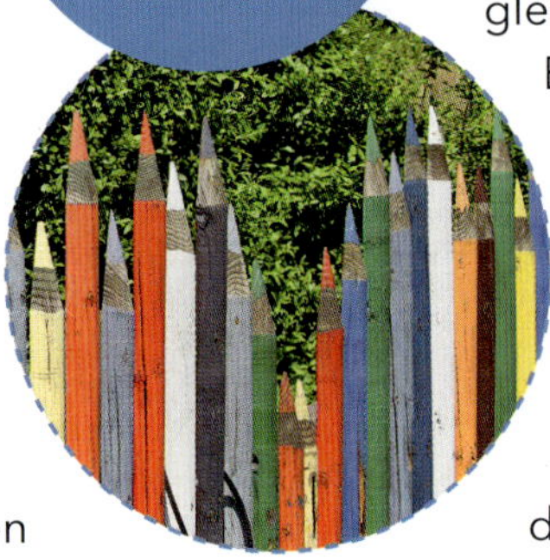

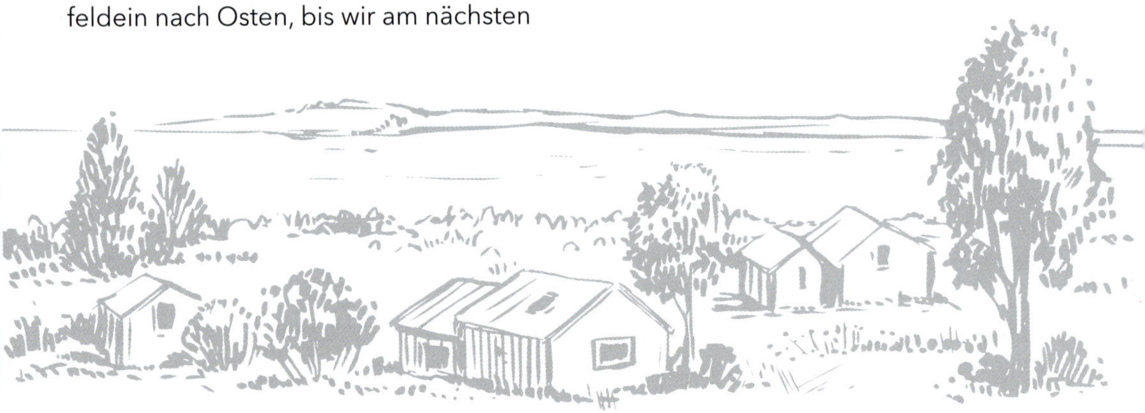

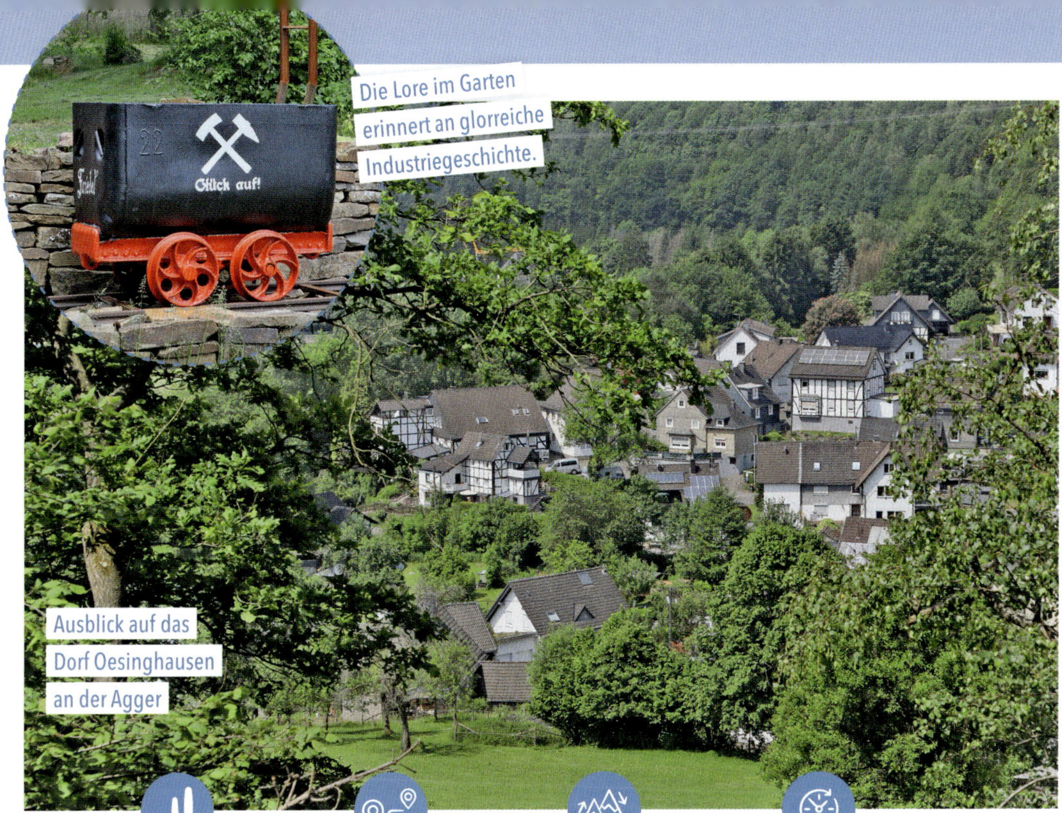


Die Lore im Garten erinnert an glorreiche Industriegeschichte.

Ausblick auf das Dorf Oesinghausen an der Agger

mittel | 6,8 km | 373 Hm | 2 Std.

## Auf einen Blick

**Tourencharakter**
Überwiegend Forstwege, einige Pfade, wenige gering frequentierte Straßen im Ort

**Ausgangs-/Endpunkt**
Parkplatz am Friedhof Lobscheid, Zur Merhardt, 51645 Gummersbach
GPS 51.00006, 7.52264

**Anfahrt**
**Auto:** Auf der A 4 bis Ausfahrt 25 Gummersbach, auf der B 56 Richtung Gummersbach bis Abfahrt Dieringhausen, links auf die Vollmerhauser Straße nach Dieringhausen Mitte, hinter dem Eisenbahnmuseum rechts auf der Hohler Straße bis Lobscheid, im Ort links auf Zur Merhardt bis zum Friedhof. Parken auf der südlich gelegenen Wiese hinter der Informationstafel.

**ÖPNV:** Mit dem Bus Linie 366 (Gummersbach Bhf.–Dieringhausen Bhf.) bis Haltestelle Gummersbach Lobscheid Mitte. Von hier in die Route einsteigen.

**Karte**
Wanderkarte Bergisches Land, Karte 1: Norden/Osten, 1:25 000, Das Bergische

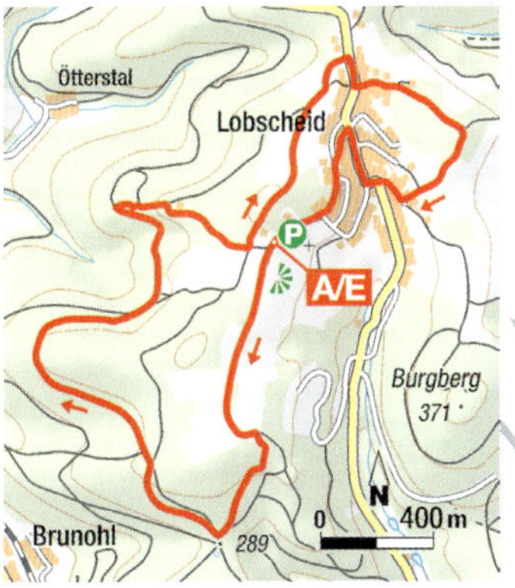


**Einkehr**
Der Landgasthof Lobscheider Hof in der Dorfmitte bietet eine authentisch bergische Atmosphäre mit guter Hausmannskost (geöffnet Mi–So ab 18 Uhr).
*www.lobscheider-hof.de*

BUNTE KIRCHE UND BUNTE LANDSCHAFT

11

# Runde von Marienberghausen

Vom zur Stadt Nümbrecht gehörenden, erstmals 1447 erwähnten Dorf Marienberghausen führt diese lange, aber weitgehend entspannte Rundtour in westlicher Richtung vom Oberbergischen über das Auf und Ab der Höhen und Täler in den Rhein-Sieg-Kreis.

Wir beginnen unseren Weg am eigens ausgeschilderten Parkplatz für Autowanderer nahe Schule und Kita in der Humperdinckstraße, gehen ein Stück nach Süden, biegen nach rechts auf den Höferhofweg ab und überqueren zunächst die Neue Landstraße L350. Schon von hier bekommen wir einen guten Überblick über die abwechslungsreiche, von Hügeln, Tälern und Wald geprägte Landschaft, die wir in den nächsten Stunden durchstreifen werden. An der ersten Möglichkeit zweigen wir links auf einen Forstweg ab, der mit A1 bezeichnet ist. Dieser Markierung folgen wir noch eine ganze Weile. Den Höferhof zur Rechten laufen wir durch den gefälligen Mischwald, passieren dabei auch gerodetes Gebiet, in dem sich die Natur neu zu ordnen scheint.

## Kompositionen der Natur

Nach zwei engen Windungen erreichen wir talwärts die L350. Nach wenigen Metern auf dem Geh- und Radweg parallel zur Straße biegen wir an der Brücke über die Much, die kurz danach in die Bröl fließt, in den Weiler Herfterath ab. Prominent strahlt uns die Fachwerkfassade der Herfterather Mühle an. Schon seit bald 50 Jahren Gastronomiebetrieb, allerdings aktuell zum Verkauf stehend, stammt sie aus dem späten 17. Jahrhundert.

Der gebürtige Siegburger Komponist Engelbert Humperdinck ging hier ein und aus, machte Wanderungen und ließ sich dabei zur Märchenoper »Hänsel und Gretel« inspirieren. Ganz nebenbei hat er dadurch den Begriff »Märchental« für dieses Fleckchen Erde zu verantworten.

**Tipp**
Auch Schloss Homburg nordwestlich von Nümbrecht gehört zu den Wahrzeichen des Bergischen Landes. Es beherbergt das regionale kulturhistorische Museum und das moderne Kulturforum (www.schloss-homburg.de).

## Weiler, Wälder, Felder

Im Flecken nehmen wir den ersten Weg nach rechts und wandern leicht bergan bald über offene Wiesen- und Weideflächen oberhalb des Tales des Becher Suthbaches, durchqueren kleine Forstbereiche und kommen zur Hofschaft Niederbech, wo wir auf den Fernwanderweg zwischen

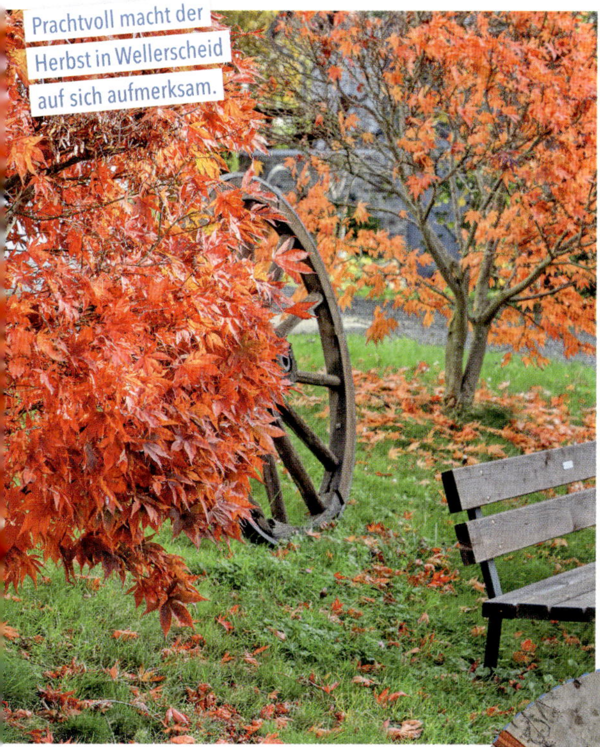

Prachtvoll macht der Herbst in Wellerscheid auf sich aufmerksam.

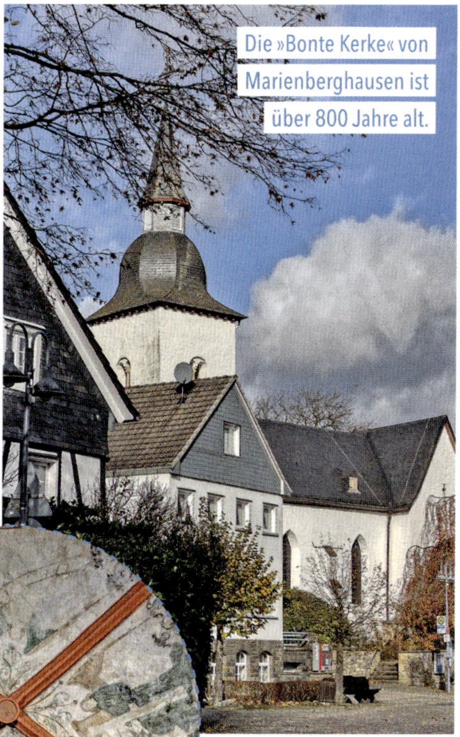

Die »Bonte Kerke« von Marienberghausen ist über 800 Jahre alt.

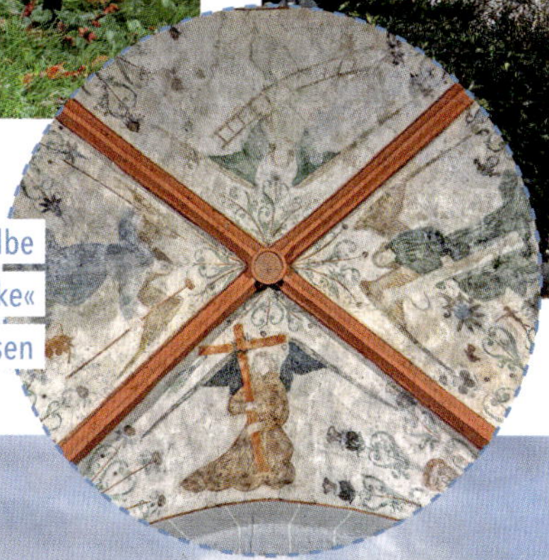

Fresken im Chorgewölbe der »Bonten Kerke« Marienberghausen

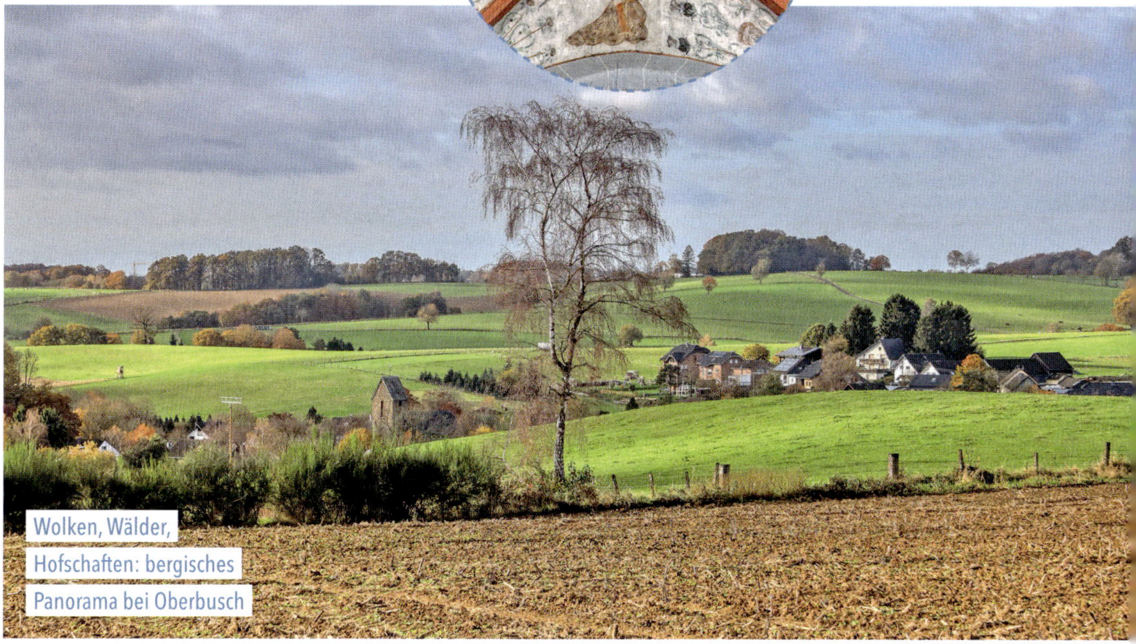

Wolken, Wälder, Hofschaften: bergisches Panorama bei Oberbusch

Hattingen und Schladern zu Ehren des Grafen Engelbert stoßen und diesem wenige Meter folgen, bis wir nach links erneut hügelaufwärts in den Wald schwenken. An der folgenden Kreuzung der Forstwege, die Forstwirtschaft hat hier ganze Arbeit geleistet, halten wir uns ganz rechts und danach wieder links am zwischenzeitlich gerodeten Waldrand und gehen quer über die Wiese, um anschließend nach links und am Ende des Waldes rechts abzubiegen. Im langen Bogen kommen wir zum am Hang eingekuschelten Dorf Hündekausen. Beim Autoservice geht es scharf nach links, dann den dritten Weg rechts ab und über die Marienfelder Straße hinweg Richtung Wellerscheid. Der lauschige Weiler, dessen Name wohl auf die wellige Beschaffenheit der Landschaft und der Wege zurückgeht, liegt eingebettet im Tal an den Ufern des Wahnbaches, der hinter Neunkirchen zur mächtigen Talsperre aufgestaut wird. Wir überqueren das muntere Bächlein aber nicht, sondern wandern wieder hangaufwärts zur nächsten kleinen Siedlung, Oberbusch.

## Aussichten in den Rhein-Sieg-Kreis

Am Wegekreuz halten wir uns scharf rechts und gelangen über den Weg links zwischen den Häusern wieder in die Höhe mit schönem Rundumblick. Wir folgen dann dem nächsten Feldweg nach links und passieren im Wäldchen erneut die Marienfelder Straße. Flankiert vom Wald zur Rechten laufen wir nun links entlang einer größeren Rodungsfläche talwärts hinunter zur Much, die wir an der Kreuzung der Forstwege nach rechts erreichen. Der Bachlauf bildet gleichzeitig den Grenzverlauf zum Rhein-Sieg-Kreis. Im Schatten der Bäume begleiten wir ihn bis nach Oberbech. Im winzigen Örtchen geht es auf der engen Dorfstraße abwärts und kurvenreich ins Tal. An der folgenden Kehre nehmen wir den Weg in den Wald, biegen bald darauf rechts ab und laufen auf dem Pfad in der Rodung hangaufwärts. Auf der Höhe bietet sich neuerlich ein schönes Panorama Richtung Norden und nach Oberstaffelbach. Eine Bank unter einem Baum lädt zum Verweilen, doch wir biegen nun rechts ab und spazieren über die Höhe südwärts bis zur Straße, die uns nach links in den nächsten Weiler Niederstaffelbach mit ein paar hübschen Fachwerkhäusern bringt.

## Stippvisite in der bunten Kirche

Die schwungvollen Bögen des Weges führen uns hinab ins Tal des Staffelbaches. Hinter der Brücke verlassen wir den Asphalt und nehmen den Pfad unter den Bäumen am Hang entlang in die Höhe. Vom Waldrand aus kommt Marienberghausen wieder in den Blick. Wir machen zuvor noch einen Schlenker nach rechts durch die Wiesen und gelangen so zurück zum Höferhofweg. Ein Stück an der Landstraße entlang zweigen wir schließlich nach rechts ab in den Ort mit seinen netten Fachwerkhäusern und der weißen »Bunten« Kirche in der Mitte. Sie ist eine der fünf »Bunten Kirchen« des Oberbergischen Kreises, in deren Chorraum mehr als 500 Jahre alte Wandmalereien biblische Geschichten erzählen. Hier lohnt in jedem Fall eine Stippvisite, bevor wir uns auf der Terrasse des Restaurants »Zur alten Post« eine kulinarische Pause gönnen und anschließend gestärkt unsere Rückreise antreten können.

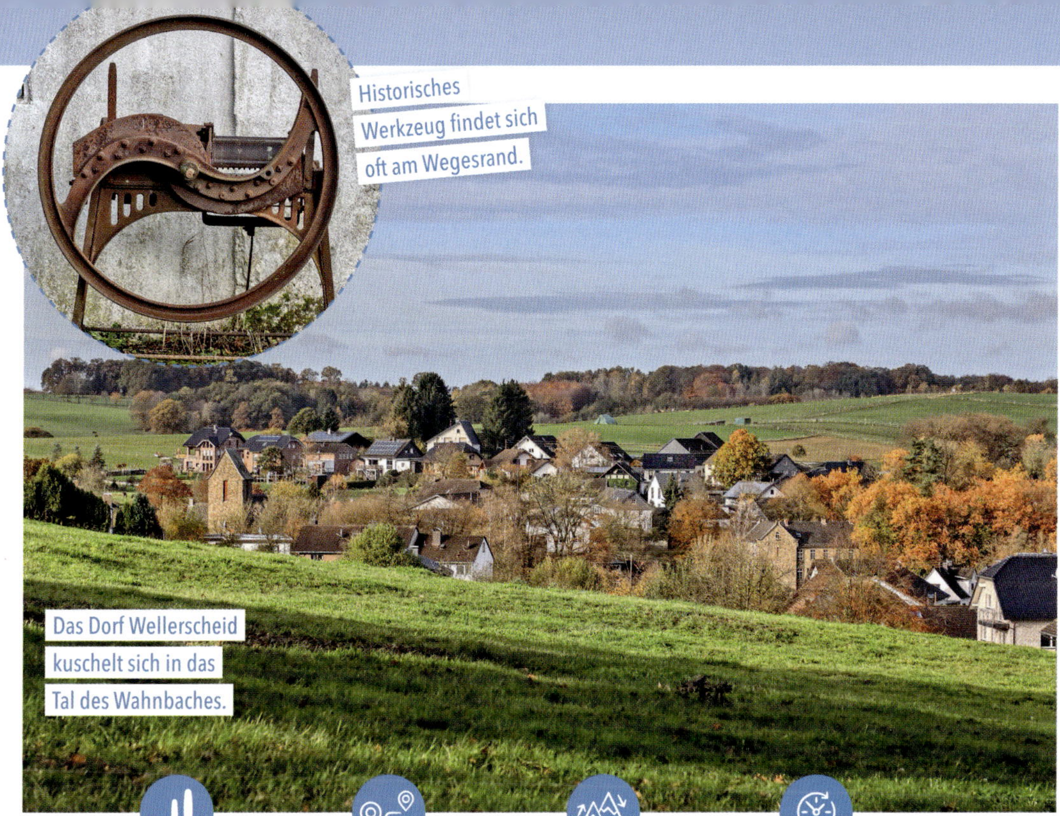

Historisches Werkzeug findet sich oft am Wegesrand.

Das Dorf Wellerscheid kuschelt sich in das Tal des Wahnbaches.

mittel | 14,5 km | 554 Hm | 4-4,5 Std.

## Auf einen Blick

### Tourencharakter
Aussichtsreiche Wanderung überwiegend auf Wald- und Wirtschaftswegen, teils auf wenig frequentierten Gemeindestraßen

### Ausgangs-/Endpunkt
Autowandererparkplatz, Humperdinckstraße, 51674 Marienberghausen GPS 50.918702, 7.495451

### Anfahrt
**Auto:** Auf der A 4 bis Ausfahrt 24, Bielstein. Auf die B 56 Richtung Süden nach Drabenderhöhe, an der Kirche links ab auf die Drabenderhöher Straße/L 338 bis Marienberghausen. Rechts auf die Neue Landstraße und bei nächster Gelegenheit links auf die Humperdinckstraße. Parkplatz auf der rechten Seite.
**ÖPNV:** Mit den Bussen der Linien 323 (Drabenderhöhe-Nümbrecht) oder 324 (Wiehl-Nümbrecht) bis zur Haltestelle Marienberghausen Ort

### Karte
Wanderkarte Bergisches Land, Karte 3: Osten, 1:25 000, Das Bergische

### Einkehr
Nettes Lokal in historischem Ambiente mit ausgezeichneter, bodenständiger Küche und fairen Preisen. Übernachtung sowie Kegelabend möglich.
■ *www.hotelzuraltenpost.com*

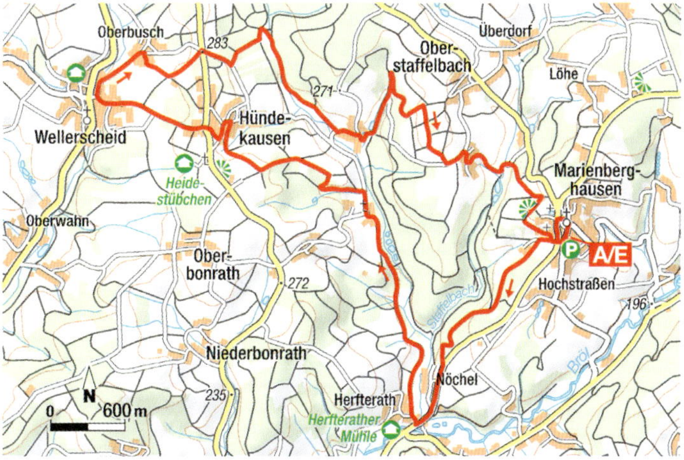

FAST SCHON SAUERLAND

12

# Wiedenest

**Ordentlich auf und ab geht es auf dieser ansprechenden Runde durch die hügelige, wald- und wasserreiche Landschaft östlich von Bergneustadt. Dabei lernen wir eine der ikonischen fünf »Bonten Kerken« des Bergischen Landes kennen.**

Am Parkplatz des Forums Wiedenest unmittelbar zu Füßen der Bunten Kirche beginnt diese Wanderung, die vorab oder an ihrem Ende auf jeden Fall einen Besuch des als Evangelische Kreuzkirche benannten Gotteshauses beinhalten sollte. Die Fresken an der Decke des Chorraumes stammen aus der Zeit um 1470 und stellen wie antike Comicstrips Szenen aus der Bibel dar, so die Christuspassion und das Jüngste Gericht. Vorteilhaft kann der Besuch schon allein deshalb sein, weil in der Kirche stets eine angenehme Kühle herrscht. Vorbei am Küsterhaus, Teil eines wirklich zauberhaften Ensembles historischer Fachwerkhäuser, passieren wir den Heiligen Brunnen. Eher schlicht ragt ein eisernes Rohr aus einer Feldsteinmauer heraus. Das herauströpfelnde, zuweilen gar gänzlich versiegte Wasser soll heilend wirken und seine Quelle schon zu Zeiten der Kelten genutzt worden sein.

## Ins aussichtsreiche Dorf

Gleich mehrere Wegmarkierungen, darunter auch der Bergische Panoramasteig, führen uns hangaufwärts in den Wald hinein. Zunächst passieren wir den Alleenradweg Aggertalbahn, eine ehemalige Eisenbahntrasse, biegen an der folgenden Wegkreuzung scharf links ab, folgen dem Weg weiter bergan und am nächsten Abzweig dem Pfad nach rechts Richtung Osten und stetig aufwärts, flankiert von jungem Gebüsch. Die gerodete Fläche zur Linken verschafft uns einen herrlichen Blick über das Örtchen Wiedenest in der Talsenke der Dörspe. Nach der Passage eines Querweges folgt bald darauf eine etwas chaotische Wegführung.

Im Kreuzungsbereich verlässt uns der Panoramasteig und wir nehmen den Pfad, der unmarkiert zwischen »T« links und »A3« rechts exakt Richtung Osten und dann in dezenten Schwüngen verläuft. Eine Lichtung zu unserer Rechten biegen wir am nächsten Abzweig links ab, wiederholen dies an der Kreuzung, gehen am Waldrand entlang und schwenken dann wieder nach rechts. In Teilen aufgeforstetes Areal durchquerend, ignorieren wir die weiteren Gelegenheiten zum Abbiegen und orientieren uns weiter ostwärts an der »A4«, bis sich der Blick über den Flecken Zwerstall und das Dorf Belmicke eröffnet.

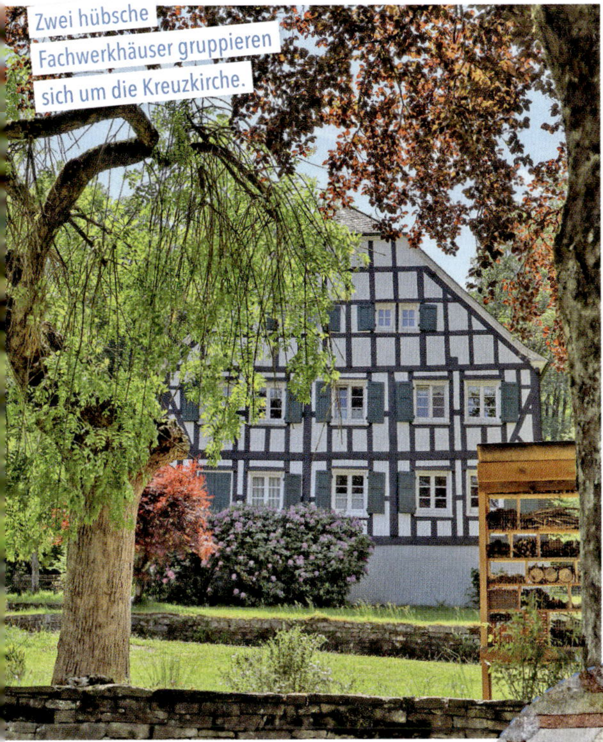

Zwei hübsche Fachwerkhäuser gruppieren sich um die Kreuzkirche.

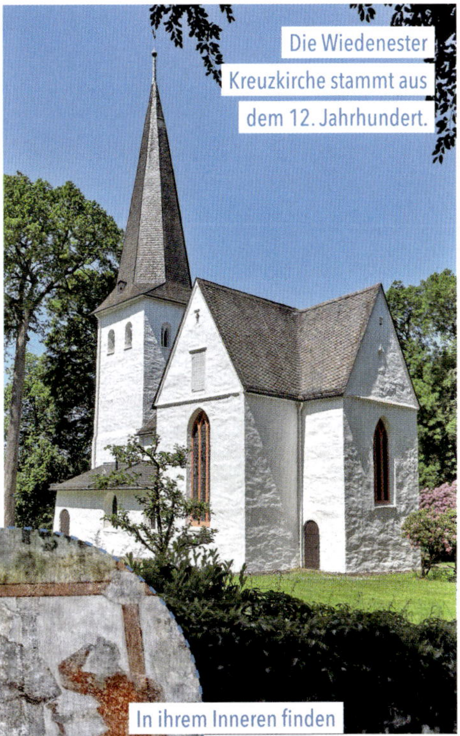

Die Wiedenester Kreuzkirche stammt aus dem 12. Jahrhundert.

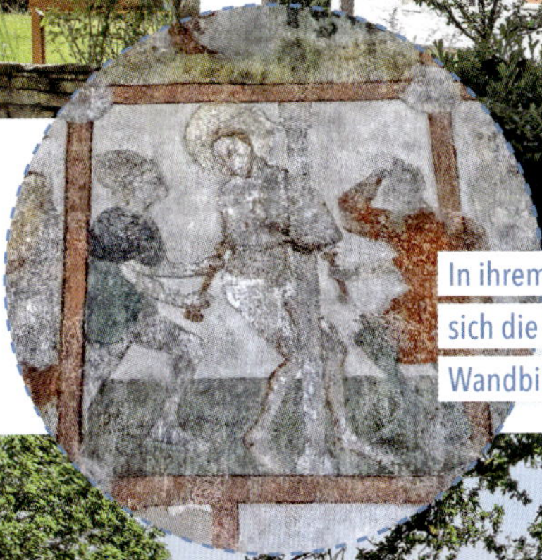

In ihrem Inneren finden sich die historischen Wandbilder.

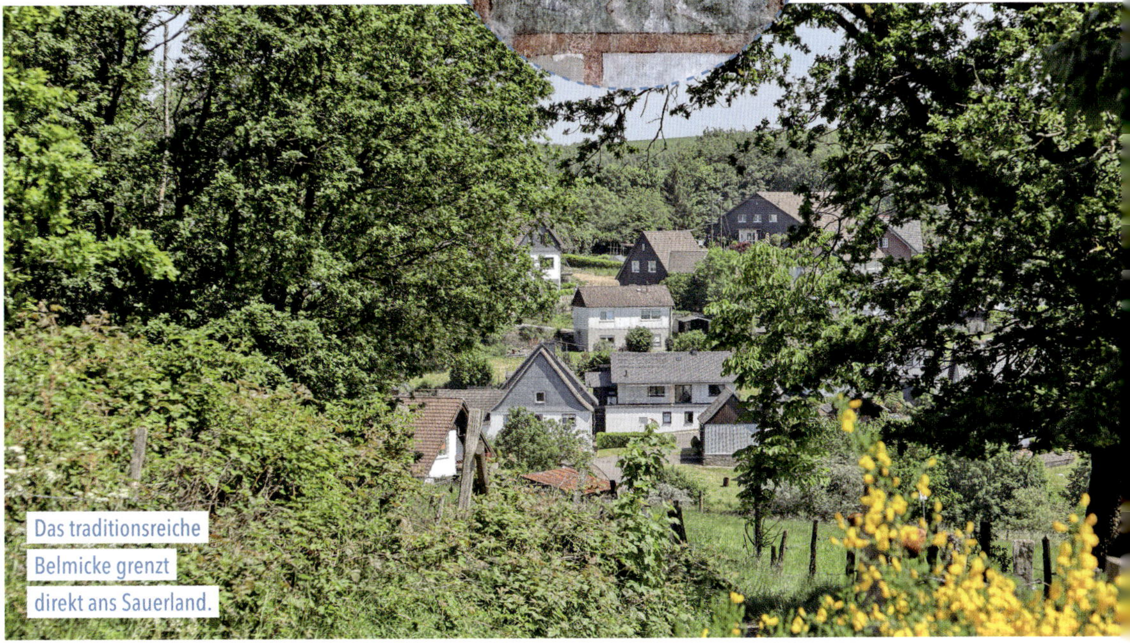

Das traditionsreiche Belmicke grenzt direkt ans Sauerland.

## Am Rande des Sauerlandes

Schon im 6. Jahrhundert soll der Ort an der Grenze zum sauerländischen Kreis Olpe, der nun zu den 22 Gemeinden Bergneustadts zählt und auf gut 450 Metern Höhe liegt, besiedelt gewesen sein. Wir gehen auf dem Zwerstaller Weg in Richtung Ortsmitte und an der Kreuzung mit der Hauptstraße K 23 links, sagen der »A4« adieu. Hinter dem letzten Haus biegen wir links auf den Feldweg ab, der bergan zwischen offenen Weiden und Wiesen weiter in die Höhe nach Attenbach führt. Dabei passieren wir eine hübsch platzierte Bank zur Rast mit schönem Ausblick über Belmicke und weit hinein in die Höhen des Sauerlandes sowie ein Gedenkkreuz am Wegrand. Im Weiler Attenbach biegen wir gleich nach dem ersten Gebäude scharf links ab und wandern weiter hangaufwärts auf einen Wald zu. Ein winziger Wegweiser nach rechts bietet uns einen weiteren Pfad zum Petersberg an, dem höchsten Punkt auf 472 Metern, doch wir bleiben auf unserem Weg geradeaus und biegen an der nächsten Kreuzung im Wald links ab. Gleich darauf geht es wieder rechts und an der Kreuzung nochmals rechts, wo uns »A4« nordwärts leitet. Der Weg im Wald beschreibt nun einen langen Bogen nach links und zweigt an der gerodeten Fläche mit ersten jungen Bäumen links ab.

## Im Tal der Dörspe

Weiter, nun wieder tendenziell abwärts, durch den weitläufig aufgeforsteten Wald beschreibt »A4« eine enge Rechtskurve, um anschließend scharf links abzubiegen. Dann geht es für uns scharf rechts hinab ins Tal der Dörspe und zu den nördlichen Wohngebieten von Wiedenest.

Über den Alleenradweg, ein Stück links auf der verkehrsreichen B 55 Olper Straße und dann rechts auf die Lieberhausener Straße in Richtung des Weilers Pernze, schwenken wir hinter der Brücke über die Dörspe links ab und folgen ihr bachabwärts an der Straße am Ufer entlang. An ihren Endpunkt gehen wir links über die Brücke und bleiben auf dem Pfad nunmehr am anderen Ufer, passieren einen kleinen Teich und überqueren den Bach abermals an der nächsten Brücke. Wir halten uns nun links weiter am Ufer entlang und spazieren bald schon durch das Dorf über Zum Jettholz und In der Bockemühle. Die Straße durchmisst eine nette Wohngegend mit hübschen Vorgärten und vollzieht einen strammen Linksknick, hinter dem wir uns rechts auf Zum Bauckmert orientieren.

*Tipp*

**Das Heimatmuseum in der Altstadt von Bergneustadt zeigt jahrhundertealte Ladeneinrichtungen, Werkstätten und Wohnungen. Ein Glanzlicht ist die Sammlung an Feuerwehrhelmen (www.heimatmuseum-bergneustadt.de)**

Am Wendehammer führt ein Pfad durch einen kleinen Forst, der auf die Straße Am Hang zuläuft. Hier, nun auch wieder Bergischer Panoramasteig und Bergischer Streifzug Nr. 11, geht es in engen Kurven abwärts auf und über die B 55, wir überqueren die Dörspe und biegen gleich in die Siedlung ein, die uns auf der Eichendorffstraße zurück zum Ausgangspunkt geleitet.

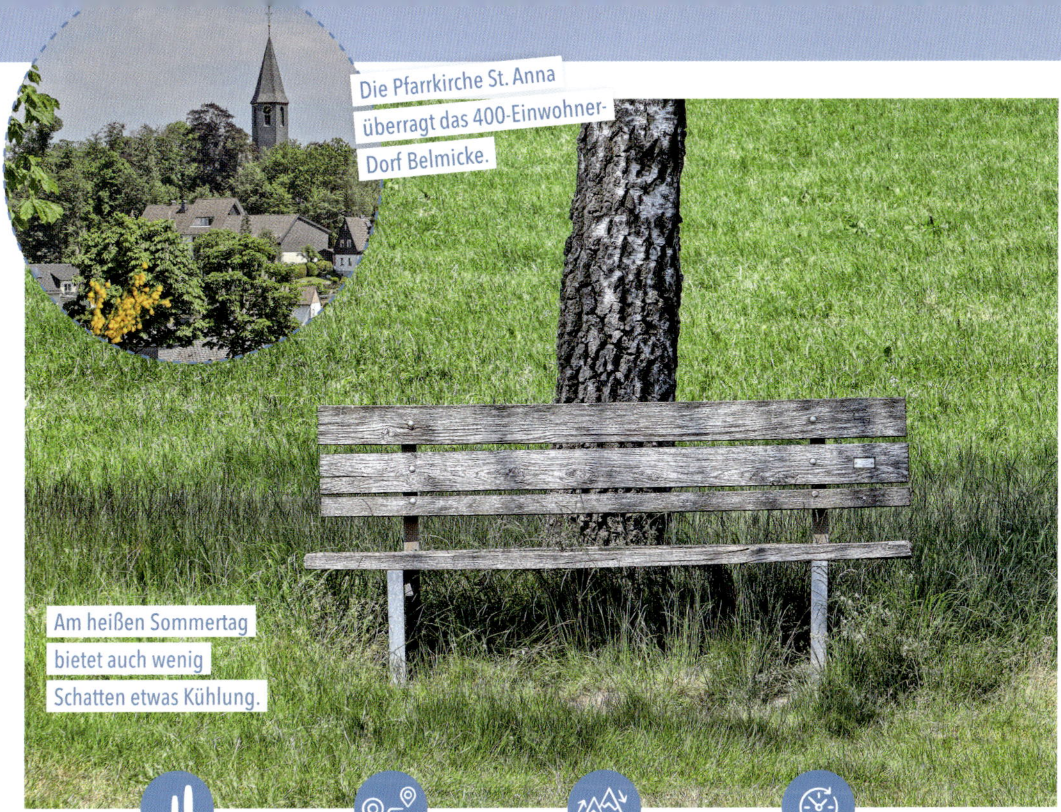

Die Pfarrkirche St. Anna überragt das 400-Einwohner-Dorf Belmicke.

Am heißen Sommertag bietet auch wenig Schatten etwas Kühlung.

mittel | 12,5 km | 525 Hm | 3,5 Std.

## Auf einen Blick

**Tourencharakter**
Überwiegend Forst- und Wirtschaftswege, oft hoch gelegen und aussichtsreich, wechseln mit vielen Waldpfaden und einigen kürzeren Straßenpassagen ab.

**Ausgangs-/Endpunkt**
Wanderparkplatz Bonte Kerke, Martin-Luther-Straße 1, 51702 Bergneustadt
GPS 51.02162, 7.68070

**Anfahrt**
**Auto:** Auf der A 4 bis Ausfahrt 26 Reichshof, auf der B 55 Richtung Bergneustadt, in Derschlag rechts halten, durch Bergneustadt hindurch, etwa 600 Meter hinter dem Freibad rechts zum Forum Wiedenest und zur Ev. Kirchengemeinde
**ÖPNV:** Mit dem Bus Linie 301 (Gummersbach–Olpe) bis Haltestelle Bergneustadt Forum Wiedenest oder Bergneustadt Lieberhausener Straße und von hier in die Route einsteigen

**Karte**
Wanderkarte Bergisches Land, Karte 1: Norden/Osten, 1:25 000, Das Bergische

**Einkehr**
Im Herzen Bergneustadts neben dem Heimatmuseum liegt das Hotel-Restaurant Feste-Neustadt mit bodenständiger deutscher Küche und schönem Biergarten.
■ *www.feste-neustadt.com*

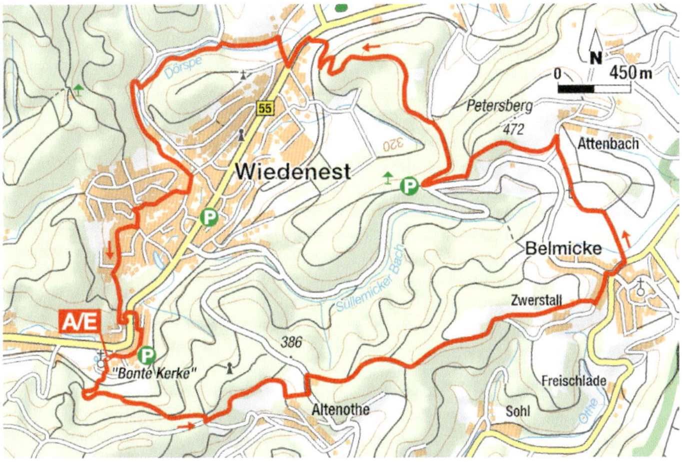

DAS REICH DER GRAUWACKE

13

# Wildbergerhütte

Diese recht lange, aber entspannte Rundwanderung im südöstlichsten Zipfel des Bergischen Landes führt vorbei an Steinbrüchen, in denen die für die Region so prägende Grauwacke abgebaut wird, und an Orte, die die Herzen der Freunde kühler Gerstensäfte höherschlagen lassen.

Wir beginnen unsere Tour am Wanderparkplatz unmittelbar hinter der modernen, erst 1981 fertiggestellten St.-Bonifatius-Kirche mit ihrem markant eckigen Turm. Das Mauerwerk des Gotteshauses erinnert in seiner Struktur an Bauten aus römischer Zeit. Zunächst gehen wir hinunter zur Crottorfer Straße, halten uns rechts, überqueren den Aubach und biegen dann scharf links ab. Zwischen lockerer Wohnbebauung mit netten Gärten folgen wir oberhalb des Bachufers der Markierung »A3« und dem gelben Symbol des Bergischen Panoramasteiges in Richtung der Ortsmitte von Wildbergerhütte.

Hier biegen wir von der Siegener Straße nach rechts auf Im Bruch ab und überqueren die Wiehlbrücke. Links geht es nun zum Weiler Hamert, ein charmantes bergisches Fachwerkhaus mit üppigem Garten stets vor Augen. Wir biegen links auf den Nelkenweg ab, er führt uns weiter durch offene Felder und gibt nach Westen hin den Blick frei auf massive, zwischen Wäldern hervorlugende Felswände eines noch immer aktiven Steinbruches. Dessen ferne Geräuschkulisse begleitet unseren Weg ins Dörfchen Nespen.

## Unterwegs zur Perle der Natur

Die historische Wassermühle aus der Mitte des 18. Jahrhunderts dient in dem kleinen Dorf seit 2009 als nostalgisches Museum mit Café und leckerem hausgemachtem Backwerk. Wir stoßen in der Dorfmitte erneut auf den Bergischen Panoramasteig, dessen

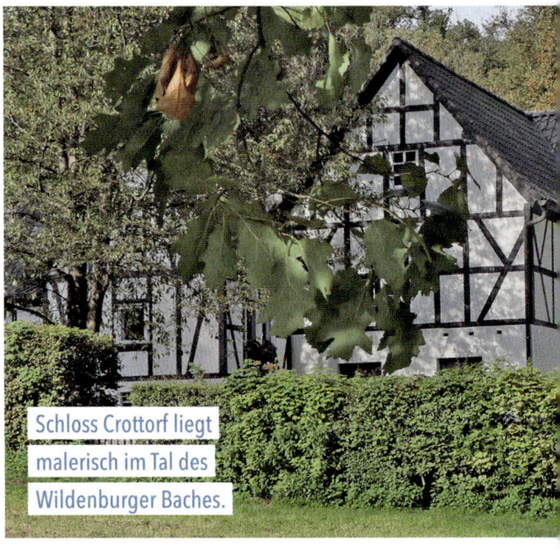

Schloss Crottorf liegt malerisch im Tal des Wildenburger Baches.

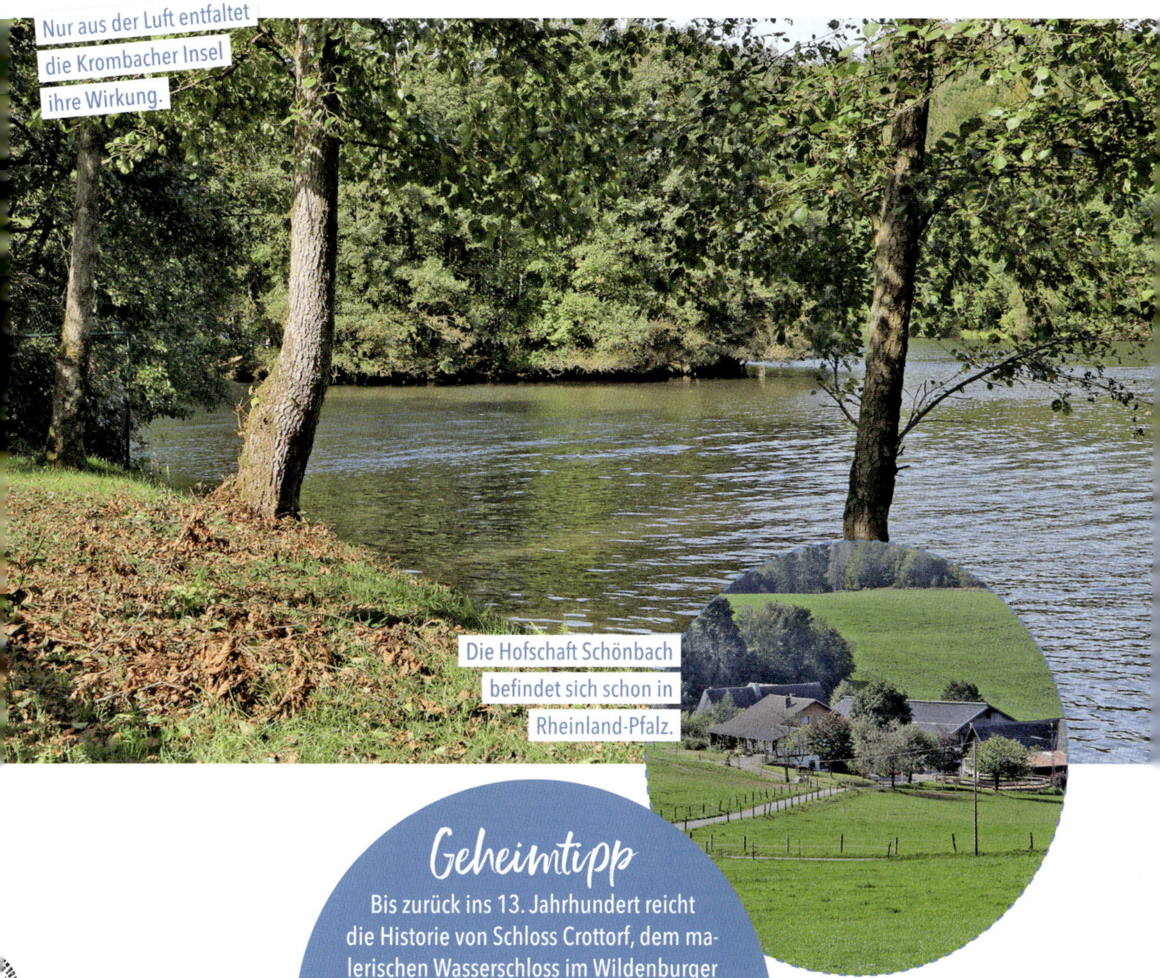

Nur aus der Luft entfaltet die Krombacher Insel ihre Wirkung.

Die Hofschaft Schönbach befindet sich schon in Rheinland-Pfalz.

## Geheimtipp

Bis zurück ins 13. Jahrhundert reicht die Historie von Schloss Crottorf, dem malerischen Wasserschloss im Wildenburger Land unweit der Grenze zu NRW. Der parkähnliche Garten und die Innenhöfe des in Privatbesitz befindlichen Schlosses sind für Besichtigungen und Führungen mit spannenden Episoden aus der Geschichte geöffnet (www.naturregion-sieg.de/poi/wasserschloss-crottorf-bei-friesenhagen).

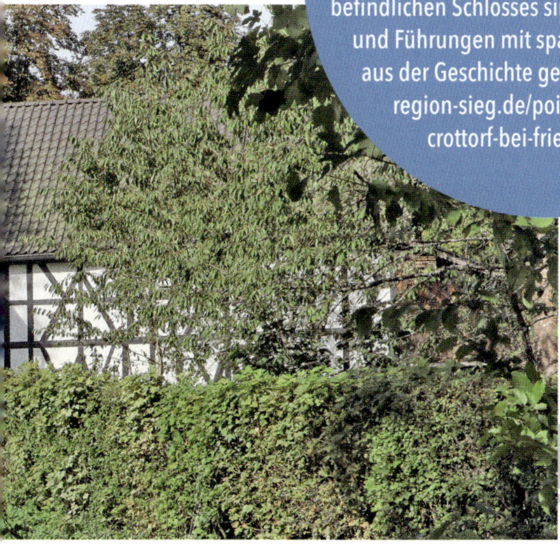

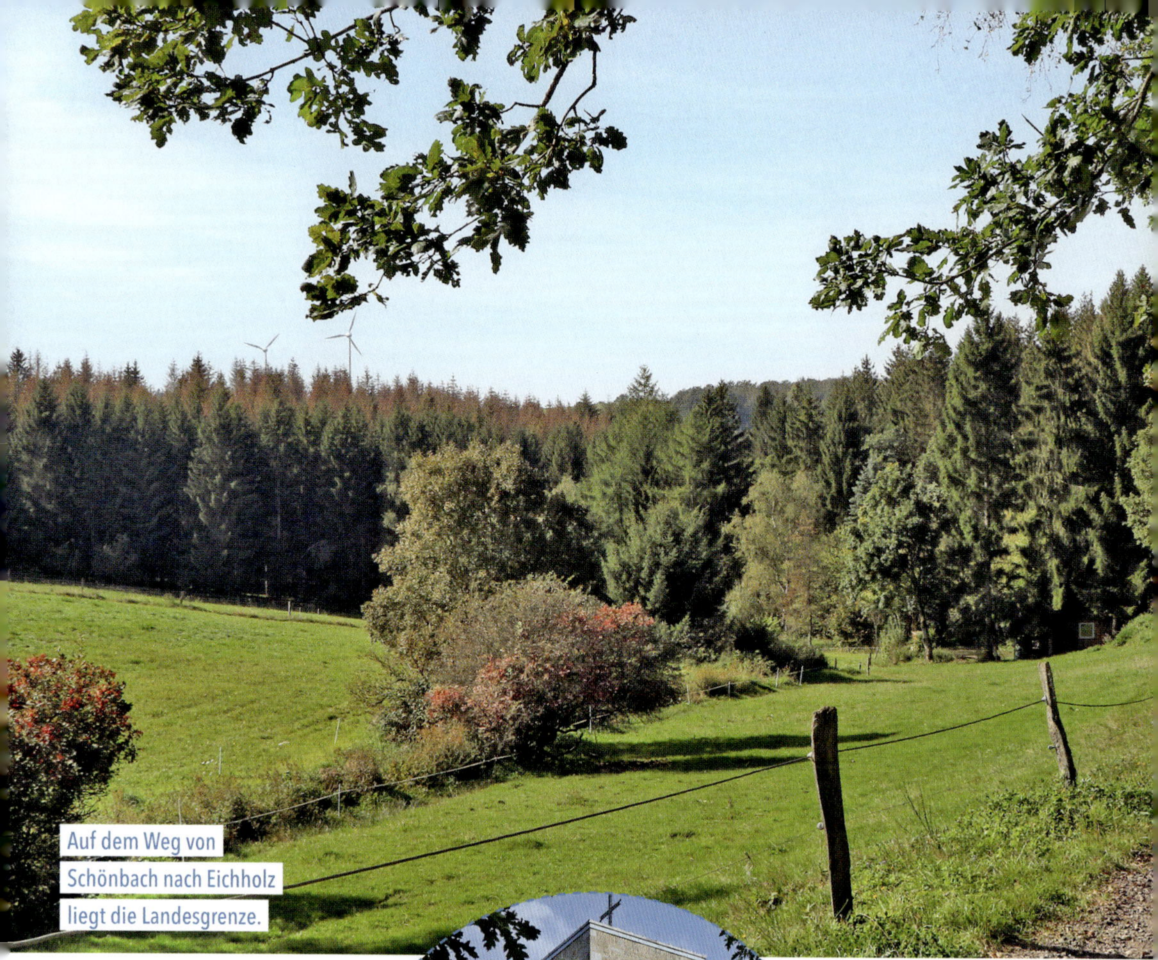

Auf dem Weg von Schönbach nach Eichholz liegt die Landesgrenze.

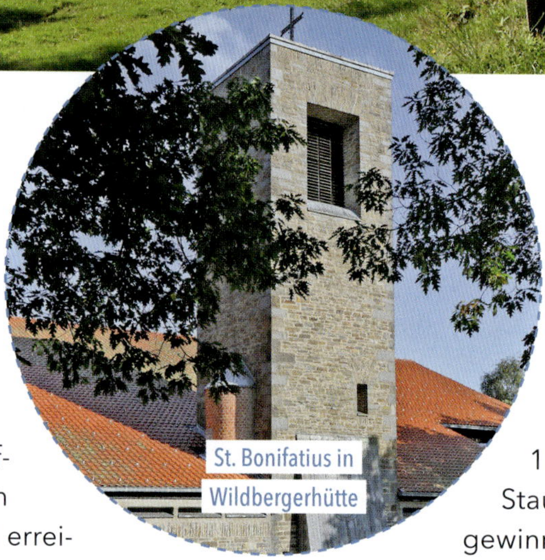

St. Bonifatius in Wildbergerhütte

Symbol uns weiterhin leiten wird und uns über die Elbachstraße hinüber ins weitläufige Waldgebiet dirigiert. Hier macht ein Wegweiser auf die »Krombacher Insel« aufmerksam. Wir passieren einen Schlagbaum und erreichen einen Aussichtspunkt nahe der Mündung der Wiehl in die Wiehltalsperre. Das bewaldete Eiland vor uns ist durch einen Werbefilm der gleichnamigen Sauerländer Brauerei international bekannt, gut zu sehen ist es von hier allerdings nicht, umso besser ist es im Spot aufgenommen. Über einen schmalen Pfad kommen wir zurück auf unseren eigentlichen Kurs, markiert mit »A5« und Panoramasteig, oberhalb des 1973 fertiggestellten Stausees zur Trinkwassergewinnung. Obwohl der Wald weitgehend gerodet wurde, können wir lediglich über das Tal auf das gegenüberliegende Ufer blicken.

## Weihnachten das ganze Jahr

Nach einer langen Linkskurve gelangen wir in ein lauschiges Bachtal und laufen

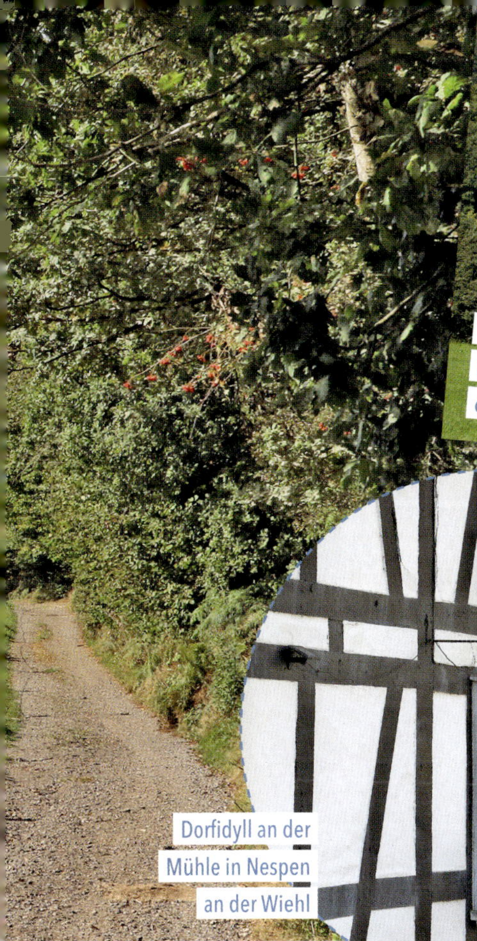

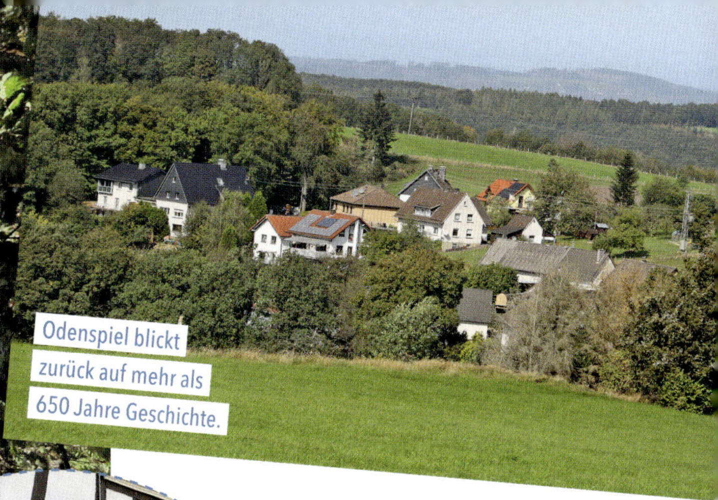

Odenspiel blickt zurück auf mehr als 650 Jahre Geschichte.

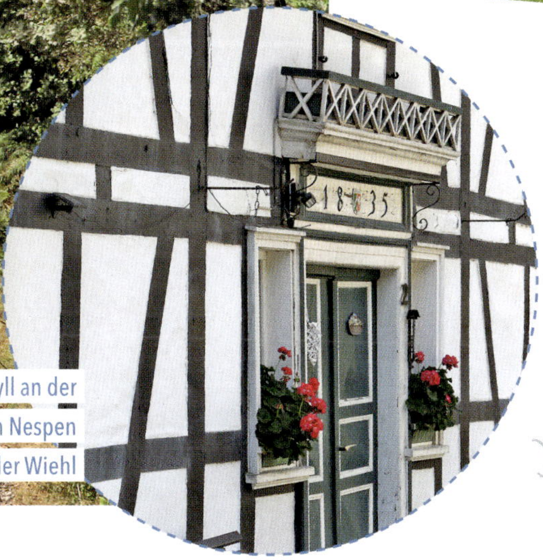

Dorfidyll an der Mühle in Nespen an der Wiehl

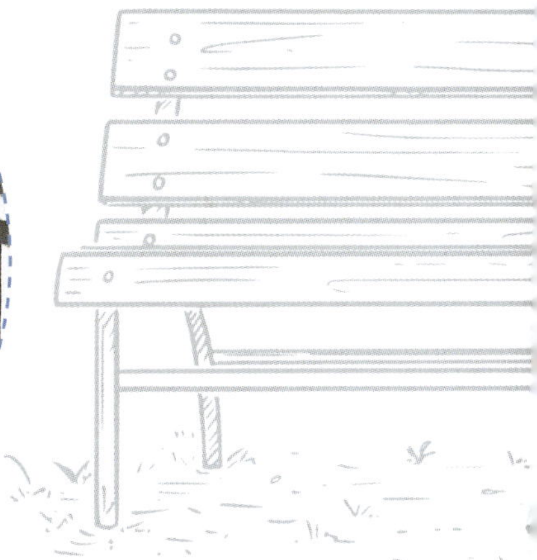

auf eine Bank zur gepflegten Rast im Schatten unter Bäumen zu. Die Markierung »A5« weist jetzt nach links, doch wir bleiben unserer Richtung treu und passieren Flächen, auf denen mit bunten Zetteln ausgezeichnete Weihnachtsbäume ihrem einmaligen Einsatz entgegenharren. An der Kreuzung mit einem weithin offenen Panorama und dem Blick auf den Weiler Grünschlade gehen wir links, gleich am Waldrand nochmals links und treffen erneut auf die gelbe Markierung.

Ein schmaler Pfad zwischen den Wiesen lenkt uns aufwärts und wir erreichen, aufmerksam beobachtet von neugierigen Schafen und flankiert von alten Streuobstwiesen, den vor knapp 450 Jahren erstmals urkundlich erwähnten Flecken Meiswinkel, der zur Gemeinde Odenspiel gehört. Die Spitze des Westturmes der strahlend weiß getünchten evangelischen Kirche Odenspiels grüßt zu uns herüber. Odenspiel, ebenfalls eine der 106 Gemeinden von Reichshof, zählt bereits 150 Jahre mehr als sein kleiner Nachbar.

## Gerstensaft und Sonnenblumen

Wir machen einen Schlenker durch das Dorf und nehmen den Weg Auf der Nörr, der uns aus der Siedlung herausführt und bald herrliche Aussichten über die bergische Landschaft offeriert. Aus der Höhe geht es nun wieder in ein Bachtal. Hier zweigen wir an der nächsten Wegkreuzung scharf links ab und nehmen die nächste Möglichkeit nach rechts, queren auf dem Pfad den kleinen Wasserlauf und halten uns dann noch einmal rechts.

Im weiten Bogen durch teils gerodetes Waldgebiet, in welchem die Natur allmählich, aber bestimmt verloren gegangenes Terrain zurückerobert, erreichen wir einen aussichtsreichen Weg mit dem Dorf Erdingen an der Südseite. Das Örtchen mit dem klangvollen Namen, der jedoch nichts mit der gleichnamigen Weißbiermarke zu tun hat, geht zurück auf das späte 14. Jahrhundert.

Durch die Bäume sind zwei gemächlich rotierende Windräder zu erkennen, unser nächstes Zwischenziel nach Querung der Elbachstraße. Maisfelder, noch mehr latente Christbäume und zahllose im Wind wogende Sonnenblumen zur Linken, gehen wir zwischen den Energieerzeugern hindurch, erahnen die Quelle des Mohrenbaches zur Rechten und treffen auf die Alte Römerstraße.

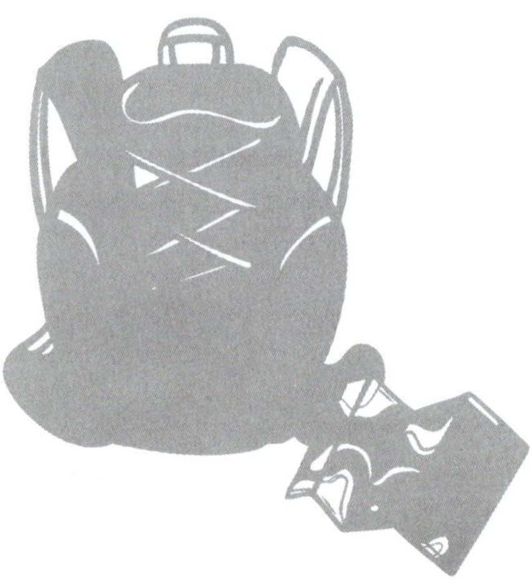

Oft kommt es zu Begegnungen mit neugierigen, anmutigen wie geduldigen Zeitgenossen.

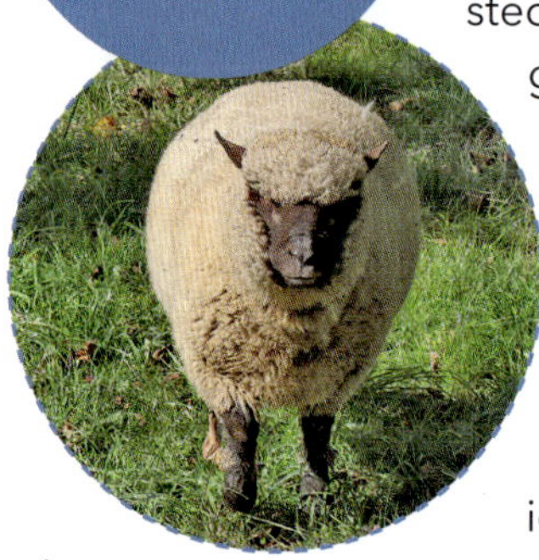

## Abstecher ins benachbarte Bundesland

Ausgeschildert mit dem Symbol des Pilgerweges und der Markierung »X12« folgen wir diesen weiter Richtung Osten durch eine kleine Allee und ein kurzes Stück an der Landstraße entlang, wo uns drei weitere moderne Windmühlen und ein imposantes Panorama über die Landschaft rund um das weiter südlich gelegene Morsbach empfangen. Geradeaus überschreiten wir unbemerkt im Waldgebiet die Grenze zu Rheinland-Pfalz. Versteckt am Rand des Forstes liegt gegenüber des hoch aufragenden rot-weißen Sendemastes das Forsthaus Mohrenbach.

Dahinter eröffnet sich ein weiter Blick, dieses Mal nach Norden über einen idyllisch in einer Senke liegenden Reiterhof. Wer mag, macht einen Schlenker zum ehemaligen Munitionsdepot auf dem Gelände der einstigen Reichshof-Kaserne, bevor es über den Reiterhof wieder zum Grenzübertritt nach NRW kommt. Vorbei an gestriegelten Rössern mit wehender Mähne auf den Weiden geht es talwärts auf den Aubach zu, dessen Verlauf wir in östlicher Richtung durch den gerodeten Nadelwald folgen, ohne dabei jede seiner wilden Windungen in den üppig-grünen Auwiesen mitmachen zu müssen. Noch ein kleiner Bogen durch Wildbergerhütte, eine kurze Waldpassage und Aubachbrückenquerung – und wir sind wieder am Ausgangspunkt angelangt.

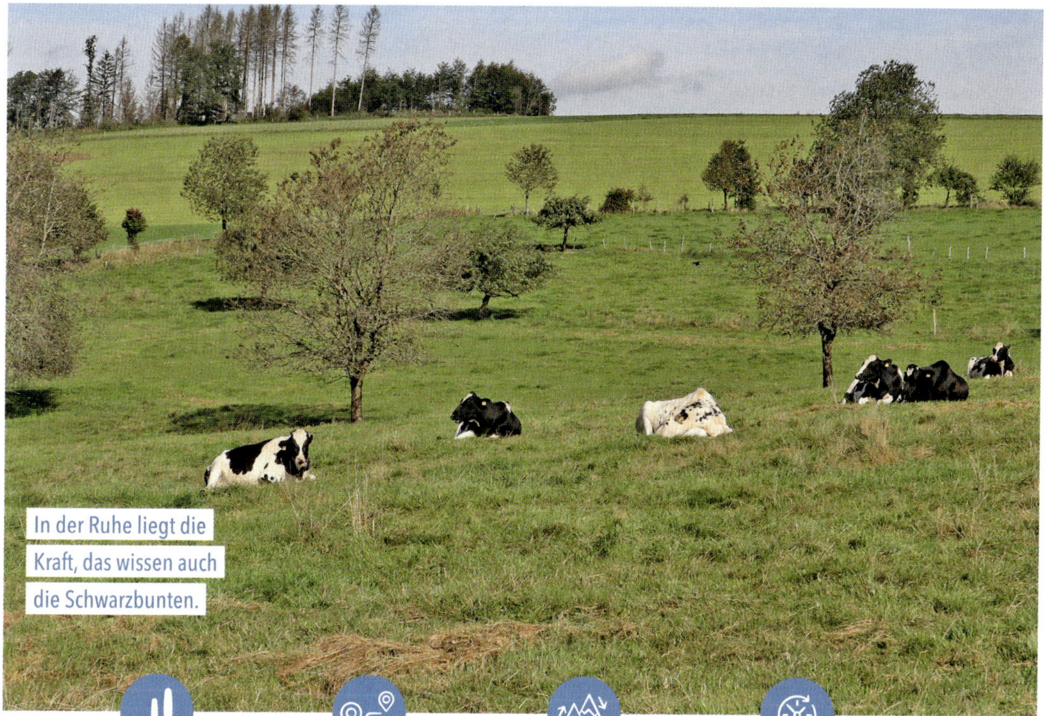

In der Ruhe liegt die Kraft, das wissen auch die Schwarzbunten.

mittel | 18,2 km | 606 Hm | 4,5–5 Std.

## Auf einen Blick

**Tourencharakter**
Überwiegend befestigte Wirtschafts- und Forstwege, wenig befahrene Straßen, kurze Dorfpassagen und einige Waldpfade

**Ausgangs-/Endpunkt**
Parkplatz St.-Bonifatius-Kirche, Fritz-Schulte-Straße, 51580 Reichshof
GPS 50.93625, 7.74837

**Anfahrt**
**Auto:** Auf der A 4 bis Ausfahrt 27/36 Eckenhagen, auf der L 96 Richtung Heidberg/Wildbergerhütte, im Ort rechts auf die Siegener Straße, nach 100 Metern links auf die Crottorfer Straße, nach 350 Metern rechts bei der Kirche, Parkplatz unmittelbar dahinter

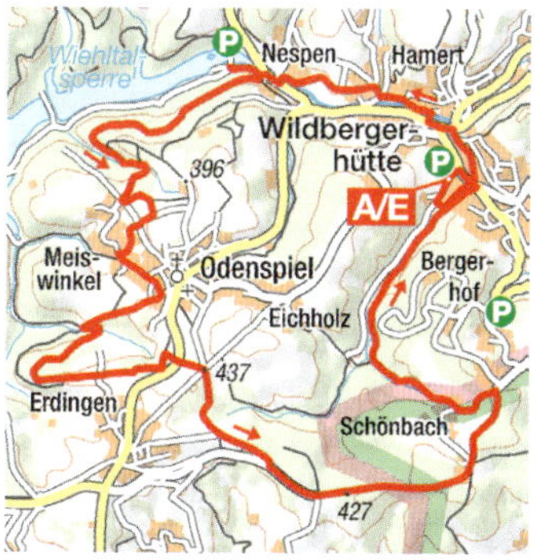


**ÖPNV:** Mit dem Bus Linie 345 (Eckenhagen–Waldbröl Busbahnhof) bis Haltestelle Reichshof Wildbergerhütte Kirche

**Karte**
Wanderkarte Bergisches Land, Karte 5: Süden, 1:25 000, Das Bergische

**Einkehr**
Das Mühlencafé mit Biergarten im lauschigen Weiler Nespen bietet schmackhafte hausgemachte Kuchen und Backspezialitäten sowie kleine Imbisse im gemütlich-rustikalen Ambiente.
- *www.muehlenfreunde-nespen.de/muehlencafe.html*

REGIONAL INTERNATIONAL

14

# Morsbach – Rom – Paris

Eine Wanderung zwischen den beiden europäischen Metropolen Paris und Rom gestaltet sich als sportliche Herausforderung, liegen doch gut 1370 Kilometer zwischen ihnen. Im Oberbergischen indes sind es deren lediglich knapp sieben.

Wir starten unsere Runde an der Korseifener Straße im Weiler Ellingen und wandern zunächst gen Südwesten an der nur gering frequentierten Straße entlang, flankiert von Pferdekoppeln und Wiesen zur Linken, die bis an den Ellinger Bach heranreichen, der sich in den Schatten der Bäume an seinem Ufer duckt. Nördlich der auf einem Hügel liegenden Siedlung Birken zweigt ein mit einem weißen Kreis markierter Weg in den Wald ab. Kurz begleitet uns der Bergische Panoramasteig, doch wo dieser rechts abzweigt, gehen wir weiter geradeaus und dabei leicht aufwärts. An dieser Stelle überqueren wir den von Norden heranfließenden Römerbach und bleiben an dessen rechtem Ufer. Der Wasserlauf windet sich sanftmütig durch seine offenen Auen, die eine Art Schneise bilden zwischen zwei hügeligen Forstgebieten. Teils gerodet, teils frisch aufgeforstet, teils dichte Nadelbaumkultur, spazieren wir durch ein Wechselspiel von Licht und Schatten, das der Bach mit seinem entspannten Plätschern rhythmisch zu begleiten versucht.

## Das Dorf auf dem Hügel

Hinter der Brücke über den Hummentalsiefen queren wir geradeaus den Kreuzungsbereich der Forstwege, folgen weiter in einer langen Linkskurve dem Ufer des Baches, der hier ungestüm mäandert, und gelangen nach einer Wiesenfläche zur Linken an eine Straße und eine Brücke, unter welcher sich Hahnensiefen und Römerbach geräuschvoll vereinen. Auf der Höhe vor uns liegt unser erstes Etappenziel: Rom. Der bald 600 Jahre alte bergische Namensvetter der italienischen Hauptstadt bietet Ruhe und Erholung pur, abseits jeglicher Touristenströme und chaotischer Verkehrsverhältnisse. Das beschauliche Dörfchen glänzt, im Gegensatz zum ewigen Pendant, mit eher bescheidenen Sehenswürdigkeiten wie der kleinen Heinrich-Kapelle, die erbaut vom örtlichen Hotelier im April 1981 eingesegnet wurde, und einem nahen Hubschrauberlandeplatz, betitelt »Aeroporto di Roma«. All dies unweit des Ortsschildes, das natürlich populärstes Fotomotiv ist. 2019 ereignete sich just hier ein höchst ungewöhnlicher, glücklicherweise

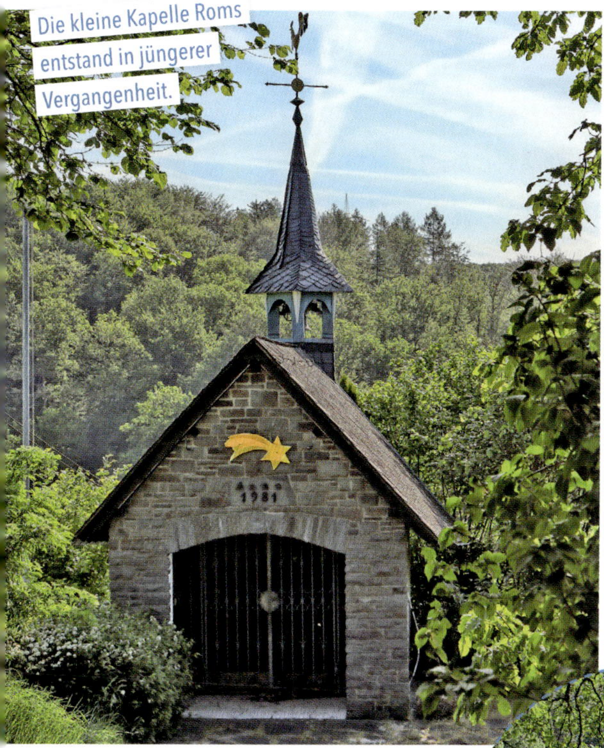

Die kleine Kapelle Roms entstand in jüngerer Vergangenheit.

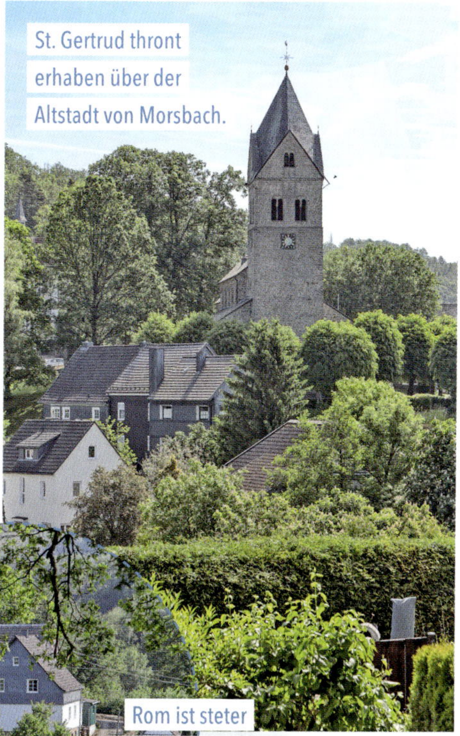

St. Gertrud thront erhaben über der Altstadt von Morsbach.

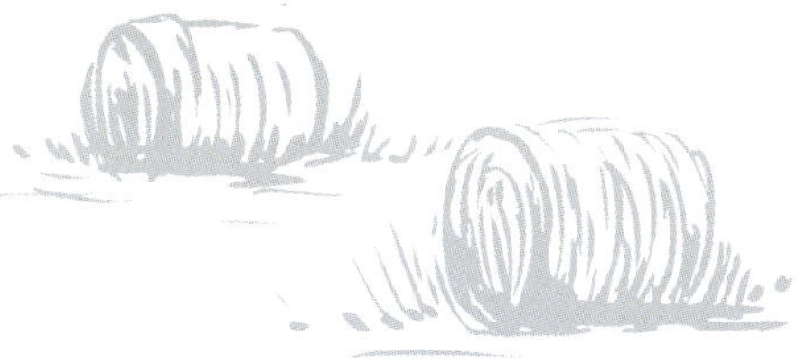

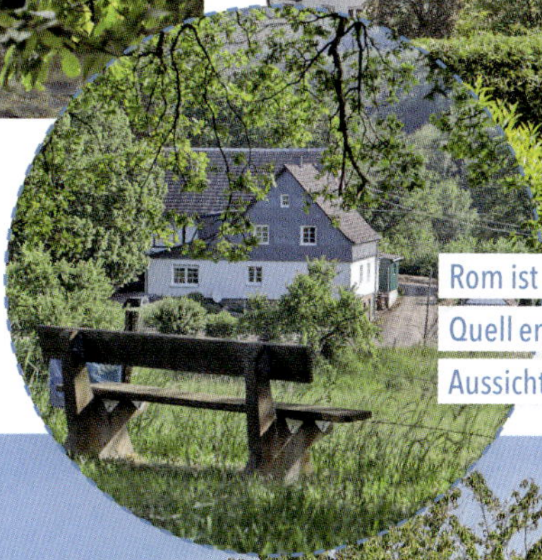

Rom ist steter Quell entspannter Aussichtspunkte.

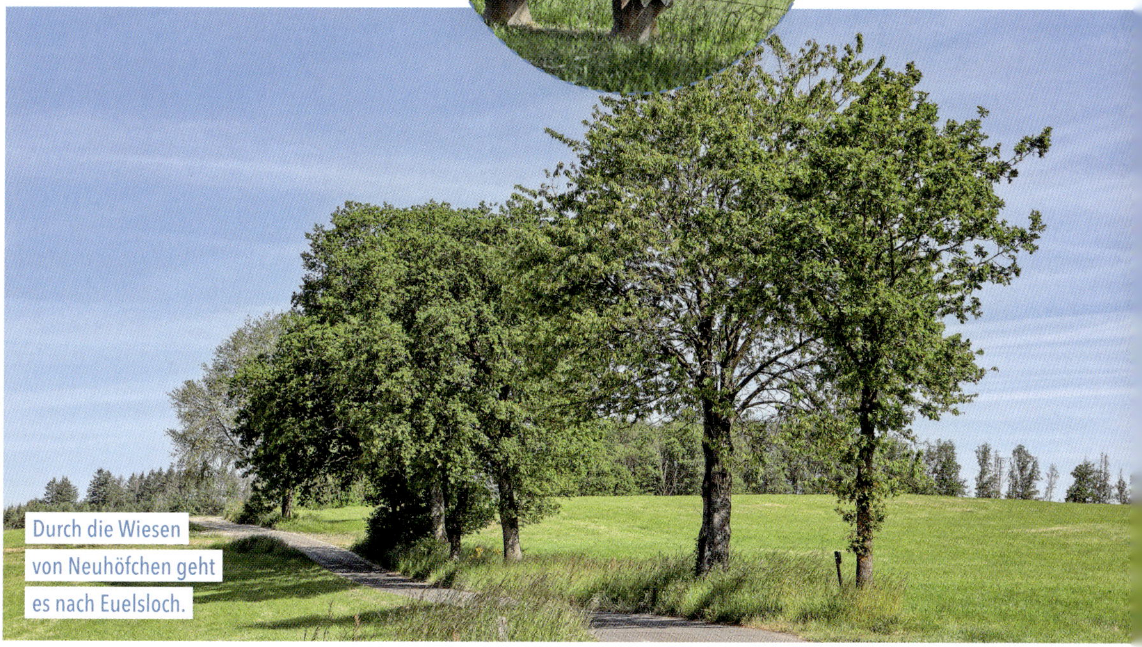

Durch die Wiesen von Neuhöfchen geht es nach Euelsloch.

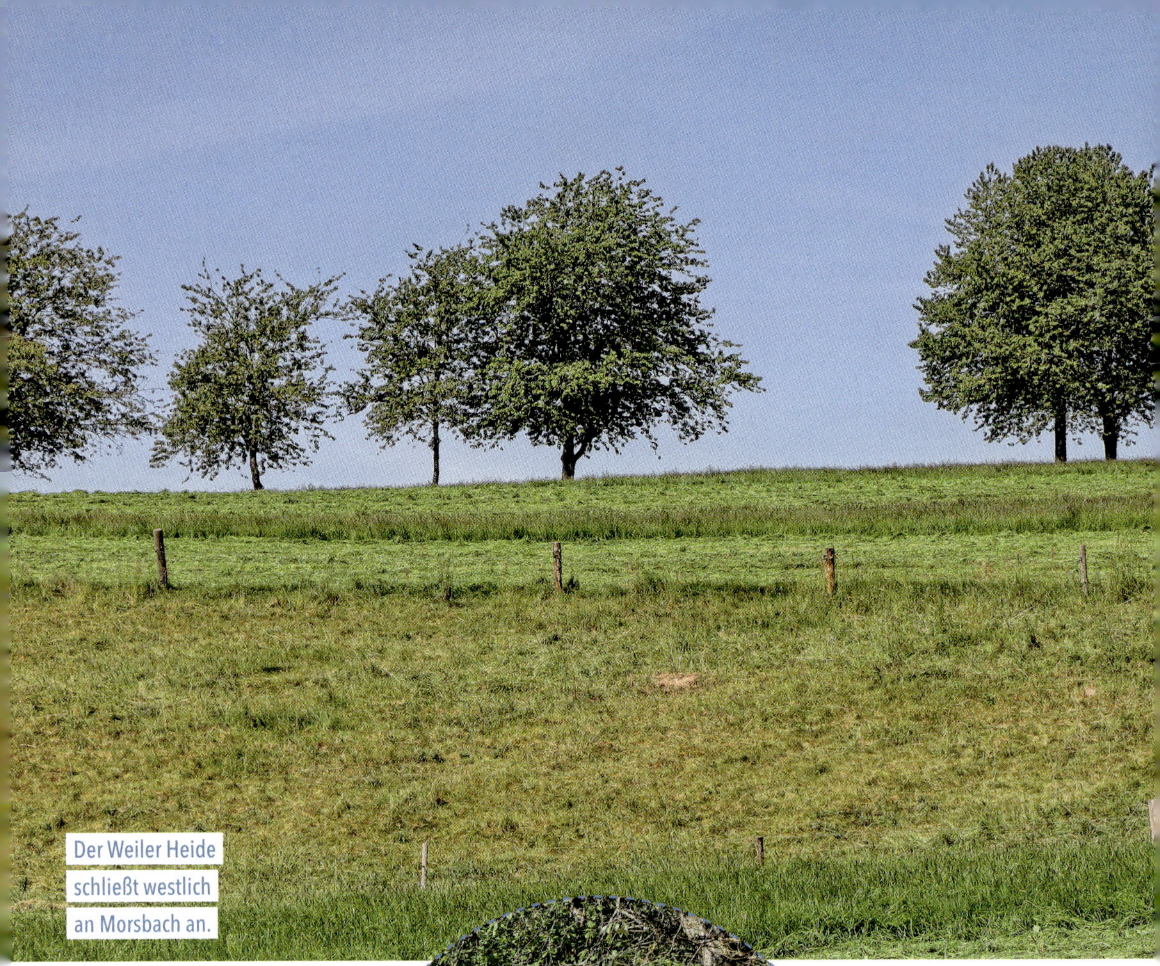
Der Weiler Heide schließt westlich an Morsbach an.

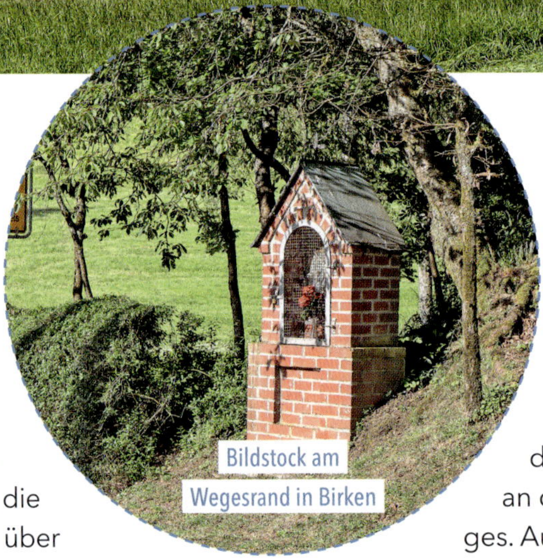
Bildstock am Wegesrand in Birken

glimpflich verlaufender Verkehrsunfall, den ein in England lebender Italiener verursachte, weil er sich eigentlich auf dem Weg zum Papst wähnte. Hauptattraktion Roms ist aber eindeutig die zauberhafte Landschaft, über die sich weithin blicken lässt, in Verbindung mit ausgesprochen guter Luft.

## Die Höhen über dem Morsbach

Der weiße Kreis führt uns hinaus über offene Wiesen auf die Höhe und auf den Weg in Richtung der Nachbargemeinde Lichtenberg. Vor dem Sportplatz geht es links ab in die Talsenke des Hummentalsiefen, der unweit von uns seinen Quellbereich hat. Wir gelangen auf der anderen Hangseite an den Rand Lichtenberges. Auf der Seitenstraße Hohler Berg halten wir uns rechts um gleich darauf links auf den Weg Nürsche abzubiegen und am nächsten Abzweig links weiterzuwandern. So verlassen wir die ebenfalls schon bald 600 Jahre alte Siedlung und haben nun eine gute Aussicht über das Römerbachtal nach Osten, in Richtung Mors-

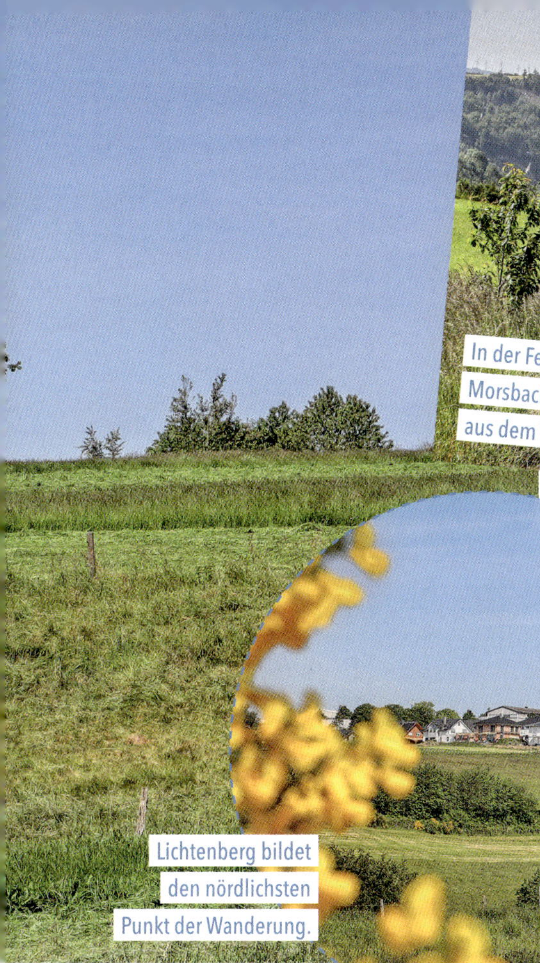

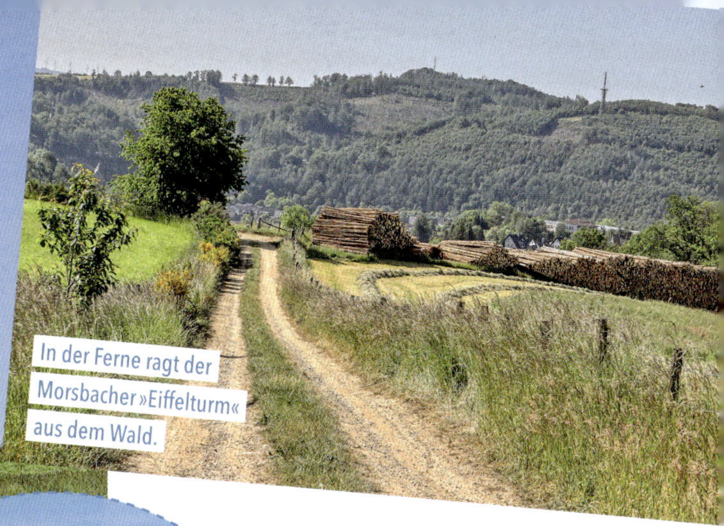

In der Ferne ragt der Morsbacher »Eiffelturm« aus dem Wald.

Lichtenberg bildet den nördlichsten Punkt der Wanderung.

**Tipp**

Hübsche Fachwerkhäuser aus dem 18. und 19. Jahrhundert gruppieren sich um die beiden Kirchen des 500-Seelen-Dorfes Holpe, einem Ortsteil von Morsbach. Er bildet den »bergischen Südpol«.

bach nach Süden und können auch schon Waldbröl am westlichen Horizont erahnen. Eine Pferdekoppel zur Rechten biegen wir an der nächsten Kreuzung rechts ab, verlassen die Höhe und spazieren an der folgenden Kreuzung links weiter auf den Wald zu. Hatten wir schon so manche Bank zur Rast passiert, finden wir hier unter einem Baum einen hölzernen Stuhl mit Aussicht. Wir folgen dem Weg durch den teils auch gerodeten Forst, kommen vorbei an einer kleinen Schutzhütte und erfahren hier, dass dieser bewaldete Hügel Simonshard heißt.

## Weitblick zum Wahrzeichen

Hinter dem Wald vollzieht unser Weg einen galanten Rechtsbogen. Von hier können wir fast bis zum Startpunkt im Ellinger Bachtal hinüberschauen. Am folgenden Abzweig links laufen wir zwischen den Wiesen vorbei an einzelnen Bäumen direkt auf das Städtchen Morsbach zu und sehen das zweite »weltberühmte« Etappenziel vor uns, den 30 Meter hohen Jähhardt-Aussichtsturm auf dem dicht bewaldeten Bergrücken Hohe Hardt südlich der Stadt. 1962 errichtet, führen die 170 Stufen einer Wendeltreppe nach oben zur Aussichtsplattform. Die filigrane Stahlkonstruktion brachte ihm den Spitznamen »Eiffelturm« ein, da seine Erscheinung durchaus jener des Pariser Wahrzeichens ähnelt. Mit den Weiden zur Linken spazieren wir abwärts, schlagen einen Linksbogen und sind am Ortsrand von Morsbach angelangt. Über Hohe Brücke kommen wir zur großen L336, überqueren diese, gehen Am Hang ein Stück aufwärts und dann auf Am Eichhölzchen links. Dabei lernen wir die aktuellen Trends in der Gestaltung heimeliger Vorgärten kennen, die durchaus auch noch den einen oder anderen Gartenzwerg beherbergen.

## Durchs Dorf in den Kurpark

Zum Goldenen Acker heißt der Weg nach der Kreuzung mit dem Hemmerholzer Weg. Den »Eiffelturm« weiterhin vor Augen geht es nun in Am Büchel über, in die Mozartstraße und den Meisenweg. Links auf dem Lerchenweg erreichen wir nach einer langen Kurve den westlichen Ortsrand und das Tal des Rossenbaches, dessen Ufer wir nun weiter begleiten. Rechts liegen einige nette alte Gehöfte, links der Sportplatz des SV Morsbach. Wir kreuzen die Bahnhofstraße und kommen zum Wisserbach, den wir über eine schwankende Hängebrücke queren. Dann gehen wir links bachaufwärts auf dem Bergischen Streifzug Nr. 24, dem Baumweg.

Die nächste Brücke über den Bach bringt uns, jetzt auch auf dem Bergischen Panoramasteig, in den Morsbacher Kurpark, in dem es Aktivitätsmöglichkeiten für Groß und Klein gibt. Bei all dem Trubel gerät der exotische Ginkgobaum, eine der ältesten Baumarten der Welt, ein wenig in Vergessenheit. Am Rathaus und dem Morsbacher Original »Regen-Wilhelm« gewidmeten Rähn-Willem-Brunnen vorbei und über die Krottorfer Straße kommen wir zur Kirchstraße.

Auch wenn die ganz großen Attraktionen auf dieser Tour fehlen: Das Ortsschild für sich ist schon sehenswert.

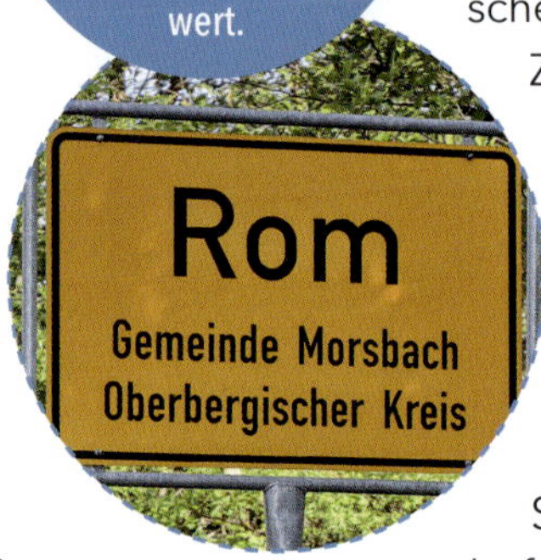


## Stadtkirche mit Geschichte

Sie führt uns bergan ins Oberdorf, das historische Herz des Ortes. Auf dem Weg hinauf zur Kirche bringt uns der ungewöhnliche Brunnen vor dem traditionsreichen Wirtshaus »Zur Republik« ins Schmunzeln. Ein kleines, verschmitzt feixendes Teufelchen sitzt auf einer Steinmauer, während vor seinem Bäuchlein keck ein Fotoapparat baumelt. Zwischen ihm und weiteren skurrilen Figuren saust unvermittelt und scheinbar zufällig ein Wasserstrahl hin und her.

Wir passieren typische bergische Häuser und an der Straße Zur Burg auch die imposante Stadtkirche, die Basilika St. Gertrud, die nachweislich älteren Datums ist als der Kölner Dom. Es geht weiter geradeaus und aufwärts auf der Dechant-Strack-Straße und beim Friedhof links, das gelbe Symbol und unseren Kreis beachtend, auf einen kleinen Pfad in den am Hang gelegenen Wald. Am Seifener Weg wechseln wir die Seiten und gehen nach der kleinen Stichstraße links wieder auf den Waldpfad. Er führt nordwärts zwischen den Bäumen oberhalb des Ellinger Baches entlang. Nach dem Gewerbegebiet können wir seine Auwiesen überblicken, während zur Rechten der gerodete Wald etwas freudlos wirkt. Bei der folgenden Kreuzung im Wald verlassen wir unsere Markierungen, gehen weiter am Bach entlang, bis wir ihn am kleinen Brückchen hinter uns lassen und über die Wiese hinter Haus Nr. 1 zurück an die Korseifener Straße kommen.

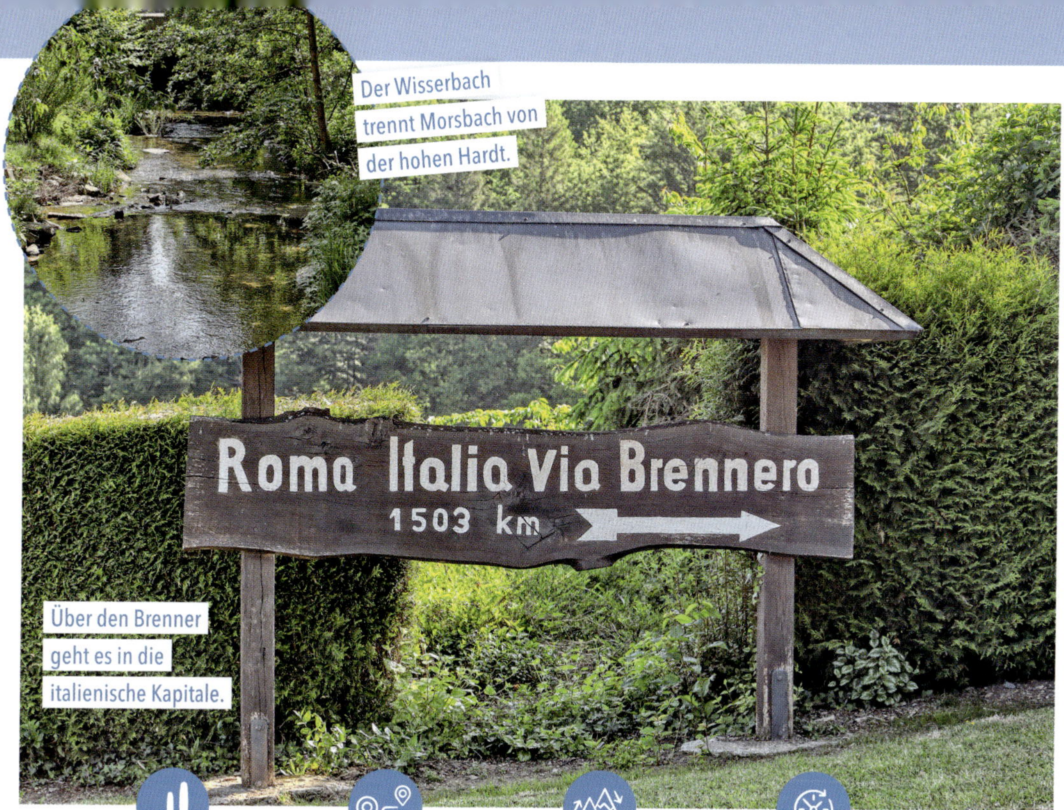



Der Wisserbach trennt Morsbach von der hohen Hardt.

Über den Brenner geht es in die italienische Kapitale.

schwer | 15,8 km | 629 Hm | 5 Std.

## Auf einen Blick

**Tourencharakter**
Überwiegend Wald- und Wirtschaftswege in hügeligem Areal sowie einige längere, wenig befahrene Straßenpassagen, einige Pfade in den Wäldern

**Ausgangs-/Endpunkt**
Korseifener Straße, Ellingen, 51597 Morsbach
GPS 50.88755, 7.73211

**Anfahrt**
**Auto:** Auf der A 4 bis Ausfahrt 26 Reichshof, auf die B 55/B 256 Richtung Waldbröl/Denklingen/Morsbach, nach der Talbrücke Asbachtal weiter geradeaus auf die L 344 Ortsumgehung Denklingen bis zur Kreuzung Odenspieler Straße südlich von Erdingen, auf der Höhe zwischen den Windrädern rechts ab Richtung Wendershagen. Der Turmstraße bis Kreuzung Sonnenstraße folgen und weiter geradeaus auf die Ellinger Straße bis zur Querung der Korseifener Straße, hier rechts bis zum Ortsende. Parken am Straßenrand.
**ÖPNV:** Mit den Bussen der Linien 304 (Gummersbach–Morsbach) oder 340 (Waldbröl–Morsbach) bis Busbahnhof Morsbach. Von hier in die Route einsteigen.

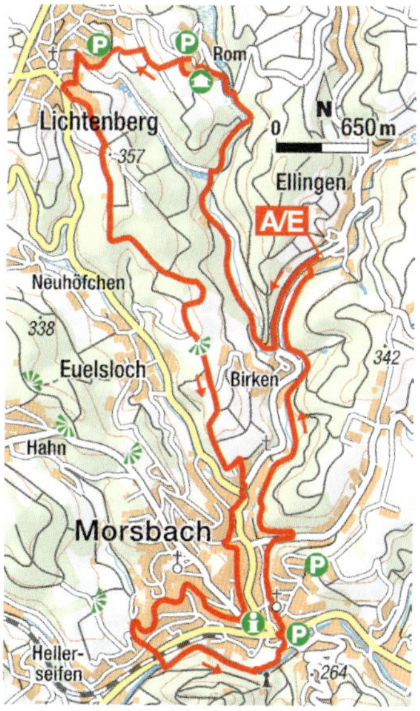



**Karte**
Wanderkarte Bergisches Land, Karte 3: Osten, 1:25 000, Das Bergische

**Einkehr**
Es gibt diverse gastronomische Möglichkeiten im Zentrum Morsbachs, besonders empfehlenswert Restaurant & Weinstube Rolandsburg.
■ *www.restaurant-rolandsburg.de*

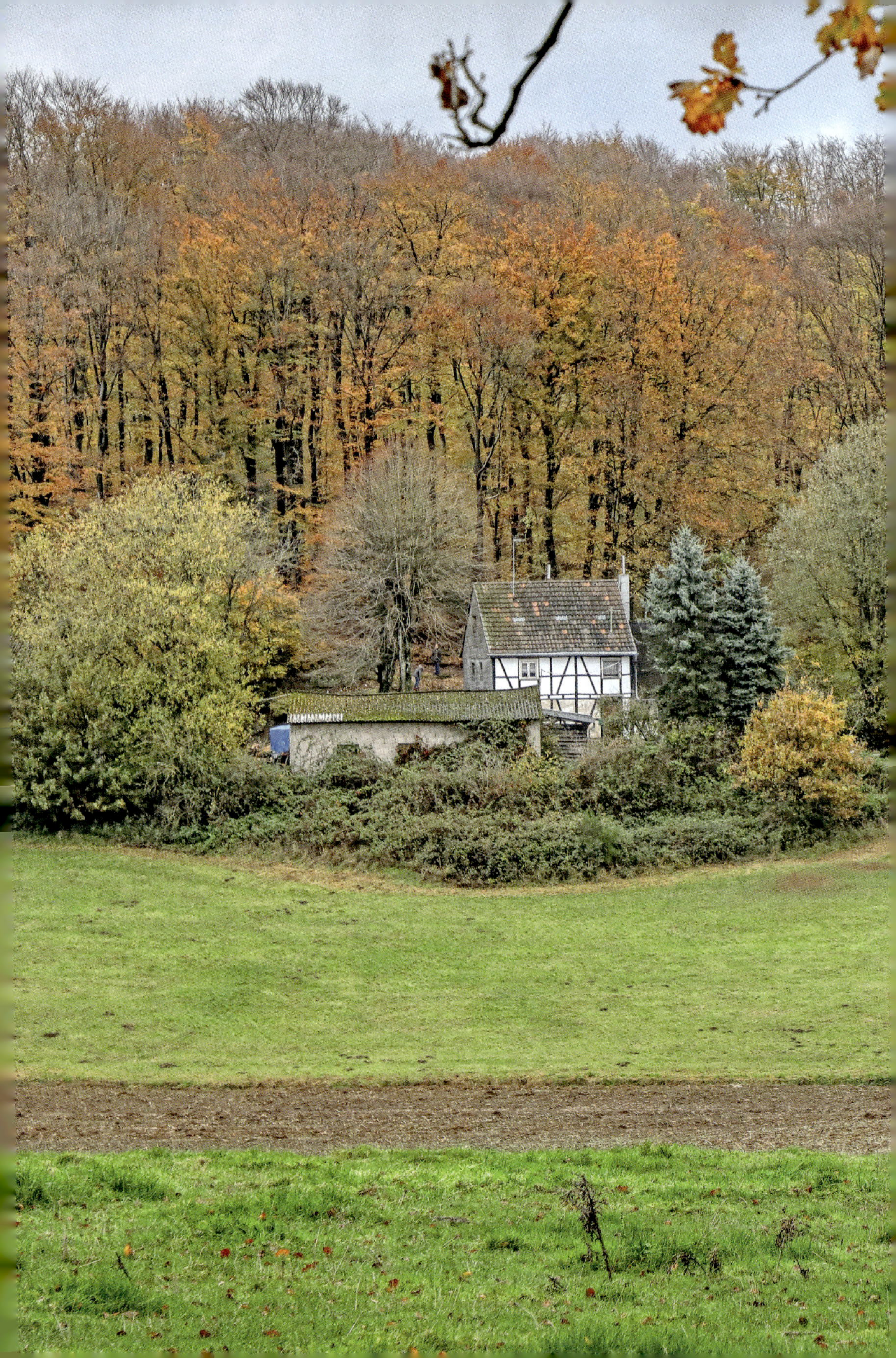

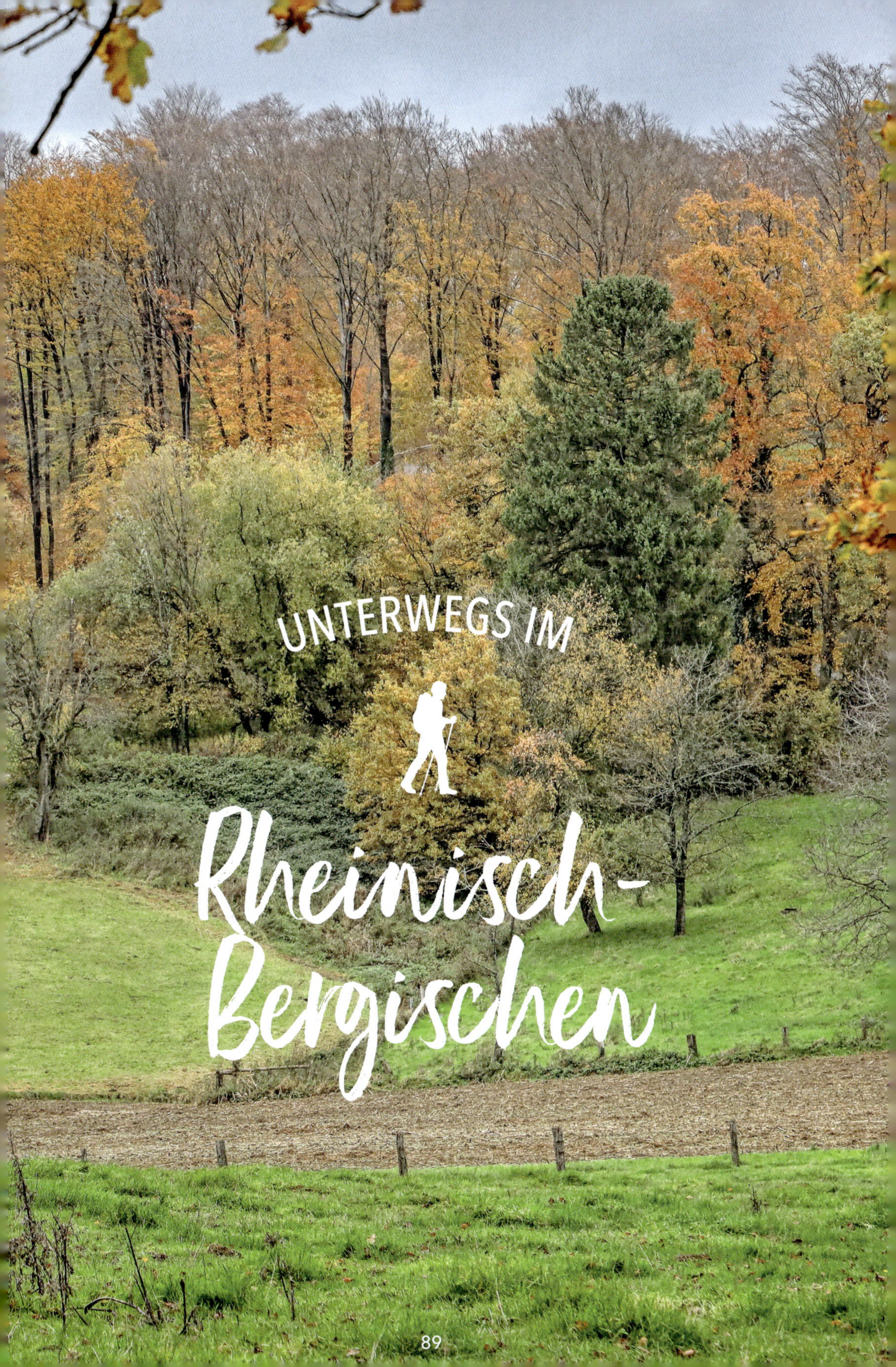

# Unterwegs im Rheinisch-Bergischen

WASSERSPIELE IM ALTENBERGER LAND

15

# Die Täler am Eifgenbach

**Der ikonische Bergische Dom, die Domkirche zu Altenberg, schmiegt sich heimelig in das idyllische Tal der Dhünn. Im Wald in der Nähe, nur noch marginal als Bodendenkmal erkennbar, liegt der erste Amtssitz der Grafen von Berg. Im Dunstkreis dieser historischen Stätten sind wir unterwegs.**

Als Ausgangspunkt dieser vergleichsweise kurzen Wanderung dient der Wanderparkplatz Schöllerhof am nördlichen Dhünnufer. Der mittelalterliche Pacht- und Gutshof des Klosters Altenberg fungierte über mehr als 200 Jahre auch als Wollweberei und später als Umschlagplatz für die Erzeugnisse der Pulvermühlen aus der Umgebung. Sein heutiges Antlitz, obschon historisch wirkend und als Wohnhaus dienend, hat mit seiner ursprünglichen Erscheinung außer dem Namen nichts mehr gemein. Wir machen uns auf der Straße Richtung Osten auf den Weg. Links von uns der dichte Wald, rechts ein offenes Feld, das bis an die Dhünn heranreicht. Nach einer Linkskurve überqueren wir den Fluss und haben am Hang unmittelbar am Waldrand das bezaubernde Fachwerkhaus und einstige Verwaltungsgebäude der Pulvermühle-Aue vor uns. Es liegt am Ausgang des von der Dhünn durchflossenen Helenentales, im 19. Jahrhundert Mekka der Herstellung von Schwarzpulver. Von den fünf alten Pulvermühlen finden sich die Dhünn aufwärts noch einige wenige Reste.

## Von Streuobstwiesen und Brombeerbüschen

Wir gehen nun rechts in den Wald hinein, der Weg führt allmählich bergan und weiter in einem langen Linksbogen. Es folgt eine

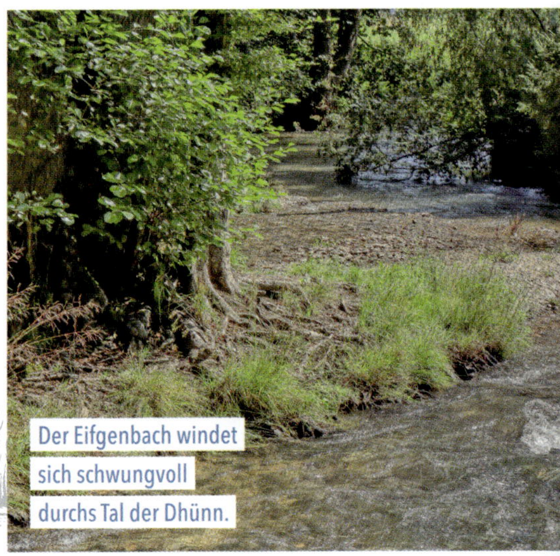

Der Eifgenbach windet sich schwungvoll durchs Tal der Dhünn.

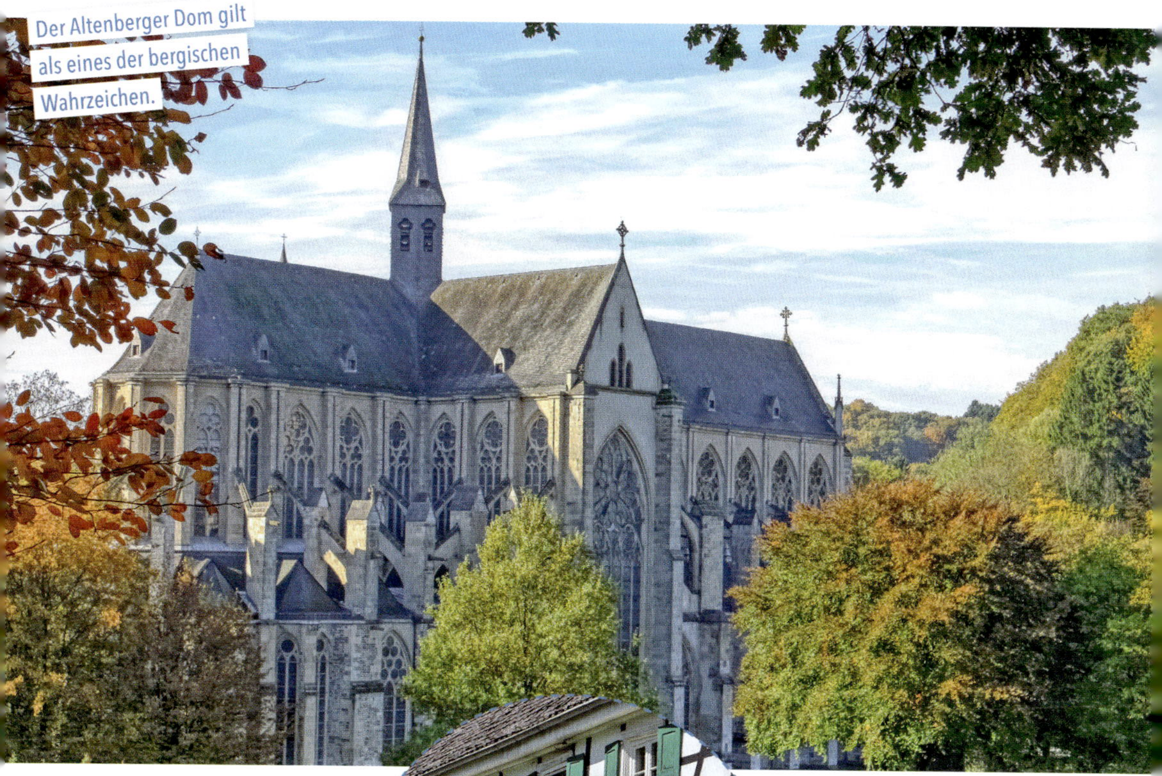

Der Altenberger Dom gilt als eines der bergischen Wahrzeichen.

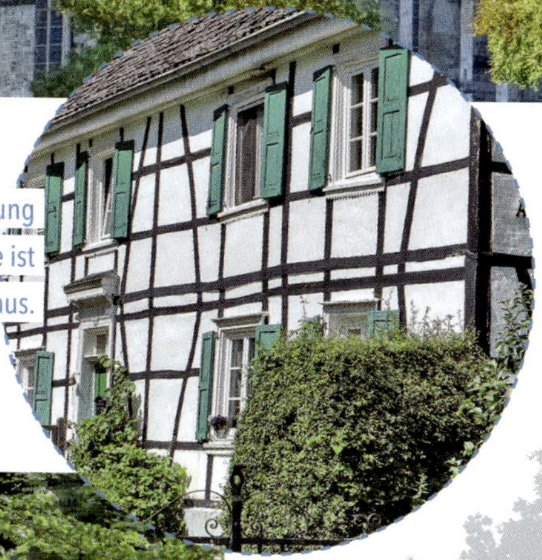

Die frühere Verwaltung der Pulvermühle ist nun Wohnhaus.

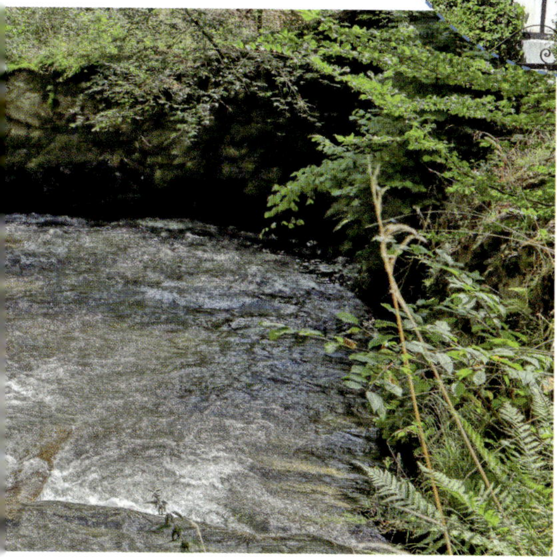

Wegkreuzung, an der wir den Weg zur Rechten wählen und weiterhin leicht aufwärts unterwegs sind, bis ein Bauernhof und umliegende Weiden vor uns liegen. Zwar weist ein Schild darauf hin, dass der geradeaus weiterführt, doch er endet auf der Obstwiese des Hofes. So nehmen wir den Weg über den Hof selbst und wandern auf der Höhe weiter auf dem Groß Grimberger Weg zunächst nach Osten, dann weiter nach Süden. Ein paar üppige Brombeersträucher sorgen neben der guten Aussicht über Felder und Wälder für Abwechslung. Hinter dem Spielplatz und der Grillhütte auf der linken Seite erreichen wir den niedlich verträumten Weiler Hüttchen, der auch schon 200 Jahre Geschichte aufweisen kann, und halten uns gleich rechts auf der Straße Am Stragholzer Kreuz, die in die Neschener Straße übergeht. Vor dem nächsten Flecken Grimberg zweigen wir rechts ab und gehen den Hang hinunter auf den Wald zu und nach einer Kehre im Wald hinunter zum Comber Siefen.

**Geheimtipp**

Eine Schatten spendende Allee führt zum schon 1931 gegründeten Märchenwald, der auf nostalgisch-anmutige Weise in die Welt der Gebrüder Grimm entführt. Besonders fasziniert die Lichtorgel der Tanzenden Fontänen, die 1956 in der Grimm-Halle eingeweiht wurde (www.maerchen-wald-altenberg.de).

## Am Bach zurück zum Dom

Den noch jungen Wasserlauf überqueren wir mittels eines kleinen Brückchens und folgen seinem Uferverlauf, bis er in den Hasselsiefen mündet, dessen linkes Ufer noch unseren Weg vorgibt. Während von links der Grimberger Siefen hinunterplätschert, folgt schon kurz danach von Norden her der Groß Grimberger Bach. Nach dessen Mündung in den Hasselsiefen bleiben wir am linken Ufer und gehen ein Stück bergan in ein recht großflächig gerodetes Waldstück. Hier passieren wir noch ein Bächlein, die Schmeisinger Delle, und folgen weiter dem Pfad, der sich wieder abwärts in die Talsohle begibt.

Der Hasselsiefen vereinigt sich bald mit der Dhünn und wir spazieren weiter auf etwa halber Höhe über dem Fluss und sehen nördlich von uns erneut das Fachwerkhaus Aue. Oberhalb des Südufers der Dhünn gelangen wir zur Altenberger-Dom-Straße L 101, die wir zügig überqueren. Wir gehen weiter am Waldrand entlang flussabwärts und genießen einen unverstellten Blick auf den Dom. Am Parkplatz des Märchenwaldes passieren wir die Dhünn und biegen gleich rechts wieder ab in den Wald, um dem Fluss nun ein Stück aufwärtszufolgen.

## Knotenpunkt der Wasserwege

An der Mündung des Eifgenbaches in die Dhünn folgen wir nun dem Ufer dieses Baches, der sich in pittoresken Mäandern dem größeren Fluss entgegenschlängelt. Der Engelrather Bach ergießt sich von Westen kommend in den Eifgenbach. Gleich zwei kleine Brücken helfen uns die beiden Gewässer trockenen Fußes zu überqueren. Wir verlassen nun den Wald und spazieren über eine Wiese zur L 101 und sind bald wieder am Schöllerhof und damit an unserem Ausgangspunkt angekommen. Ein Besuch des Altenberger Domes sollte unbedingt den Abschluss der Wanderung krönen.

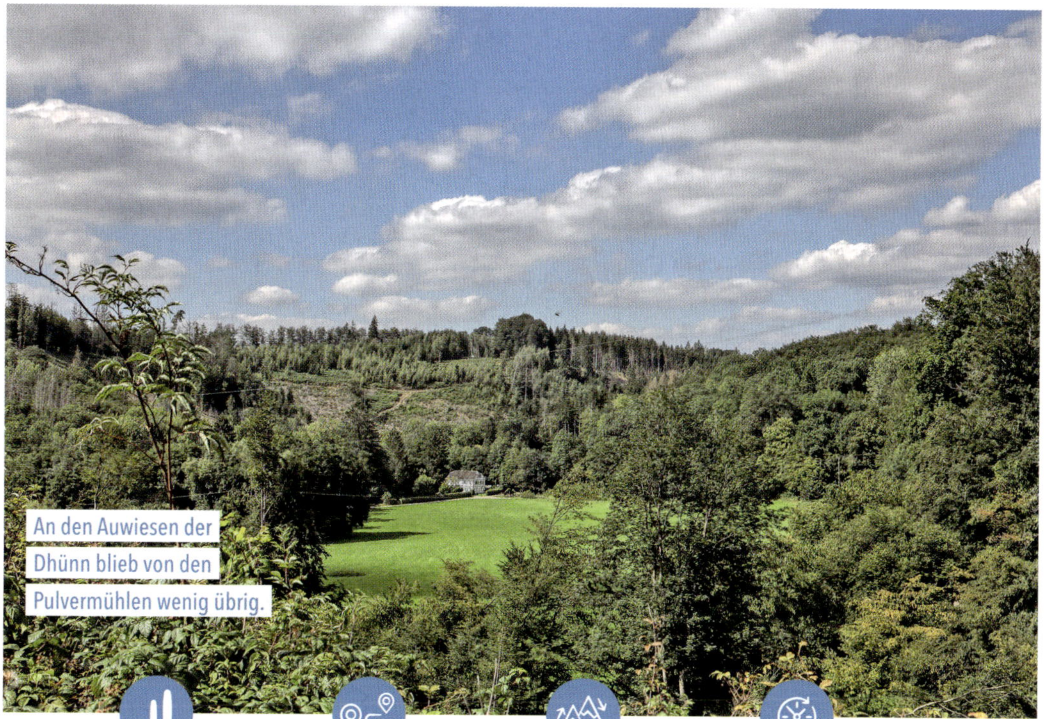

An den Auwiesen der Dhünn blieb von den Pulvermühlen wenig übrig.

leicht | 8,3 km | 414 Hm | 2-2,5 Std.

## Auf einen Blick

**Tourencharakter**
Zumeist Forst- und Waldwege in ordentlichem Auf und Ab sowie einige schmale Waldpfade, zudem kurze Passagen auf asphaltierten Straßen

**Ausgangs-/Endpunkt**
Parkplatz Schöllerhof, Altenberger-Dom-Straße, 51519 Odenthal
GPS 51.06335, 7.14177

**Anfahrt**
**Auto:** Auf der A 1 bis Ausfahrt 97 Burscheid, auf die B 51 Kölner Straße rechts Richtung Altenberg, nach zwei Kilometern links ab, durch Blecher und Porzberg und danach über Serpentinen ins Tal. An der Altenberger-Dom-Straße links und nach dem Abzweig Neschener Straße und der Brücke über die Dhünn zum Schöllerhof auf der rechten Seite.

**ÖPNV:** Mit dem Bus Linie 238 (Dabringhausen–Odenthal) bis Haltestelle Odenthal Reisegarten Schöllerhof

**Karte**
Wanderkarte Bergisches Land, Karte 2: Nordwesten, 1:25 000, Das Bergische

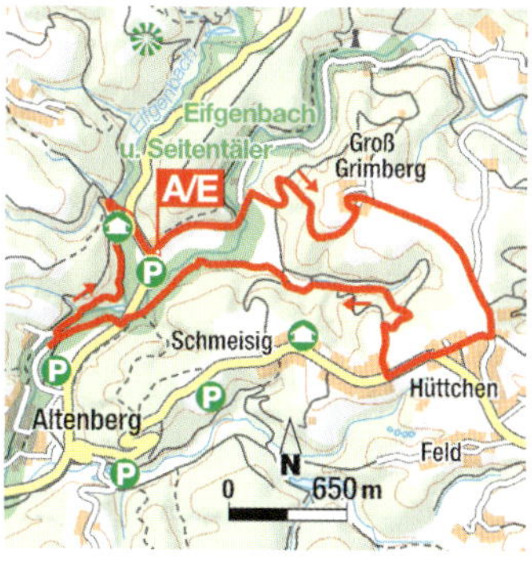


**Einkehr**
Die Strandkörbe im Biergarten des Hotels Wißkirchen laden zur Rast; wer Zeit hat, sollte sich an die Bergische Kaffeetafel wagen.
*www.hotel-wisskirchen.de*

AUSSICHTEN ÜBER DIE DHÜNNHOCHFLÄCHE

16

# Grunewald im Bergischen

Eine recht kurze Rundwanderung führt uns, ausgeschildert mit der Markierung »D3«, durch das südliche Gemeindegebiet von Wermelskirchen bis heran an die 1962 fertiggestellte und 1985 umfassend erweiterte Dhünntalsperre.

Im Tal der Kleinen Dhünn, genauer am Wanderparkplatz in Sichtweite der Dhünninsel, eines unscheinbaren, baumbestandenen Eilandes in der Mitte des Wasserlaufes, beginnt unsere Wanderung an ihrem tiefsten Punkt. Wir folgen der Straße entlang des Dhünnufers in südlicher Richtung. Sie zweigt links ab, doch geht es für uns weiter geradeaus, jetzt auch begleitet vom gelben Symbol des Bergischen Panoramasteiges. Durch die Bäume zur Linken sind die ersten Ausläufer der allerdings abgezäunten Vorsperre Kleine Dhünn erkennbar. »D3« leitet uns auf einen kleinen Pfad in den Wald, der uns in zwei spitzen Kehren aufwärtsbringt. In dem Bogen nach links findet sich gegen Ende des Winters ein betörender weißer Blütenteppich aus üppig blühenden Schneeglöckchen. Nach einer offenen Fläche biegen wir links ab, wandern weiter durch den Forst und gelangen in der nächsten Kehre an die Große Ledder, die talwärts zur Vorsperre strebt. Ein weiterer Bachlauf, der Ledder Siefen, mündet aus Westen den Hang im Wald heruntereilend im Tal in die Ledder. Wir überqueren beide, halten uns links und gelangen zur Staumauer der Vorsperre, die uns Aussicht auf den nördlichen Ausläufer der zweitgrößten Trinkwassertalsperre Deutschlands gewährt.

Vom Trinkwasserreservoir nach Grunewald. Rechts führt der Wirtschaftsweg wieder in die Höhe, während uns der Panoramasteig wieder verlässt. Über die zu Anfang gerodete Waldfläche schweift der Blick weit übers Wasser und die dicht bewaldeten Ufer. Wir passieren einen Nadelwald und laufen nach einer Rechtskurve an dessen Rand entlang weiter in die Höhe. Die nachfolgende Lichtung bietet nochmals eine gute Übersicht. Hinter dem nächsten Wäldchen kommen wir an eine Straße mit dem Wanderparkplatz, der nach der früheren Hofschaft Dahl benannt ist. Von ihr bleibt nur die Erinnerung, denn sie wurde dem Bau der Talsperre in den 1980er-Jahren geopfert. Den Weg hinauf und dann

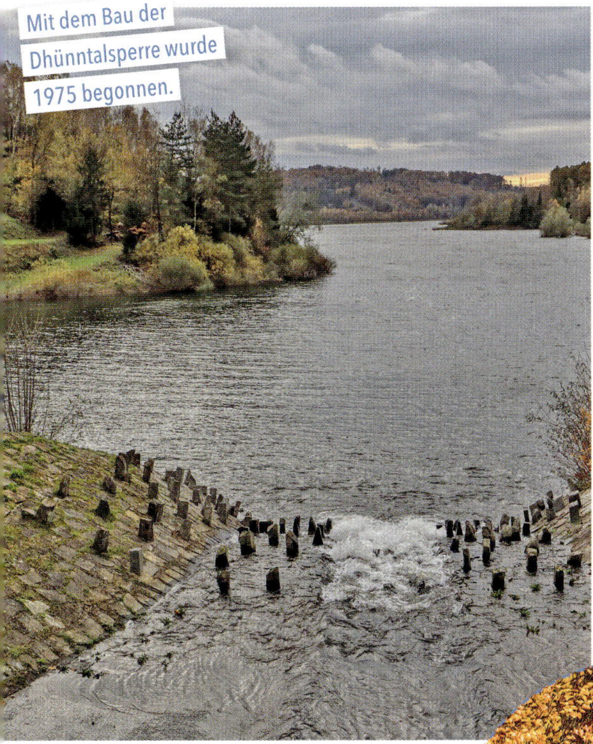

Mit dem Bau der Dhünntalsperre wurde 1975 begonnen.

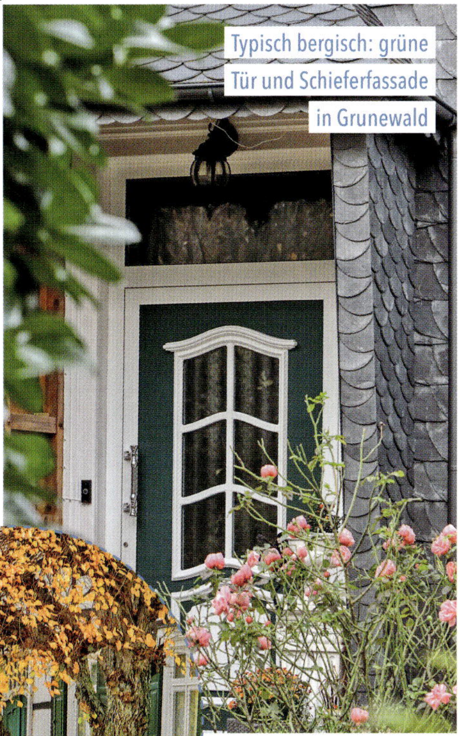

Typisch bergisch: grüne Tür und Schieferfassade in Grunewald

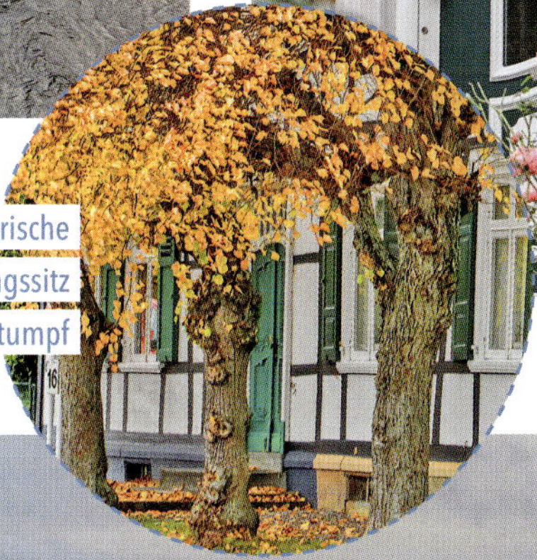

Der historische Verwaltungssitz im Ortsteil Stumpf

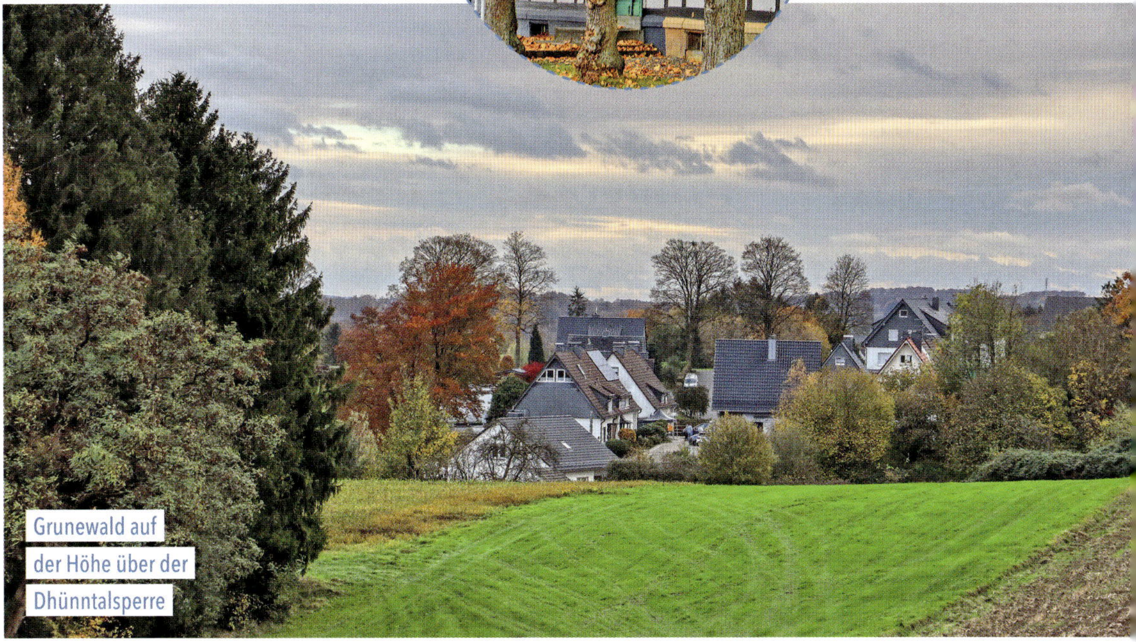

Grunewald auf der Höhe über der Dhünntalsperre

rechts gelangen wir nach einem weiteren Hain auf der Höhe zwischen Wiesen an den Weiler Großrenkhausen. Nun folgt eine Straßenpassage, die uns am Ende einer pittoresken Allee nach Grunewald bringt. Das Dorf, das wohl früher einmal Grünenwald hieß, stammt aus der Mitte des 17. Jahrhunderts und liegt beschaulich im Schatten des Turmes der St.-Apollinaris-Kirche beiderseits der Kreisstraße K 19.

## Zur Villa über den Siefen

Wir verlassen es an der Straße nach Norden hin, passieren den Friedhof zur Linken, können bei gutem Wetter bis Köln oder bis zum Ebbegebirge schauen und zweigen an der Kreuzung rechts ab nach Große Ledder. Die malerische, aus vielen Einzelgebäuden im typisch bergischen Stil bestehende Hofschaft reicht in ihrer Historie recht weit zurück, wird heute von einem großen Leverkusener Industrieunternehmen als Seminar- und Freizeitstätte genutzt. Das komplette Areal, auf dem sich auch Schafe und Pferde überaus wohlfühlen, vermittelt ein wenig den Eindruck eines lebendigen bergischen Freilichtmuseums dies- und jenseits von Sprengelsiefen, Juschensiefen und Böttinger Bach, die das zugehörige Waldgebiet durchfließen. Wir verlassen hier unseren »D3«, wandern in den Forst hinein, lauschen dem Rhythmus der kleinen Bäche, die wir über hölzerne Brücken queren, und erreichen aufwärts über eine lang gezogene Treppe im Wald das zauberhafte Böttingerhaus. Die prächtige Jugendstilvilla von 1912 ist das größte der Gebäude in der Anlage.

### Geheimtipp

Die Bergstrauße der Straußenfarm von Emminghausen sorgen nun schon mehr als 15 Jahre für Furore, neugierige bis erstaunte Blicke und kulinarische Exotik. Sie fühlen sich aber dennoch ebenso pudelwohl wie die Bisons, die ihnen seit 2014 zottelige Gesellschaft leisten (www.straussenfarm-emminghausen.de).

## Die Panoramen der Dhünnhochfläche

Nun folgt eine etwas längere Straßenpassage, zunächst auf dem Dr.-Blauel-Weg, der Zuwegung zu den Tagungsfazilitäten und dann nach rechts auf der recht stark befahrenen L 101 zwischen den Siedlungen Stumpf und Kreckersfeld. Auf halbem Weg liegt zur Linken hinter schön geschnittenen Lindenbäumen ein hübsches historisches Fachwerkhaus, das während des 19. Jahrhunderts regionaler Verwaltungssitz war. Gegenüber der Feuerwehr biegen wir in Kreckersfeld rechts ab und laufen über den Kreckersweg und die Eichholzer Straße wieder auf aussichtsreicher Höhe.

Die Dhünnhochfläche breitet sich mit ihren versprengten Weilern, kleinen Wäldern, Wiesen und Weiden vor uns aus. Am Wald entlang gelangen wir zu einer Kreuzung, an der wir uns weiter links talwärts orientieren. Den Weg nach rechts verhindert hier ein weiß getünchtes, schmiedeeisernes Tor. Auf der Pilghauser Straße angekommen, begleitet uns das letzte Stück ins Tal der Osminghauser Bach, der ebenfalls in die Kläranlage Dhünn an der nächsten Straßenecke fließt. Rechts führt uns die Straße Am Walde am Bach entlang zurück zum Parkplatz am Ausgangspunkt, an dem noch einige wenige Mauerreste der alten Pilghauser Mühle zu erkennen sind.

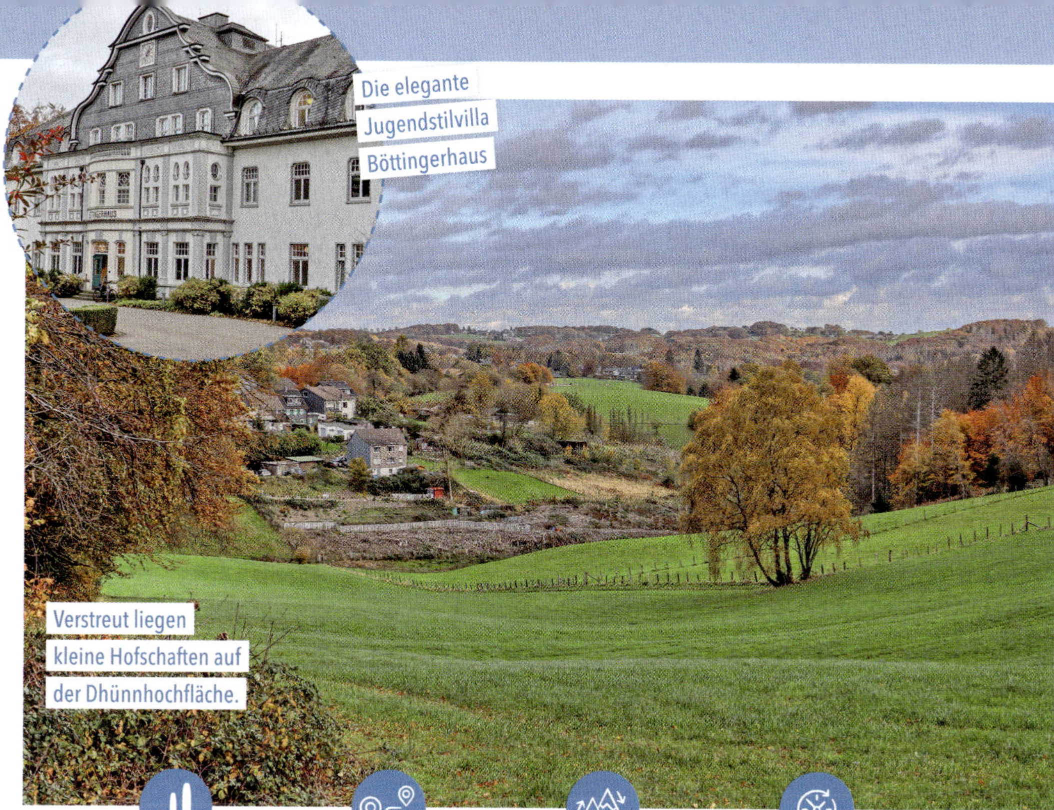

Die elegante Jugendstilvilla Böttingerhaus

Verstreut liegen kleine Hofschaften auf der Dhünnhochfläche.

mittel | 9,9 km | 418 Hm | 2,5–3 Std.

## Auf einen Blick

### Tourencharakter

Forst- und Wirtschaftswege wechseln sich mit teils längeren Straßenpassagen ab, in den Wäldern vorwiegend schmale Pfade

### Ausgangs-/Endpunkt

Wanderparkplatz Pilghausen,
Unterpilghausen 12,
42929 Wermelskirchen
GPS 51.09956, 7.24860

### Anfahrt

**Auto:** Auf der A 1 bis Ausfahrt 96 Wermelskirchen, rechts auf der Burger Straße (Ostringhausen) bis zur B 51, an der Ampel links und der nächsten Ampel rechts auf die Dabringhauser Straße/L 157. Hier weiter an Hinterhufe vorbei, die L 101 kreuzen, an Osminghausen vorbei bis zum Klärwerk Dhünn, davor dann rechts.

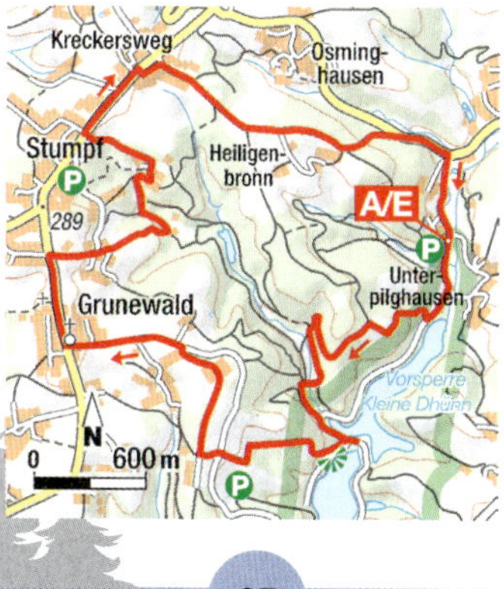


**ÖPNV:** Mit den Bussen der Linien 263, 265 (Wermelskirchen–Dabringhausen) bis zur Haltestelle Wermelskirchen Pantholz. Von hier in die Route einsteigen.

### Karte

Wanderkarte Bergisches Land,
Karte 2: Nordwesten,
1:25 000, Das Bergische

### Einkehr

Etwas abseits in Große Ledder liegt das urige kleine Dorflokal »Zum Kamin« mit typisch deutscher Küche (Irlenweg 2, 42929 Wermelskirchen).

ZAUBERHAFTE KULTURLANDSCHAFTEN

17

# Rösrather Runde

Sie alle streben der Sülz entgegen, die über Agger und Sieg letztlich in den Vater Rhein mündet: Gammersbach, Kupfersiefer Bach und Kleine Sülz. Ihre jeweiligen Täler bilden kleine, mithin waldreiche Oasen in der hügeligen, offenen Landschaft östlich von Rösrath.

Unsere Wanderung führt in einer abwechslungsreichen Runde durch jene von den kleinen Wasserläufen und netten Dörfern geprägte Szenerie und beginnt beim markanten Sinnbild der Stadt Rösrath, an der beigefarbenen Vorburg des Schlosses Eulenbroich.

Das stilisierte Torhaus ziert alle städtischen Publikationen Rösraths. Bis zurück an den Beginn des 13. Jahrhunderts reicht die Historie des ursprünglich als Wasserburg angelegten Gebäudes in der Niederung zwischen Kleiner Sülz und Sülz. Ihre heutige, Barock angehauchte Anmut verdankt sie jedoch Umbauten ihrer Besitzer, die um 1750 einen hochherrschaftlichen Familiensitz schufen, der später zum Domizil und Amt des Bürgermeisters und zur Fabrikantenvilla wurde. Zwischenzeitlich als Internat und Seniorenheim genutzt, gelangte es in den 1980er-Jahren in städtischen Besitz, wird seit 2003 vom Kulturverein verwaltet und kann von der Öffentlichkeit für unterschiedlichste Veranstaltungen bis hin zur stilvollen Trauung genutzt werden.

Unmittelbar an Schlosshof und Park, in dem es manch interessantes skulpturales Kunstwerk zu entdecken gilt, liegt das eher schlichte und funktional gestaltete Gebäude der Kulturwerkstatt.

## Über die Sülz ins Bankenviertel

Wir schlendern durch den Park und begeben uns ostwärts auf den Spazierweg durch die Wiesen vorbei an dem Gestüt mit Angeboten fürs Westernreiten bis zur Brücke über die Sülz. Zwischen abgezäunten kleinen Pferdekoppeln führt ein Wiesenpfad

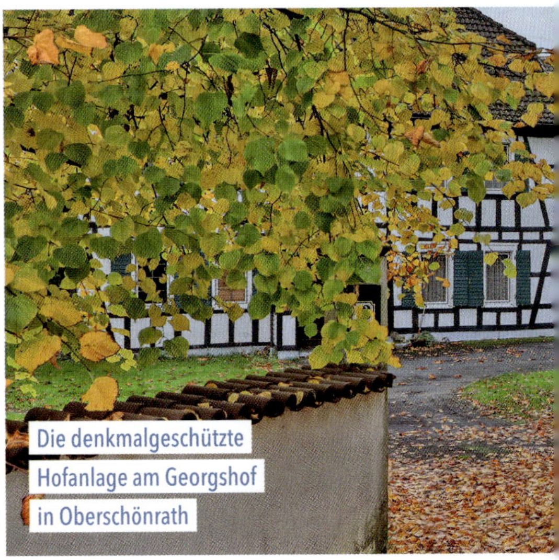

Die denkmalgeschützte Hofanlage am Georgshof in Oberschönrath

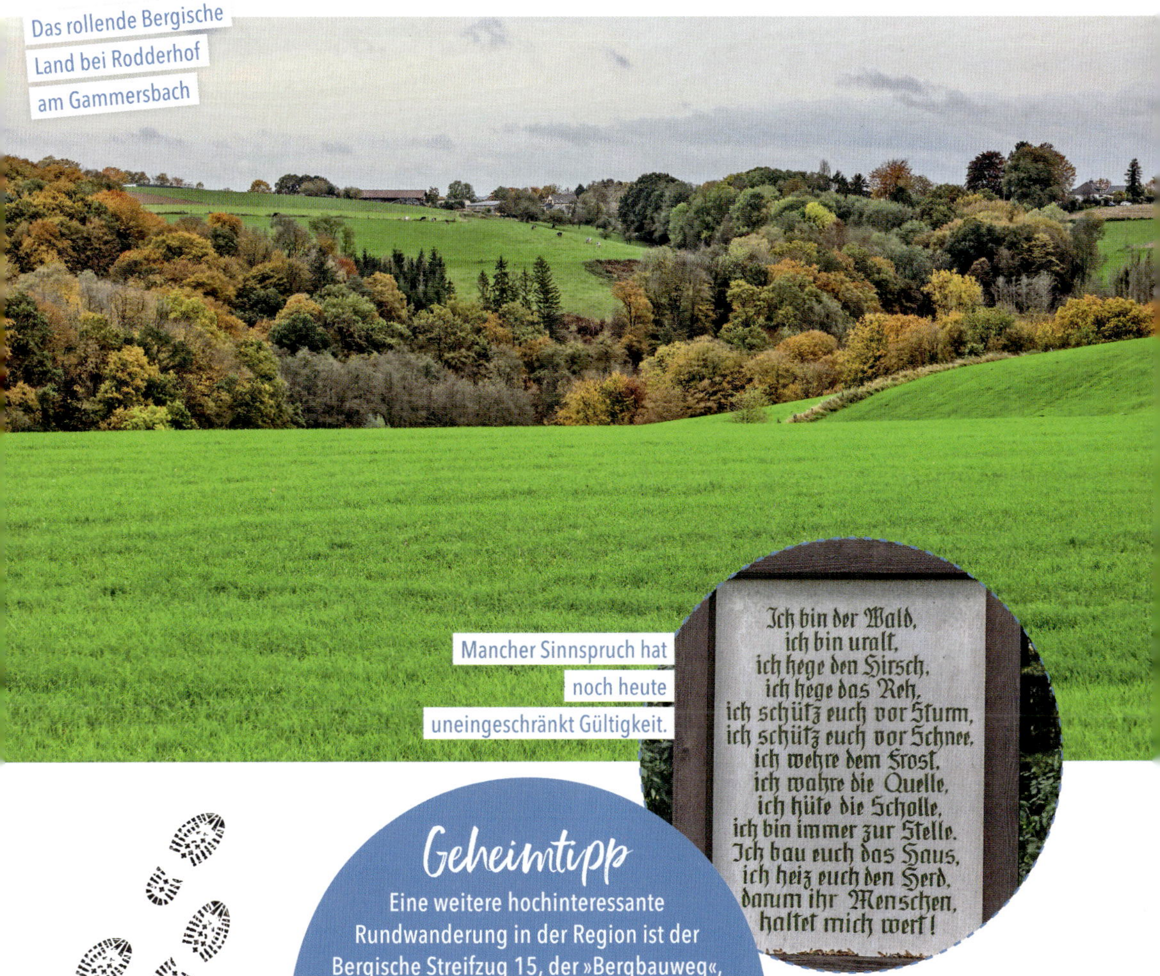


Das rollende Bergische Land bei Rodderhof am Gammersbach

Mancher Sinnspruch hat noch heute uneingeschränkt Gültigkeit.

## Geheimtipp

Eine weitere hochinteressante Rundwanderung in der Region ist der Bergische Streifzug 15, der »Bergbauweg«, der über 12,2 Kilometer vom Bahnhof Rösrath-Hoffnungsthal bis hinauf auf den Berg Lüderich führt und über die Bergbaugeschichte informiert. Seit 2023 ist hier eine Rätseltour buchbar, ein Escape-Room in der freien Natur (www.bergisches-wanderland.de).

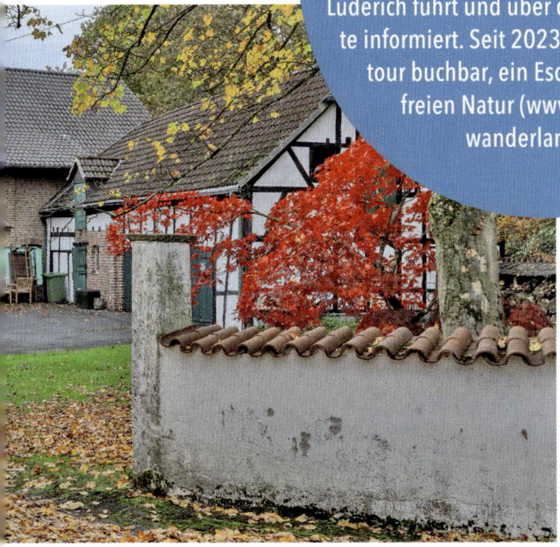

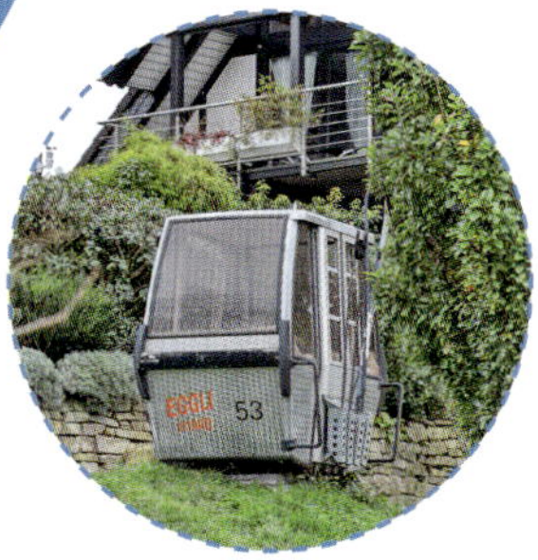

*Die Gondel der Schweizer Bergbahn hat in Menzlingen ein ruhiges Plätzchen zum Verweilen gefunden.*

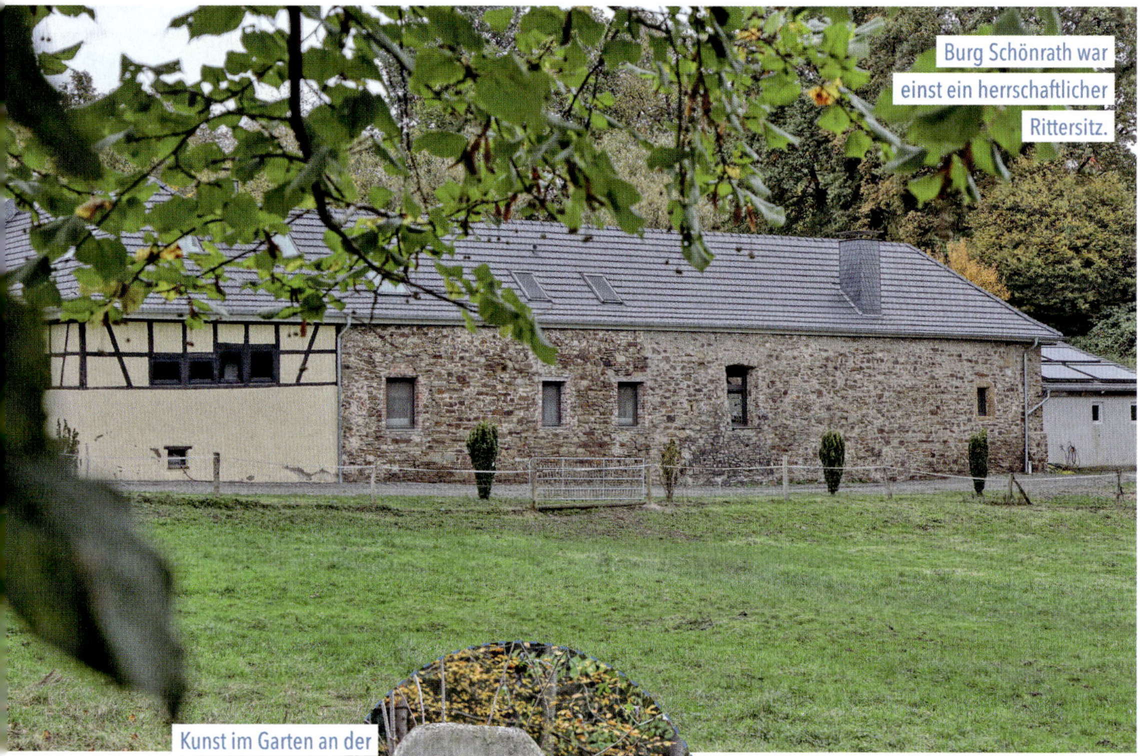

Burg Schönrath war einst ein herrschaftlicher Rittersitz.

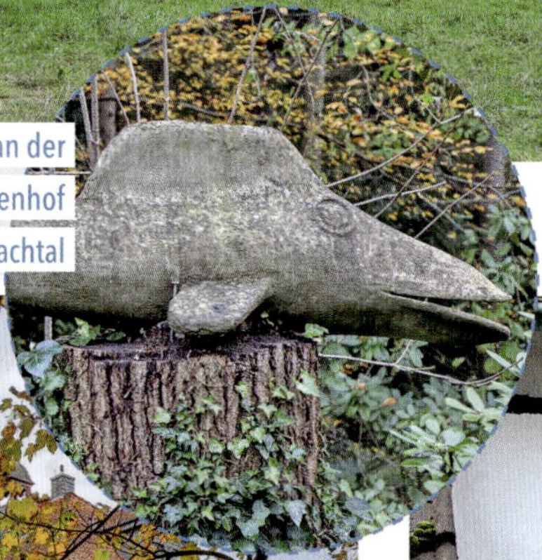

Kunst im Garten an der Hofschaft Neuenhof im Gammersbachtal

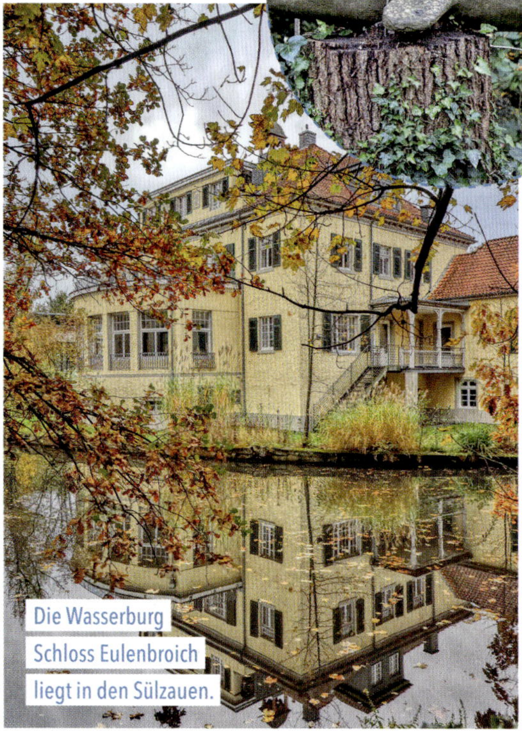

Die Wasserburg Schloss Eulenbroich liegt in den Sülzauen.

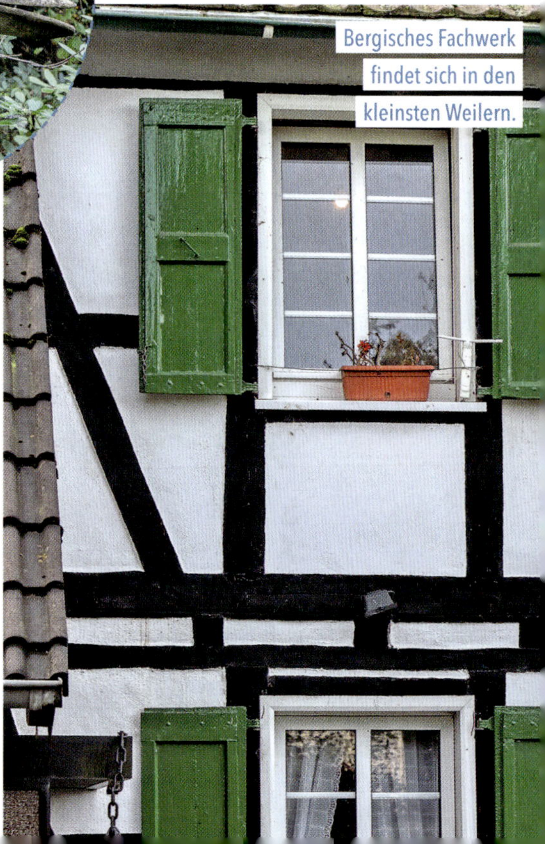

Bergisches Fachwerk findet sich in den kleinsten Weilern.

nach links an den Rand des Forstgebietes und sogleich nach rechts hinter einem versteckten Haus recht anspruchsvoll bergan durch den gefälligen Mischwald. Nach einer Spitzkehre erreichen wir eine Lichtung, die ein Mobilfunkmast überragt.

Eine Bank am Wegrand verspricht die Aussicht über die Sülz auf Venauen, dem nordwestlich gelegenen Areal eines früheren Adelssitzes, der nun für Wohnzwecke genutzt wird. Auf der Höhe liegt nun das Dorf Lüghausen vor uns und wir passieren zur Linken das Lüghausener Bankenviertel. Mit dem pfiffigen Begriff sind jedoch die Tische und Bänke zum Ausruhen an einer kleinen Raststation verbunden und keine Ansammlung von Geldinstituten. Erst rechts und im Ort dann wieder links zweigen wir schließlich von der Lüghauser Straße nach rechts auf den Großhecker Weg ab, der zwischen Wiesen in den Wald und hinunter zur Kupfersiefer Mühle führt.

## Von Mühlen und Hecken

Erstmals drehte sich 1783 das jüngst restaurierte Wasserrad der Getreidemühle, die in ihrem Gewölbekeller zudem eine Schnapsbrennerei beheimatete. Zwar wurden die Gewerke, weil wirtschaftlich unrentabel, schon vor 100 Jahren wieder eingestellt, doch sind sie im Rahmen eines Denkmalschutzprojektes noch heute zu besichtigen. Die Mühlengebäude an der großen Kastanie gegenüber des Rösrather Waldkindergartens dienen heute als populäre Eventlocation und Hotel. Die heimelige Waldstraße gabelt sich nach der Bachbrücke und wir wandern leicht bergan bis zum Dörfchen Großhecken. Über

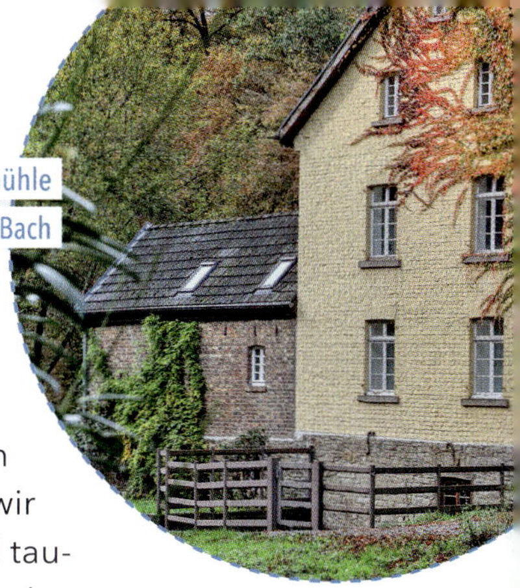

Die alte Wassermühle am Kupfersiefer Bach

die Rösrather Straße kommen wir nach Kleinhecken. Im Weiler halten wir uns rechts und tauchen erneut in ein Waldgebiet ein. Neben uns entspringt fast unbemerkt ein kleiner Bach, dessen Verlauf wir nun südwärts folgen und den wir gleich mehrfach queren, ohne ihn wirklich aus den Augen zu verlieren. Unterhalb der Hofschaft Dachskuhl treffen wir auf den Bergischen Streifzug Nr. 18, den Bauernhofweg, und gelangen hier auf eine befestigte Straße, welche an der Brücke über den Gammersbach am Neuenhof endet.

## Vor den Toren Kölns

Der Gammersbach ist von hier an unser Begleiter. Auch ihn queren wir mehrmals auf seinem Verlauf am Rande des Waldes, bis wir die Gammersbacher Mühle erreichen. Das beliebte Ausflugs- und Naherholungsziel für gestresste Großstädter zählt schon weit mehr als 300 Jahre und war bis 1990 aktiv als Getreidemühle in Betrieb. Neben einer ausgezeichneten Gastronomie gibt es eine Vielzahl an Aktivitätsmöglichkeiten für Groß und Klein, von Mühlenbesichtigung bis Kutschfahrten und Bogenschießen. Wir treffen hier auf den gut 255 Kilometer langen Fernwanderweg K, den »Kölner Weg«, der bereits 1913 angelegt wurde und von Köln-Königsforst bis nach Königswinter führt. So folgen wir dem »K«, das nach einer kurzen Strecke am Ufer des Gammersbaches nach rechts bergauf in den Wald abzweigt. Auf der Höhe eröffnet sich zu unserer Rechten eine Lichtung mit grünen Wiesen. Bald kommen wir zur Hofschaft Rodderhof, die wir aber, das »K« ignorierend, links liegen lassen. Anschließend laufen wir ein Stück auf der Wiese, dann auf dem Weg talwärts rechts ab hinunter zur Kreisstraße K 39. Etwas versteckt am Hang liegt die Niederungsburg Schloss Schönrath. Vom Rittersitz aus dem 13. Jahrhundert sind indes nur noch die Ruinen seiner Grundmauern sichtbar, die Vorburg befindet sich in Privatbesitz, sodass eine Besichtigung nicht und nur der suchende Blick von der Straße aus möglich ist.

## Mit Verve über den Kupfersiefer Bach

Zurück an der Straße entlang gelangen wir zum Kreisverkehr am Westende des Fleckens Oberschönrath. Im Ort nehmen wir an der Bushaltestelle den Abzweig nach links, die Straße Georgshof, und biegen hinter dem hübschen Fachwerkhof zur Linken nochmals links ab. Am folgenden Straßenknick nach rechts gehen wir weiter geradeaus, passieren den Schlagbaum und betreten einmal mehr das dichte Forst- und Naturschutzgebiet des Kupfersiefer Bachtales.

Das »K« führt uns in engen Kurven allmählich abwärts in die Tiefe des Waldes und hinab zum Bachlauf. Ein verwittertes hölzernes Schild weist auf einen Pfad zur »Wildenbrücke« hin, die uns vermeintlich trockenen Fußes über den Bach bringen soll. Allein es ist keine Brücke da und hier hilft nur ein gewagter Sprung ans gegenüberliegende Bachufer, um den Kupfersiefer Talweg erreichen zu können. Baumstämme am Wasser können diese ungewollte Herausforderung etwas unterstützen. Wir folgen dem Talweg nach links, verlassen den Kölner Weg, der rechts weiter verläuft, und gelangen in den Mündungsbereich eines namenlosen Bächleins in den Kupfersiefer Bach. Überraschenderweise steht hier ein weiteres Hinweisschild zur Wildenbrücke, doch auch hier sucht man den Steg übers Wasser vergeblich.

## Die Gondelbahn von Menzlingen

Aus dem Wald bringt uns der Talweg aufwärts zum historischen Weiler Menzlingen mit einigen netten, teils eng aneinandergeschmiegten Fachwerkhäusern. Wir überqueren den Menzlinger Weg und nehmen die Gasse links neben dem Fachwerkhaus mit der Nummer 13. Nach zwei Linkskurven biegen wir hinter Haus 22a scharf rechts ab und kommen zu einem ungewöhnlichen Objekt fürs Bergische Land, der Gondel einer alpinen Kabinenbahn, die – wie die Aufschrift verrät – ehedem über den Hängen von Gstaad in der Schweiz zum Einsatz kam.

Von hier führt unser Weg wieder talwärts über Serpentinen hinunter an das Ufer der Sülz. Der Fluss verfügt über eine erstaunlich hohe Fließgeschwindigkeit, wie wir auf dem schmalen Uferpfad unschwer erkennen können. An der Holzbrücke vorbei passieren wir noch die Wohnsiedlung Krummensiefen und erreichen schon bald die Pferdekoppel und unseren Startpunkt bei Schloss Eulenbroich.

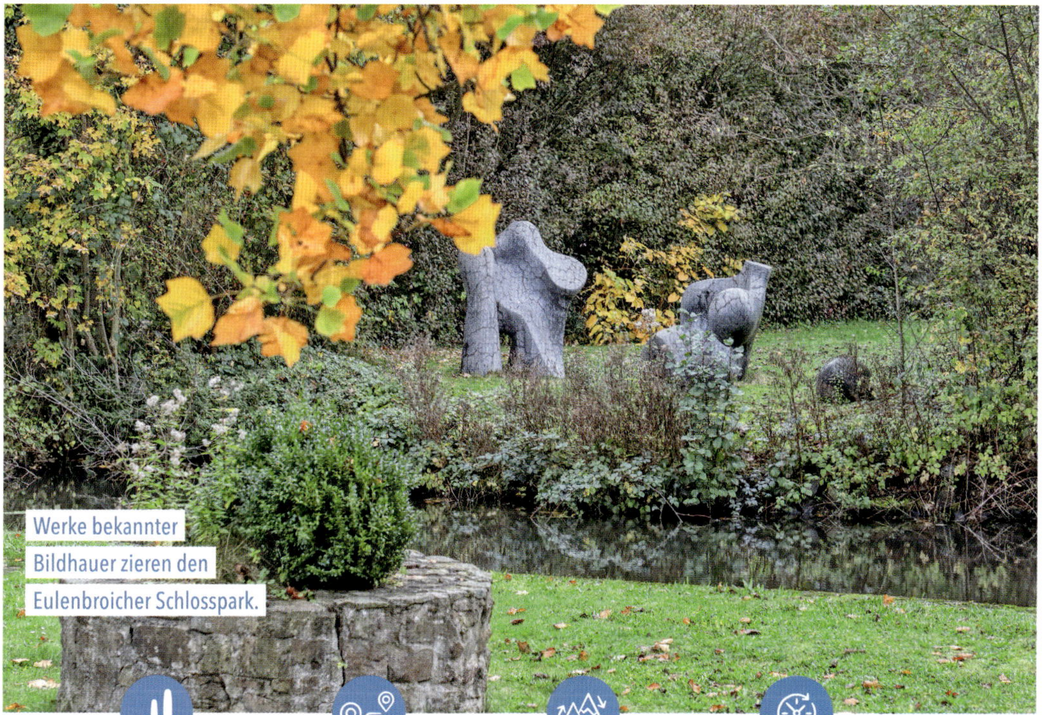

Werke bekannter Bildhauer zieren den Eulenbroicher Schlosspark.

mittel | 12,2 km | 540 Hm | 3,5–4 Std.

## Auf einen Blick

### Tourencharakter
Rundwanderung etwa zur Hälfte auf Wirtschaftswegen und befestigten, wenig befahrenen Straßen sowie einigen teils etwas unwegsamen Waldpfaden

### Ausgangs-/Endpunkt
Parkplatz Schloss Eulenbroich, Zum Eulenbroicher Auel 19, 51503 Rösrath
GPS 50.89880, 7.18559

### Anfahrt
**Auto:** Auf der A 3 bis Ausfahrt 29 Königsforst, auf die Bensberger Straße Richtung Heumar und Rösrath. An der Rösrather Straße rechts bis ins Zentrum, an der Ampel Sülztalplatz links halten, weiter auf der Hauptstraße L 284 zur Kirche, dahinter an der Ampel rechts auf den schmalen Weg Eulenbroicher Auel
**ÖPNV:** Mit der Regionalbahn RB25 bis Bahnhof Rösrath, über die Hauptstraße und den Eulenbroicher Auel hinab zum Startpunkt

### Karte
Wanderkarte Bergisches Land, Karte 5: Süden, 1:25 000, Das Bergische

### Einkehr
Die historische Gammersbacher Mühle ist nicht nur wegen des gastronomischen Angebotes eine gute Empfehlung für die ganze Familie.
■ *www.gammersbacher-muehle.de*

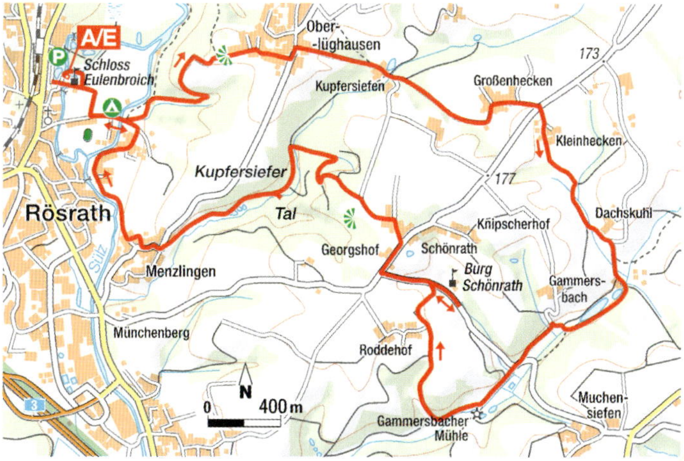

DEM ESEL AUF DER SPUR

18

# Bechen im bergischen Herzen

Beim Blick auf die Karte mit dem Verlauf dieser Rundwanderung ist mit etwas gutem Willen ein Herz zu erkennen, und in der Tat befinden wir uns in etwa in der geografischen Mitte des Bergischen Landes. Die Tour vereint zudem alle Merkmale, die den typischen Charakter der Region ausmachen.

Wir beginnen unsere Wanderung beim Haus der Stille am Rande des Städtchens Biesfeld. Ende des 17. Jahrhunderts erstmals urkundlich erwähnt, gehört es heute als Ortsteil zum Gemeindegebiet von Kürten und besitzt in seinem Kern rund um die Kirche Zur schmerzhaften Mutter einige nette historische Fachwerkbauten, wie das gegen 1790 errichtete heutige Hotel und Restaurant Zur Post.

Nach einem kleinen Ausflug durchs Zentrum machen wir uns vom Parkplatz am Sportgelände der Union Blau-Weiß Biesfeld auf den Weg am Waldrand entlang Richtung Norden. Er ist weitgehend mit der Markierung »B3« versehen und bietet uns sogleich ein feines bergisches Panorama, das bei klarer Sicht bis zum Kölner Dom und darüber hinaus reichen kann. Schon nach wenigen Metern gesellt sich passenderweise der »Bergische Panoramasteig« mit seinem gelben Symbol hinzu und begleitet uns eine ganze Weile.

## Auf alten Handelsstraßen

Es geht zunächst leicht bergan, dann hinab in eine offene Senke mit verstreut liegenden Bauernhöfen und ein Stück an der Straße Durhaus entlang, die wir aber am nächsten Waldstück halb links zwischen den Bäumen ein Gedenkkreuz passierend wieder verlassen. Hinter dem Forstgebiet liegt schon der Ort Bechen vor uns. Links am Wegrand macht ein Fachwerkhaus auf sich aufmerksam, das einst das Mühlenhaus des historischen Rittergutes Pohl von 1433 war. Am Zusammenfluss von Dürsch- und Weyerbach diente es bis 1927 als Getreidemühle. Bergaufwärts erreichen wir den östlichen Rand von Bechen und erfahren an der Bank mit dem Kreuz, dass wir uns auf dem traditionsreichen Heerweg befinden, der als wichtige Handelsverbindung von Köln über

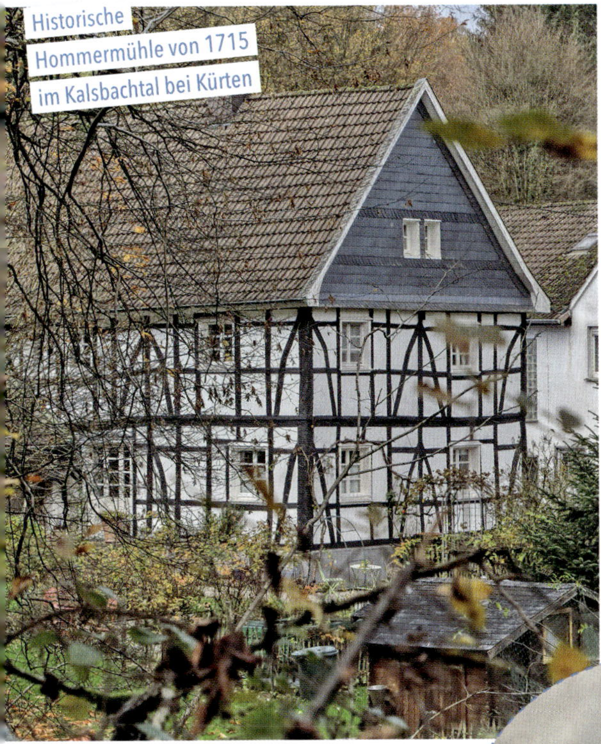

Historische Hommermühle von 1715 im Kalsbachtal bei Kürten

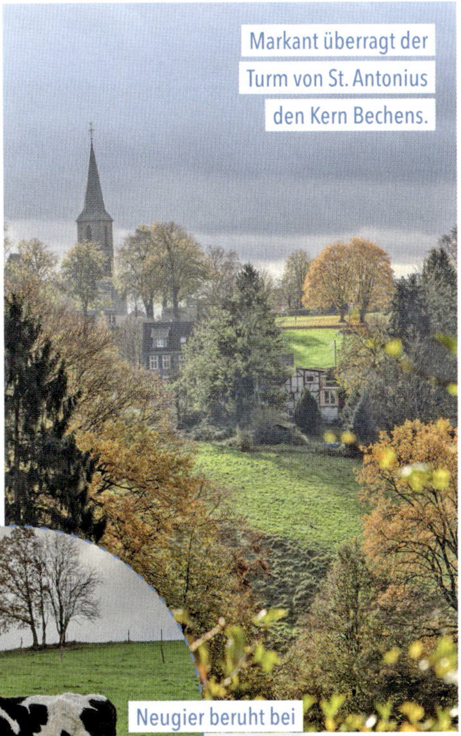

Markant überragt der Turm von St. Antonius den Kern Bechens.

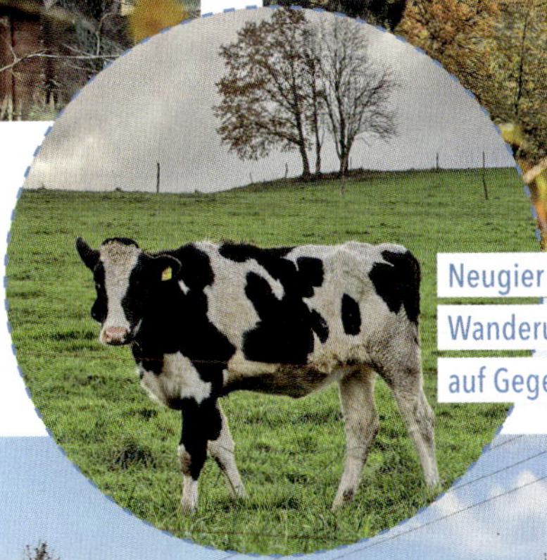

Neugier beruht bei Wanderungen meist auf Gegenseitigkeit.

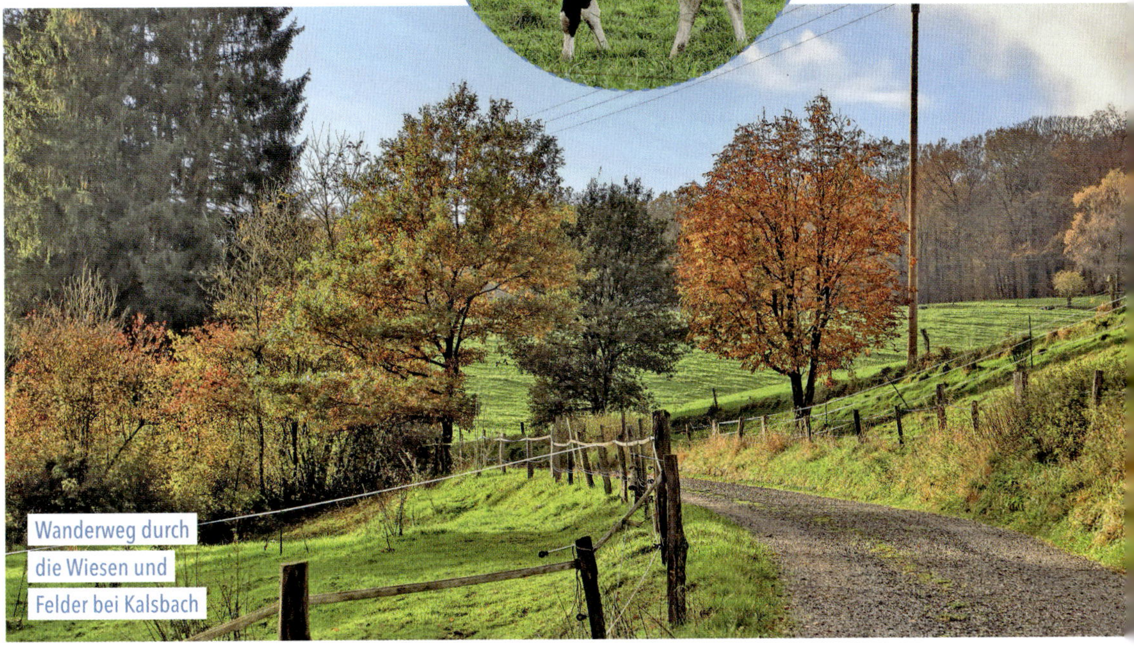

Wanderweg durch die Wiesen und Felder bei Kalsbach

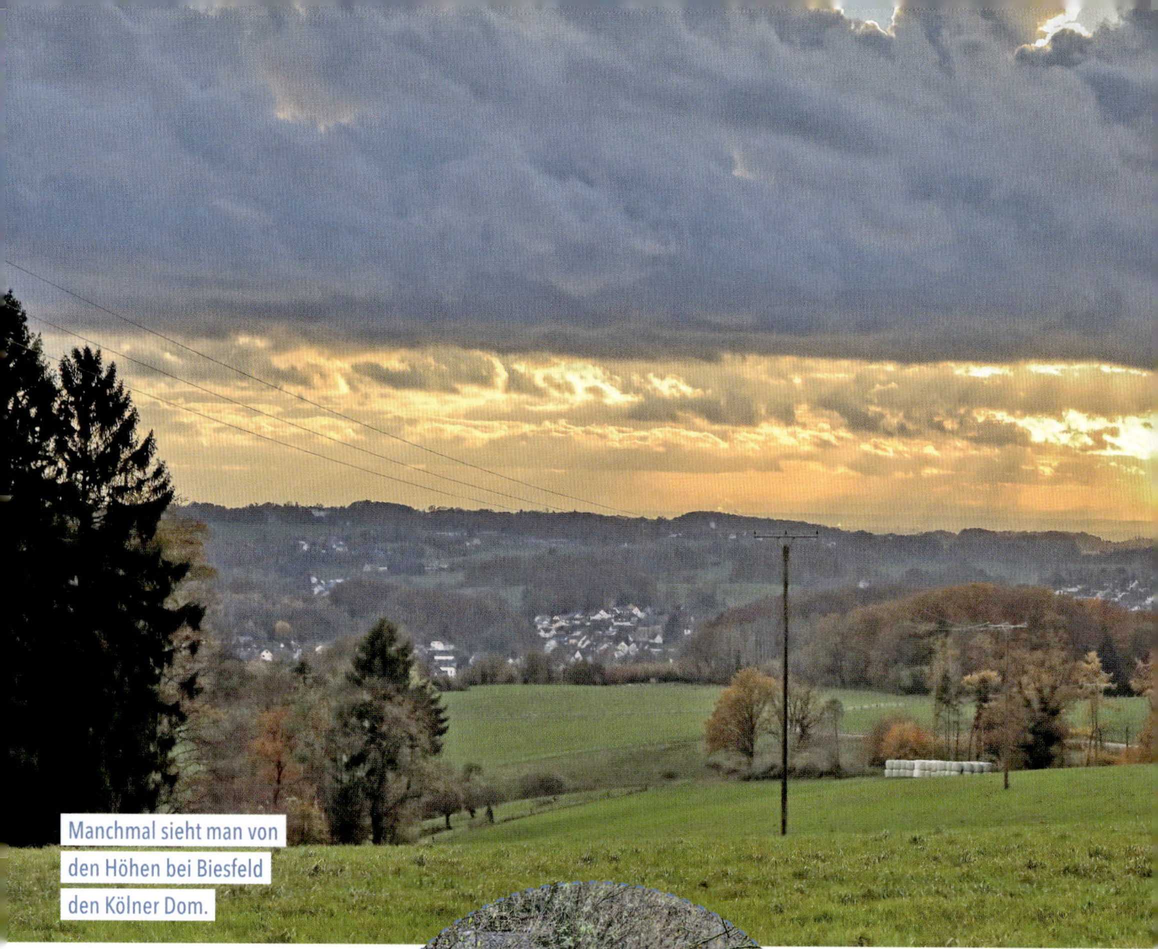

Manchmal sieht man von den Höhen bei Biesfeld den Kölner Dom.

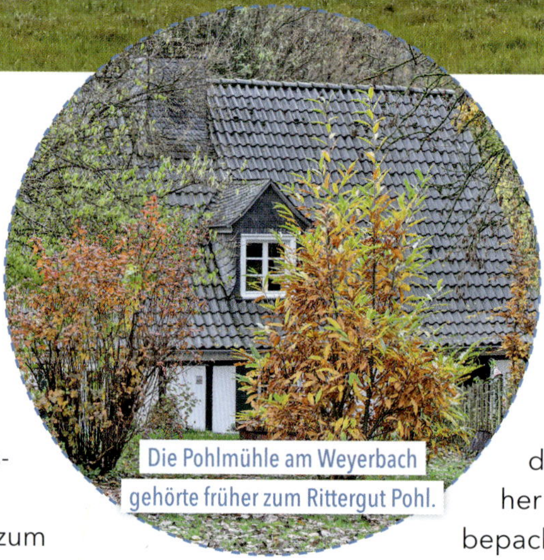

Die Pohlmühle am Weyerbach gehörte früher zum Rittergut Pohl.

Bergisch Gladbach und Wipperfürth bis nach Soest führte. Weiter geradeaus nehmen wir an der Ecke Raiffeisenstraße und Spatzenfeld den Fußweg geradeaus, passieren den Friedhof zur Rechten und gelangen zum zentralen Kreisverkehr Bechens.

## Kein Esel auf Abwegen

Der Ort, der ebenfalls zu Kürten gehört, blickt auf eine bald 900-jährige Geschichte zurück. 1983 bekam der »Bechener Esel« seinen Platz in der Ortsmitte und manifestierte damit die selbstironische Bezeichnung Bechens als »Eselsdorf«. Sie begründet sich auf Überlieferungen, nach denen die Bauern der Landgemeinde früher mit ihren mit Waren bepackten Eseln zum Markt nach Köln zogen, wegen der Eigenwilligkeit der braven Grautiere jedoch oft nicht pünktlich dort erschienen. »Die Bechener Esel sind noch nicht da« wurde so zum geflügelten Wort. Rechts am frei stehenden Glockenturm der Kirche St. Antonius Einsiedler vorbei – der moderne Chor-

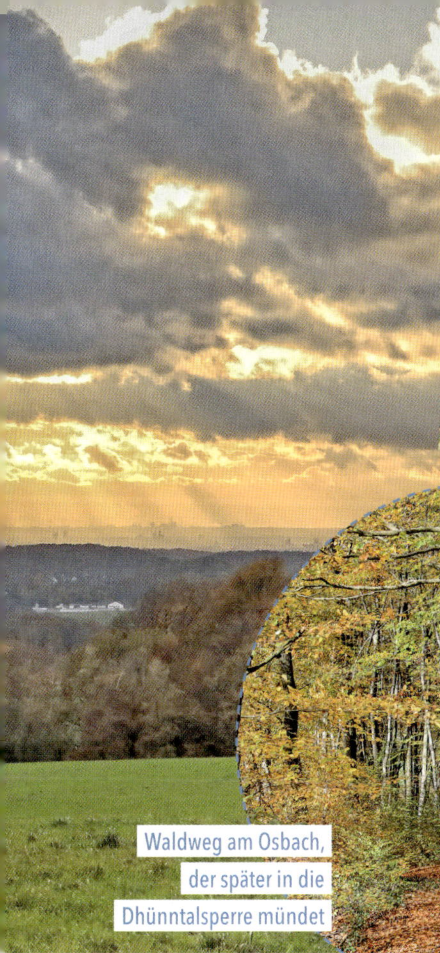

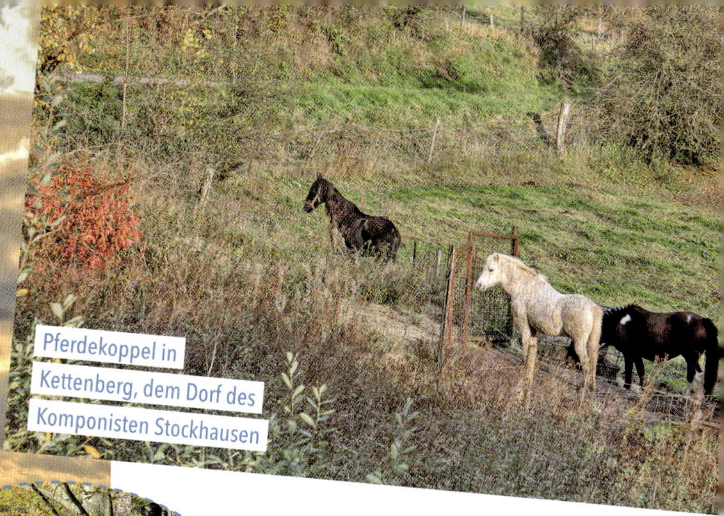

Pferdekoppel in Kettenberg, dem Dorf des Komponisten Stockhausen

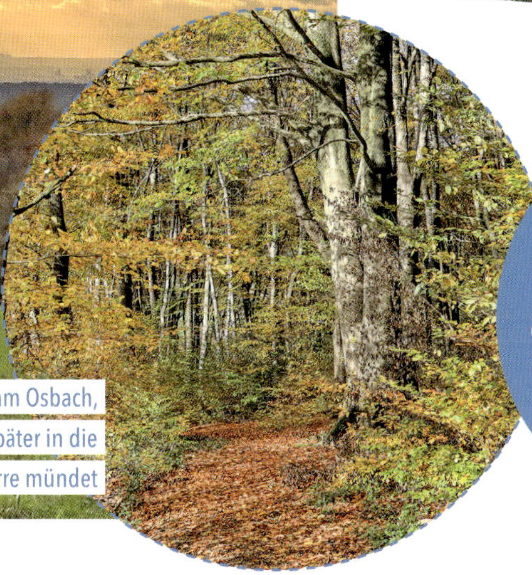

Waldweg am Osbach, der später in die Dhünntalsperre mündet

**Tipp**

Seine Lage macht den Weiler Olpe zum Herz der Gemeinde Kürten. Sehenswert sind die Pfarrkirche von 1897 und das Haus Olpe, ein Rittersitz aus dem 12. Jahrhundert, der als »Burg« bekannt ist (www.dorf-olpe.de).

raum nebenan stammt erst von 1977 – gehen wir neben der Altenberger Straße und gleich nach rechts auf den Pastoratsweg, der hinunter zu jenem 1879 im bergischen Stil erbauten Pfarrhaus führt. Es ist nun in privater Hand und hat einige pfiffige Skulpturen im Garten stehen. Ein schmaler Pfad bringt uns ins Tal des Osbaches, der hier entspringt und Bechen zu Beginn des 20. Jahrhunderts mit Trinkwasser versorgte.

## Die Wälder an der Dhünntalsperre

Nach der Überquerung des Osbaches laufen wir in einem Waldstück recht stramm hangaufwärts und werden auf der Höhe mit einem schönen Blick zu Pastorat und Kirche belohnt. Dann geht es scharf nach links tief in den Forst hinein. Am nächsten Abzweig der Wege nehmen wir den schmalen, engen Pfad über listiges Wurzelwerk erneut abwärts, nähern uns dem Ufer des plätschernden Osbaches und erreichen an der Straße Richerzhagen ein Vorbecken eines Seitenarmes der Dhünntalsperre. Nach einem kurzen Stück auf der Straße zweigen wir rechts ab – der Bergische Panoramasteig verlässt uns hier – und marschieren zwischen Wiesen und dem Lauf des Kleinheider Baches wieder aufwärts durch ein Waldstück. Oben nach einigen Windungen des Weges angekommen, biegen wir links auf den Krautweg ab. An der großen Obstwiese öffnet sich die Landschaft zu weiten Aussichten in alle bergischen Richtungen und wir gelangen in den

Weiler Oberossenbach, halten uns links, überqueren an der Bushaltestelle Eisenkaul beim Landgasthof Dhünntal die B 506 und spazieren sodann durch den Flecken Unterossenbach hinab in das Tal des Kalsbaches. Wir passieren einige vom Bach gespeiste Fischteiche und durchmessen das ausgewiesene Naturschutzgebiet bis zur Hommermühle. Kalsbach und Hommerbach treffen hier zusammen und betrieben die einstige Knochenmühle, die dem östlich und oberhalb gelegenen Weiler ihren Namen gab.

## Auf Kurs zum Komponisten

Im Wald zweigt unser Weg rechts ab und führt wieder bergan hinter Wiesen und Weiden zum Dörfchen Hachenberg, dessen Nebenstraßen meist Namen von Grimmschen Märchen tragen. Wir gehen nach rechts auf der Hauptstraße K 36 und verlassen diese in der unübersichtlichen Kurve nach der zweiten Schwingung nach links. Den Bauernhof lassen wir rechts liegen und wandern längs des Waldrandes, halten uns an der Abzweigung danach rechts. Wieder gibt es hier schöne Aussichten. Hinter einem schon etwas in die Jahre gekommenen Rastplatz zur Linken führt unser Weg über eine Wiese auf gerne rutschigem Untergrund recht streng bergab nach Kettenberg ins Breibachtal. Ein Zufluss zum Breibach entspringt hier und wir folgen ihm südwärts zwischen den wenigen Häusern auf der kleinen Dorfstraße, die ihrerseits auf den Breibacher Weg zuläuft. In Kettenberg wohnte der Ehrenbürger der Stadt Kürten, der Komponist Karlheinz Stockhausen, der zu den bedeutendsten Vertretern seiner Zunft des 20. Jahrhunderts gehörte und auch die elektronische Musik in seine Arbeit integrierte.

**Tipp**

Bildstöcke sind in der Region weit verbreitet, das Relief des Zaren Boris findet sich in Durhaus.

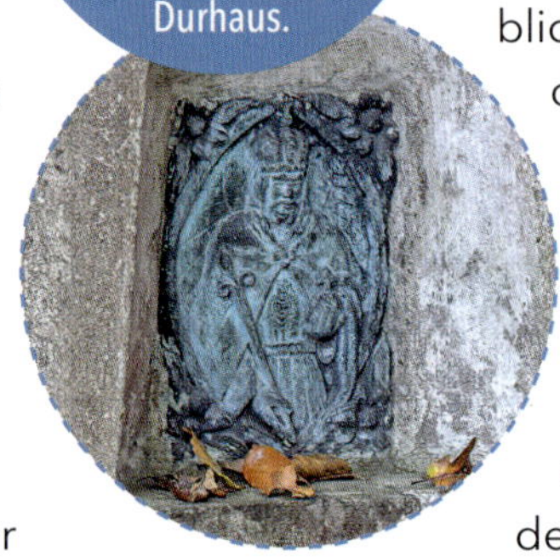

## Aussichtsreiches Auf und Ab

Wir gehen rechts auf der wenig befahrenen Straße, überqueren in einer Linkskurve den Nussbaumsiefen und zweigen bei den hinter Zaun und Hecken versteckten Fischteichen des Landgutes Breibach links ab. Das Sträßchen führt in engen Kurven durch den Weiler und geht an seinem Ende in einen Pfad über. Dieser offeriert in seinem Verlauf aufwärts, flankiert von Weidezäunen, erneut nette Ausblicke, auch auf die Schafweiden zur Linken. Im Wald knickt der Pfad erst rechts, dann links ab, führt jedoch noch weiter in die Höhe bis zu einem kleinen Haus am Waldrand. Wir nehmen den Weg nach rechts und an der größeren Straße, der K 32, wieder links. Am nächsten Haus auf der Ecke verschwindet unser Weg wieder in den Wald, der hier als Waldbeerenbusch bekannt ist. Im Forst selbst wird die Suche nach den Wegmarkierungen noch einmal zu einer kleinen Schnitzeljagd, doch müssen wir hier nur grob unsere Richtung nach Westen einhalten, ein wenig querwaldein gehen, um letztlich wieder an den Anfangsbereich unserer Wegstrecke und zurück zum Parkplatz zu gelangen.

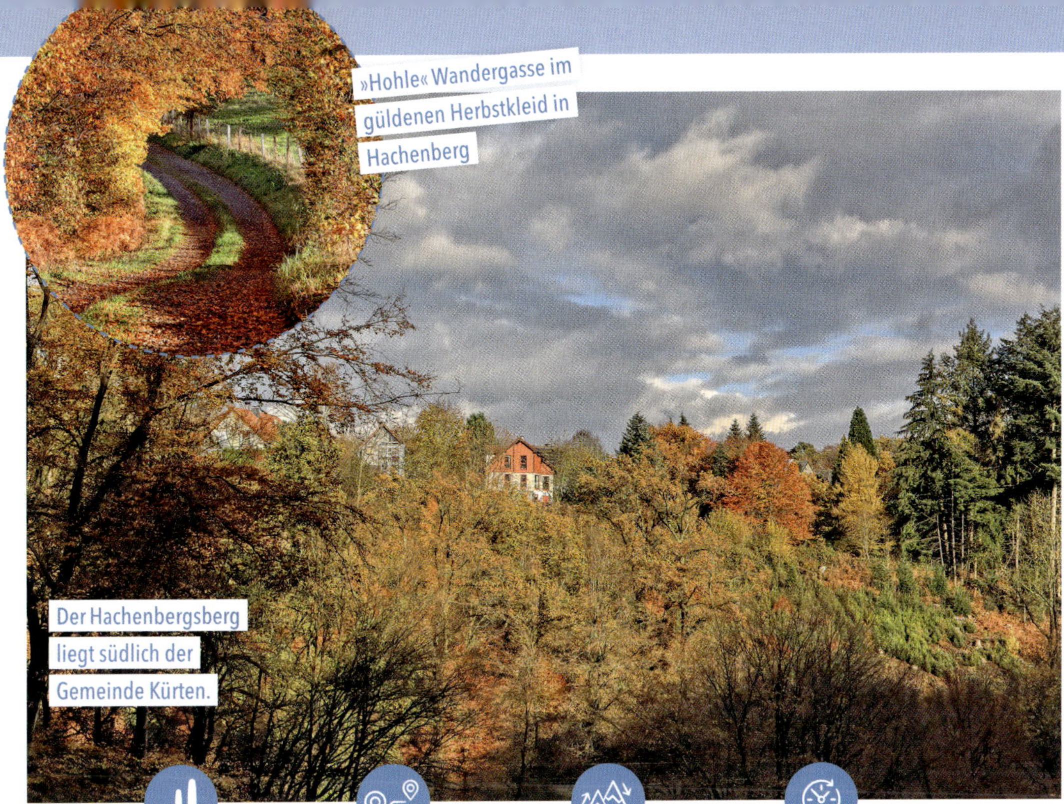

»Hohle« Wandergasse im güldenen Herbstkleid in Hachenberg

Der Hachenbergsberg liegt südlich der Gemeinde Kürten.

mittel | 14,4 km | 784 Hm | 4-4,5 Std.

## Auf einen Blick

### Tourencharakter
Mehrheitlich forst- und landwirtschaftlich genutzte Wege, einige gering frequentierte Dorfstraßen sowie teilweise schmale Pfade im Wald

### Ausgangs-/Endpunkt
Parkplatz am Sportplatz Biesfeld, Jahnstraße 24, 51515 Kürten
GPS 51.02207, 7.24047

### Anfahrt
**Auto:** Auf der A 4 bis Ausfahrt 20 Bergisch Gladbach Bensberg, auf der Friedrich-Ebert-Straße L 289 Richtung Herkenrath/Dorpe. An der Ampel in Dorpe rechts auf die Wipperfürther Straße durch Dürscheid bis Biesfeld. Dort an der Ampel bei der Kirche links, am Kreisverkehr die zweite Ausfahrt und links halten auf die Jahnstraße, am Sportplatz dann rechts.

**ÖPNV:** Mit den Bussen der Linien 427 (Berg. Gladbach–Wipperforth), 454 (Bensberg–Bechen) bis Haltestelle Bechen Mitte und am Kreisverkehr in die Runde einsteigen

### Karte
Wanderkarte Bergisches Land, Karte 2: Nordwesten, 1:25 000, Das Bergische

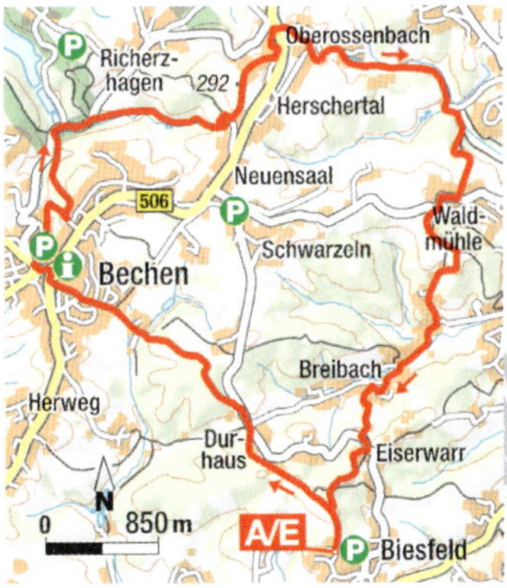


### Einkehr
Gerühmt für schmackhafte Hamburger wird der Landgasthof Dhünntal, in Oberossenbach günstig für eine Rast auf halber Strecke gelegen.
■ *www.landgasthof-dhuenntal.de*

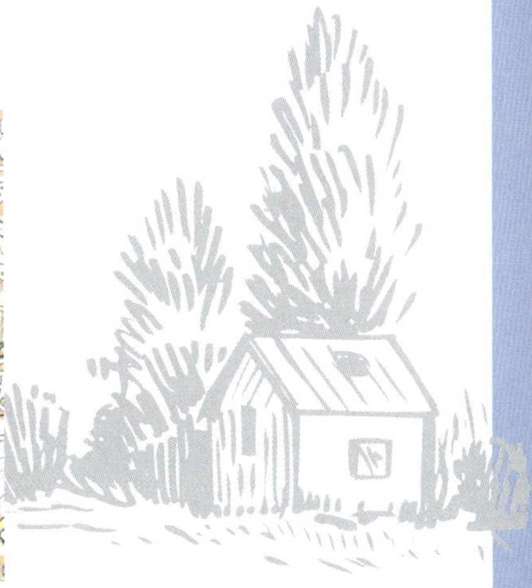

GRENZGÄNGE VOR SCHLOSS EHRESHOVEN

19

# Rund ums Aggertal

Die Grenzlinie ist nicht erkennbar, Kontrollen überflüssig, und doch wechseln wir auf dieser Wanderung die bergischen Seiten und spazieren dies- und jenseits der Agger durch den Rheinisch-Bergischen wie den Oberbergischen Kreis.

Als Ausgangspunkt wählen wir den Wanderparkplatz am Nordufer der Agger zwischen dem Fluss und dem kleinen Gewerbegebiet der zu Overath gehörenden Gemeinde Vilkerath. Am Kreisverkehr vorbei gehen wir, der Markierung A8 folgend, unter der Bahnunterführung hindurch auf die Kirche Maria Hilf zu und in den Ort hinein, den die Kölner Straße, die stark befahrene B 55, als Hauptverkehrsachse durchschneidet. Wir folgen ihr ein Stück in nordöstlicher Richtung, biegen aber schon bald beim Autohändler nach links auf die Straße Am Kaltenbach ab. Sie führt sogleich bergan und wir halten uns gleich wieder rechts auf der Straße Steinhaus. Es geht weiterhin aufwärts durch den nördlichen, jüngeren Ortsteil Vilkeraths mit moderner großzügiger Wohnbebauung, bis wir zu einem Wäldchen gelangen. Dahinter eröffnet sich eine hügelige Wiesenfläche mit nur noch vereinzelten Gehöften.

## Auf den Spuren des Volksliedes

Neben einem umzäunten »Teletubbie-Hügel« warten eine Bank und eine Infotafel, die auf den Liederweg hinweist und gleich einen bekannten Text mitliefert. Und der nächste folgt nur wenig später hangaufwärts. Von hier haben wir einen sehr schönen Überblick über das hinter uns liegende Aggertal. Wir gehen weiter bergan, passieren einige Pferdekoppeln, kleine Haine und interessante frei stehende Bäume und überschreiten hier die imaginäre Kreisgrenze. An der folgenden Querstraße verlässt uns der Liederweg, wir schwenken nach rechts und wandern, nun wieder moderat abwärts, ein Stück auf dem Asphalt, bis wir auf einen Waldpfad nach rechts stoßen. Dieser führt uns im langen

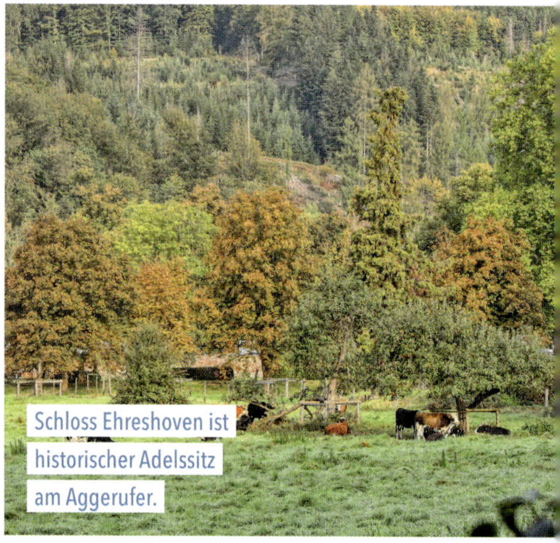

Schloss Ehreshoven ist historischer Adelssitz am Aggerufer.

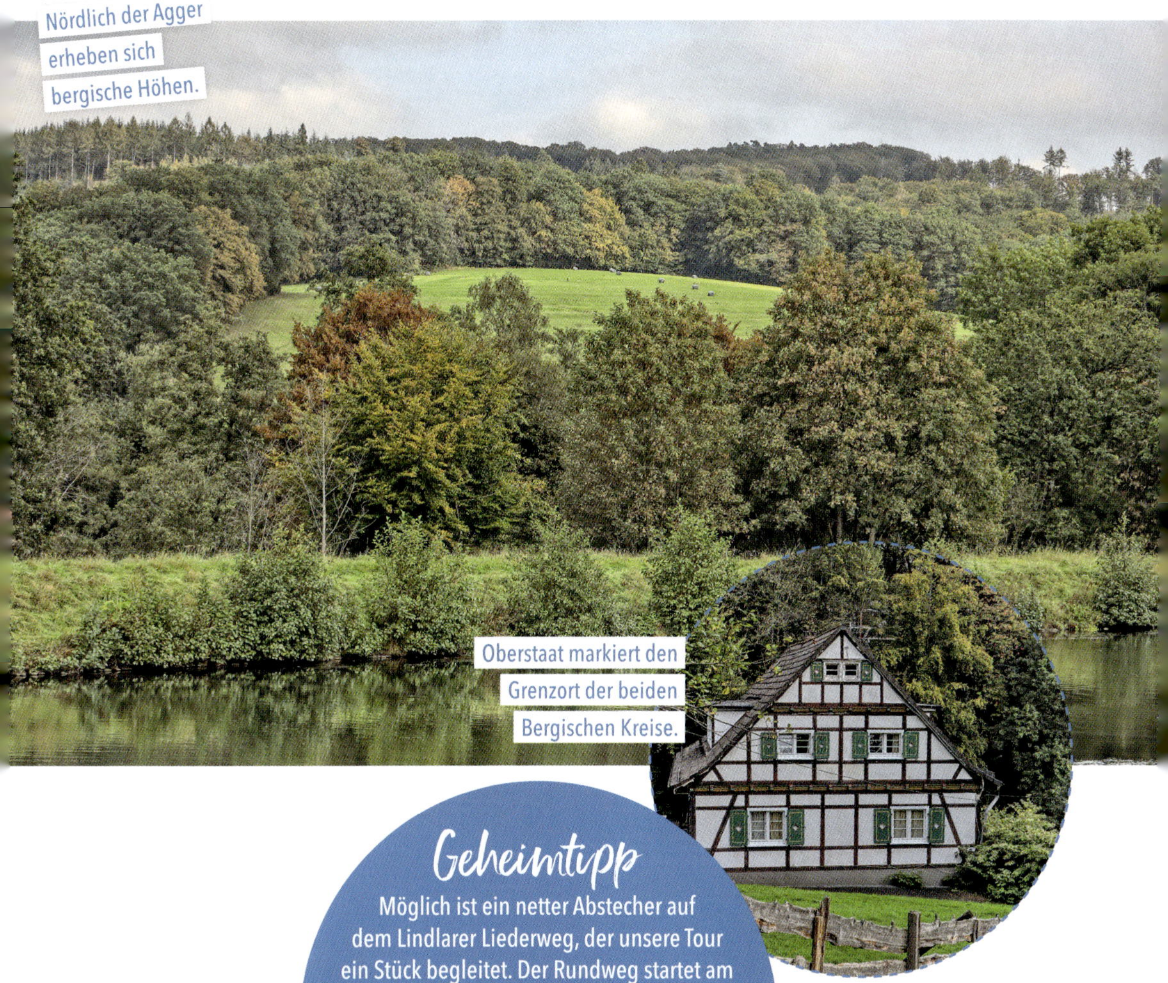

Nördlich der Agger erheben sich bergische Höhen.

Oberstaat markiert den Grenzort der beiden Bergischen Kreise.

## Geheimtipp

Möglich ist ein netter Abstecher auf dem Lindlarer Liederweg, der unsere Tour ein Stück begleitet. Der Rundweg startet am historischen Fachwerkhaus »Weisses Pferdchen« im Lindlarer Ortsteil Hohkeppel, dauert eine gute Stunde bei einer Länge von knapp vier Kilometern. An den zwölf Stationen laden volkstümliche Liedtexte zum gemeinsamen Gesang (www.dasbergische.de/tour/liederweg).

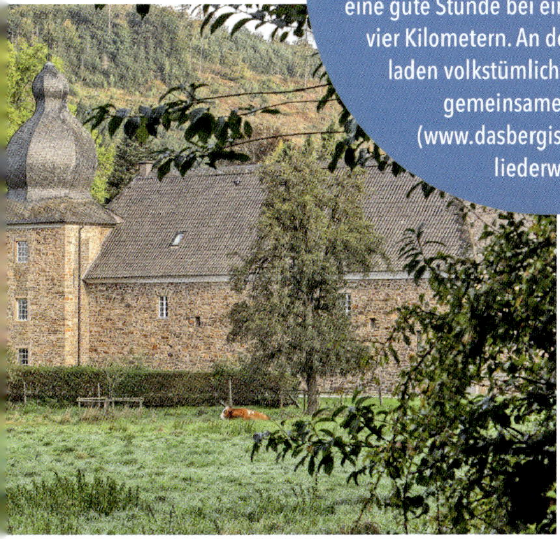

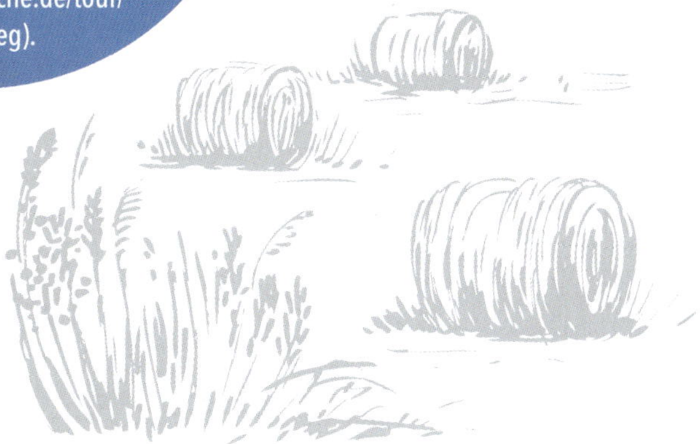

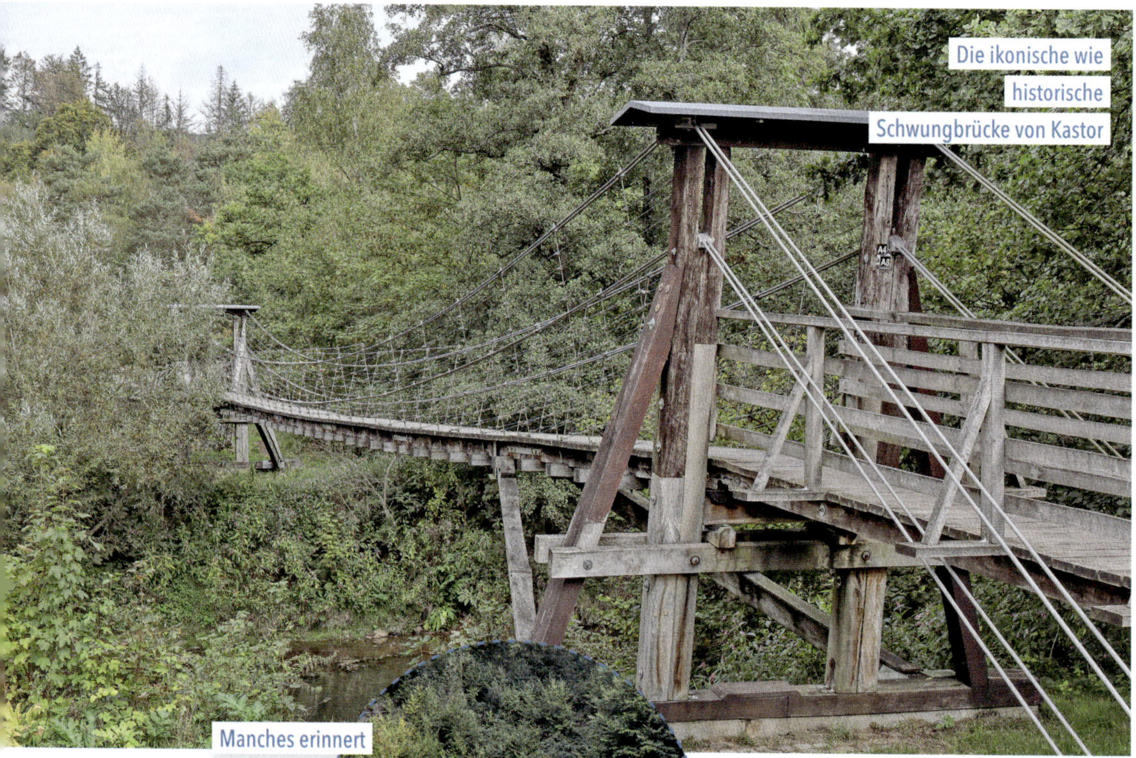

Die ikonische wie historische Schwungbrücke von Kastor

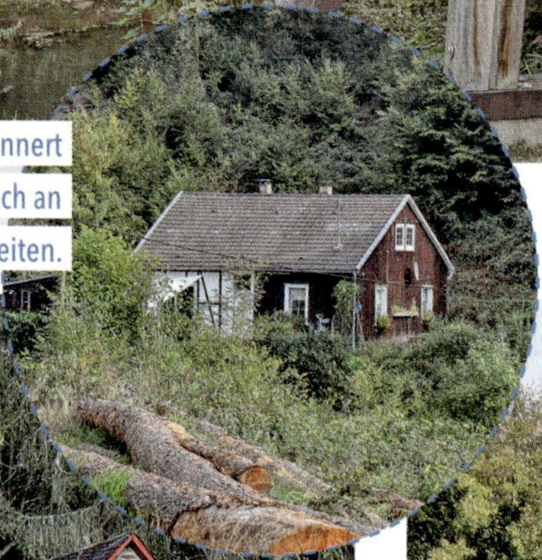

Manches erinnert in Kastor noch an die Bergbauzeiten.

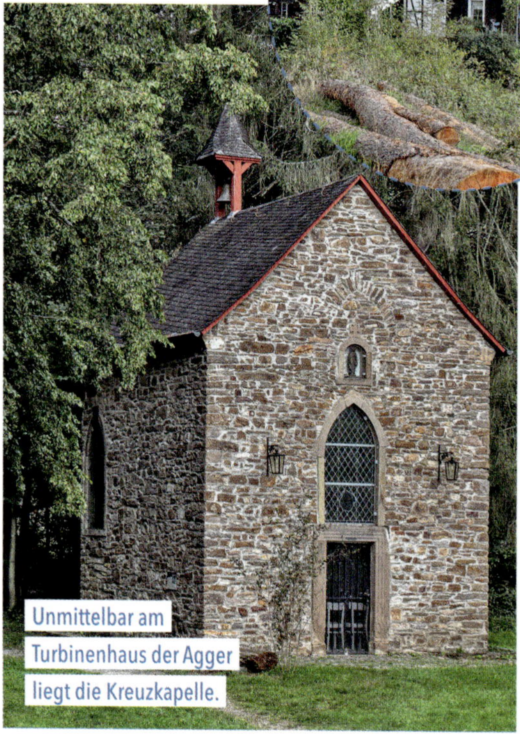

Unmittelbar am Turbinenhaus der Agger liegt die Kreuzkapelle.

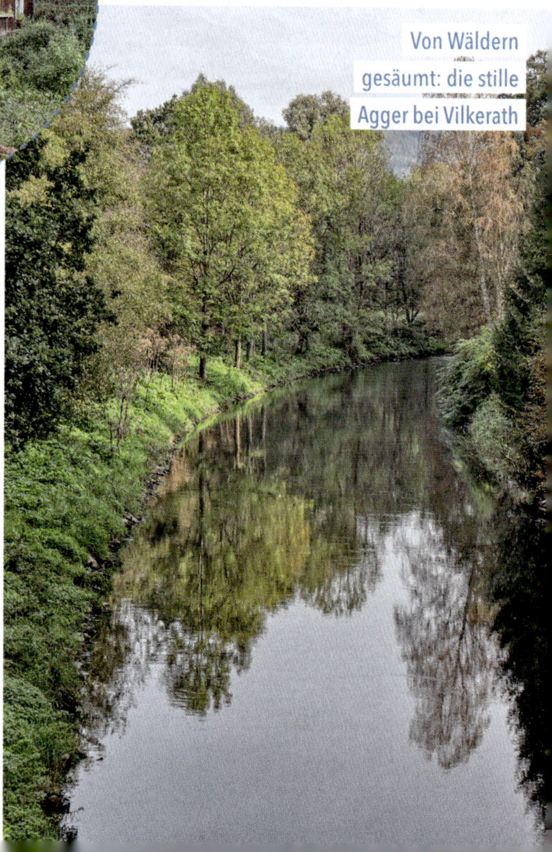

Von Wäldern gesäumt: die stille Agger bei Vilkerath

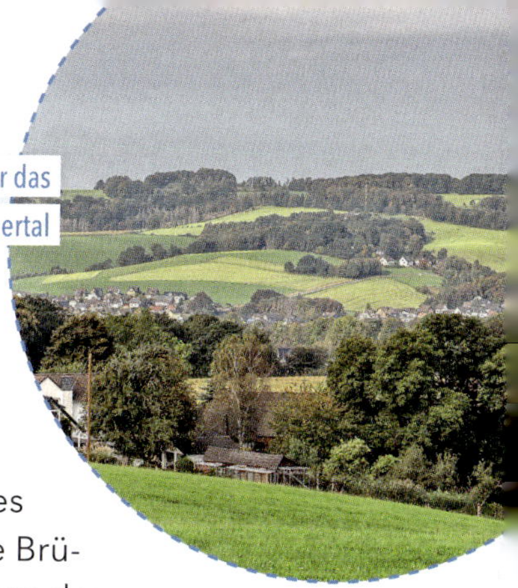

Blick über das Vilkerather Aggertal

Bogen durch lockeres Forstgebiet an den Rand des Weilers Oberstaat und zum beliebten Gasthaus Bergische Schweiz. Der Name passt durchaus zur gefälligen Mittelgebirgslandschaft, die sich um uns herum ausbreitet. Von der Terrasse aus haben wir einen tollen Blick über Unterstaat ins Tal und können in der Ferne auch schon Schloss Ehreshoven am Ufer der Agger ausmachen.

## In der Eifel und der Bergischen Schweiz

An der folgenden Querstraße gehen wir wieder rechts und schenken dem Fachwerkhaus Oberstaat 23 unsere Aufmerksamkeit. Das historische Gebäude diente nämlich in den Eifelkrimis »Mord mit Aussicht« als pittoreske Feuerwache. Wir biegen dann scharf nach links ab, vorbei am Schlagbaum und in den Wald hinein. Der lang gestreckte Höhenweg mit Blick gen Süden führt durch gerodetes Forstareal, dessen sich die Natur allmählich wieder bemächtigt. In weiten Schwüngen kommen wir schließlich zu den ersten Häusern des Örtchens Kastor, ebenfalls ein Ortsteil der Gemeinde Engelskirchen-Loope. Bis 1906 wurde Eisenerz gefördert und die Anlage des Dorfes hat den Charme seines historischen Bergbaucharakters wahren können. Von der Grube Castor selbst blieben einige Klärteiche, die nun eine erstaunliche Pflanzenvielfalt und eine Reihe seltener Insekten und Amphibien beheimaten.

## Schwungvoll über die Agger

Der Pfad läuft nun auf die Agger zu und wir erreichen die urige hölzerne Hängebrücke, die in der Region als »Schwungbrücke« bekannt wurde. Um 1860 installierte das Bergwerk dieses ungewöhnliche Brückenbauwerk, um das geförderte Gut mittels Loren zum anderen Ufer transportieren zu können. Die Herrschaften von Ehreshoven legten damals jedoch erfolgreich ihr Veto gegen eine feste, aus Steinen gemauerte Brückenquerung ein und so wählte man diese Variante. Ihr Markenzeichen blieb, obwohl mehrfach erneuert, bis heute ihre Eigenschaft, schnell in Schwingung zu geraten, was selbst wackeren Wanderern ein mulmiges Gefühl bereiten kann. Unvorstellbar, dass mehr als 100 000 Tonnen Erz auf kleinen Wägelchen darüber befördert wurden. Wir befinden uns jetzt auf einer Agger-Insel, die durch die im Jahr 1932 errichtete Anlage eines Stauwerkes zur Stromerzeugung durch Wasserkraft entstand. Die Gebäude stehen unter Denkmalschutz, ebenso wie die bald 400 Jahre alte Kreuzkapelle gleich nebenan.

## Die Prominenz des Damenstiftes

Nach der kleinen Siedlung Am Weidenbach überqueren wir die Bahngleise und die Hauptstraße und gelangen zur Wasserburg Schloss Ehreshoven. Der Adelssitz, der in seinen Grundzügen auf das 14. Jahrhundert zurückgeht und in dem heute ein Damenstift residiert, besitzt auch schon größere TV-Erfahrung. Wir umrunden das Gemäuer mit seinem netten Park an seiner Ostseite und laufen bergan am Waldrand entlang. Nach den im Wald versteckten Fischteichen zur Rechten halten wir uns an der nächsten Abzweigung rechts, unterqueren die Autobahn A 4 und spazieren aufwärts durch das Hofgut Forkscheid mit seiner historischen Schmiede, einem beliebten Standort für unvergessliche Hochzeitsfeierlichkeiten. Hinter dem nächsten kleinen Waldstück erreichen wir die Hofschaft Distelhaus auf der Anhöhe zwischen Wiesen und Weiden und biegen bei dem frei stehenden Haus auf der Höhe nach rechts auf den Weg Rottland ab.

## Stippvisite ins Oberbergische

Flankiert von alten Obstbäumen führt er wieder leicht abwärts und wir nehmen den nächsten Abzweig nach links durch eine winzige Siedlung mit hübschen, verträumten Gärten, die an einer Wiese und Lichtung endet. Der Weg verläuft längs des Waldrandes, biegt scharf links ab hinunter zum Rottlandsiefen-Bach, wo er erneut eine heftige Kehre macht, um, wie uns die Markierung »A8« vorgibt, dem Ufer des unscheinbaren Wasserlaufes durch dichten, schon recht betagten Auwald zu folgen.

Vor dem folgenden, zunächst kurzzeitig befestigten Querweg verlassen wir den Oberbergischen Kreis wieder. Hier halten wir uns rechts an der offenen Niederung des Schlingenbaches, in den all die großen und kleinen, von den Hügeln ringsum zufließenden Wasserläufe münden. Während unser Weg wohlfeile Kurven zieht am jungen Forst rechter Hand, verläuft der Schlingenbach, ganz seinem Namen entsprechend, in eher wilden Bahnen, ohne sich jedoch geräuschvoll bemerkbar zu machen.

## Durch den Wald zur Agger

Unser Forstweg mündet seinerseits auf die Straße Breidenassel, die sich just hier durchs Bachtal windet. Wir folgen ihr für ein kurzes Stück gen Süden, zweigen aber sogleich wieder auf einen weiteren befestigten Forstweg nach rechts in den Wald ab. In der nächsten lang gezogenen Linkskurve nehmen wir den etwas versteckt markierten Pfad nach rechts und laufen vorsichtig den dann doch recht steilen Stieg abwärts bis zu einem kleinen Bächlein, das wir nach nur wenigen Metern queren. Dann setzen wir unseren Weg in nördlicher Richtung am Rand eines etwas dichteren Waldes fort.

Vor uns vernehmen wir schon den verhaltenen Autobahnlärm, der von der großen Brücke herüberschallt. Wir gehen auf sie zu, passieren sie zwischen den mächtigen Pfeilern und verharren noch einen Moment auf der Aggerbrücke. Vor uns mündet der Schlingenbach in das große Gewässer, das in aller Gemütlichkeit nach Westen fließt, und auf der anderen Seite haben wir unseren Vilkerather Startpunkt auf dem Parkplatz wieder erreicht.

### Geheimtipp

**Etwas östlich von Hohkeppel und unweit des nördlichsten Punktes unserer Wanderung liegt eine überaus telegene Bushaltestelle. Sie spielte in den charmanten Eifelkrimis »Mord mit Aussicht« eine tragende Rolle und verweist auf den Haltepunkt der fiktiven Gemeinde »Hengasch« der Linie 440. Obwohl in der Eifel angesiedelt, befinden sich viele Drehorte der Serie im Bergischen (GPS 50.98114, 7.31818).**

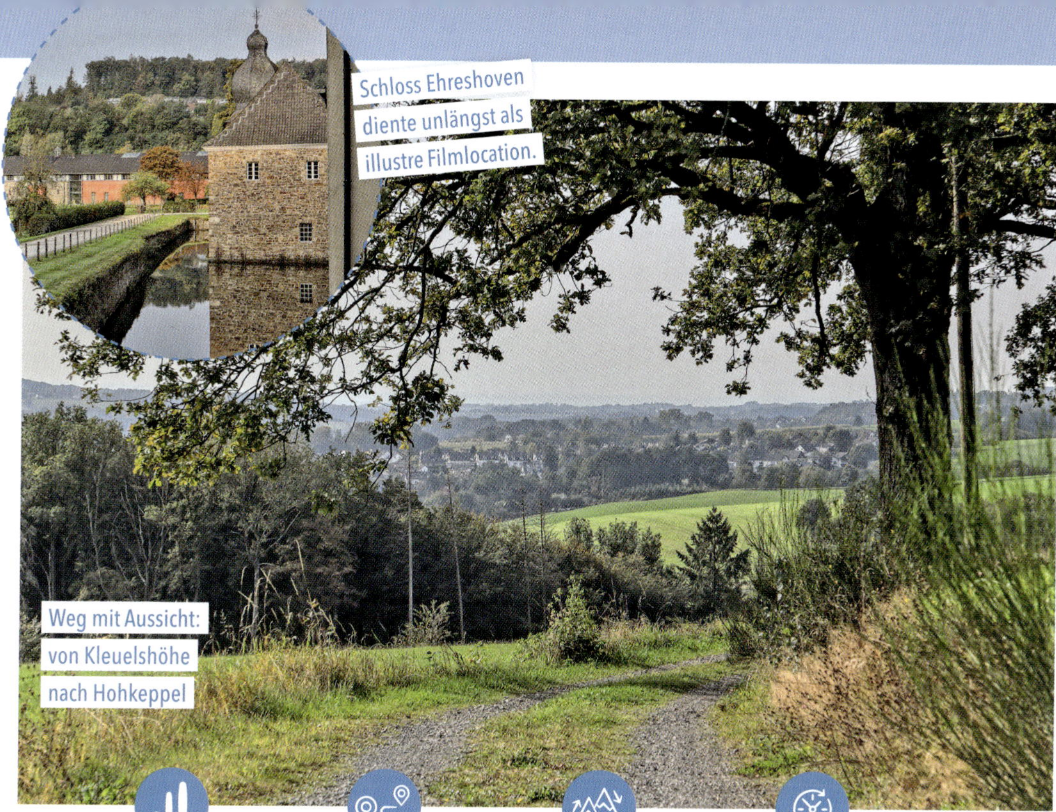

Schloss Ehreshoven diente unlängst als illustre Filmlocation.

Weg mit Aussicht: von Kleuelshöhe nach Hohkeppel

mittel | 13,3 km | 645 Hm | 3,5–4 Std.

## Auf einen Blick

### Tourencharakter
Forst- und Wirtschaftswege bestimmen den größten Teil des Wegverlaufes, einige Passagen sind auf wenig befahrenen Dorfstraßen, einige wenige auf schmalen Waldpfaden.

### Ausgangs-/Endpunkt
Wanderparkplatz Vilkerath, Zum Schlingenbach, 51491 Overath
GPS 50.96061, 7.32421

### Anfahrt
**Auto:** Auf der A 4 bis Ausfahrt 22, Overath. Rechts auf die B 55/ Kölner Straße Richtung Engelskirchen bis Kreisverkehr Vilkerath, erste Ausfahrt auf Zum Schlingenbach, am nächsten Kreisverkehr zweite Ausfahrt Zur Kaule und gleich wieder rechts auf den Wanderparkplatz.
**ÖPNV:** Mit Bussen der Linien 310 (Gummersbach-Overath) oder Linie 448 (Overath Bhf.-Overath Unterheide, nicht am WE) bis zur Haltestelle Overath Vilkerath. An der Kirche in den Weg einsteigen.

### Karte
Wanderkarte Bergisches Land, Karte 4: Mitte, 1:25 000, Das Bergische

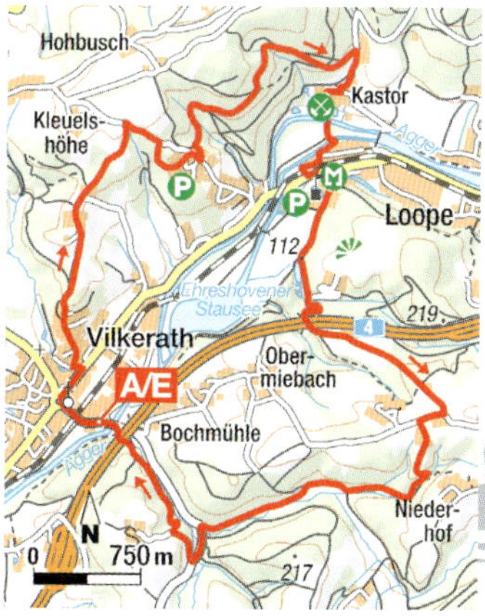


### Einkehr
Perfekt gelegen für eine Rast am Wegrand ist natürlich die Bergische Schweiz in Engelskirchen Oberstaat. Auf der Karte stehen Bergische Kaffeetafel und typische regionale Gerichte.
■ *www.bergische-schweiz.de*

Ausflug in den Rhein-Sieg-Kreis

# 20 Bröleck an der Brölquelle

Der Lauf der Sieg bildet die natürliche südliche Abgrenzung des Bergischen Landes. Die Bröl ist einer ihrer wichtigsten Zuflüsse, der aus dem Zusammenfluss von Brölbach, Waldbrölbach und dem kleinen Steinchesbach südlich des Weilers Bröleck hervorgeht.

Das zur Gemeinde Ruppichteroth gehörende Bröleck ist ein dem Namen nach recht junger Ort, entstand er doch erst 1956 durch Namensänderung von zuvor Felderhoferbrücke. Dessen Bürger sprachen sich damals mehrheitlich für einen kürzeren Namen ihres Dorfes aus, dem sich noch kleine weitere Weiler der Umgebung anschlossen. Unmittelbar oberhalb Bröleck liegt die Begegnungsstätte Eichhof ihrerseits schon auf dem Gemeindegebiet von Much.

Genau hier beginnt unsere Wanderung, alternativ wäre auch der Wanderparkplatz an der B 478 geeignet, und wir spazieren zunächst talwärts durchs Dorf, das einst Standort einer weithin bekannten Kornbrennerei war. Die noch immer imposant wirkende Produktionsstätte wird nun als Wohnhaus genutzt. Wir überqueren die Bundesstraße nach Süden hin und anschließend auf dem Weg nachTüschenhohn auch den schon recht breiten Waldbrölbach kurz vor seiner Vereinigung zur Bröl.

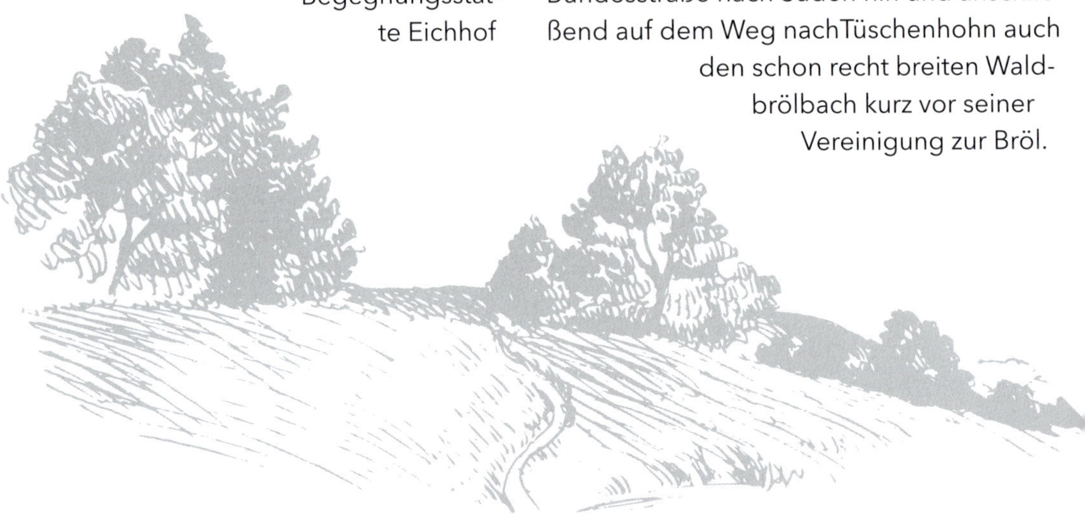

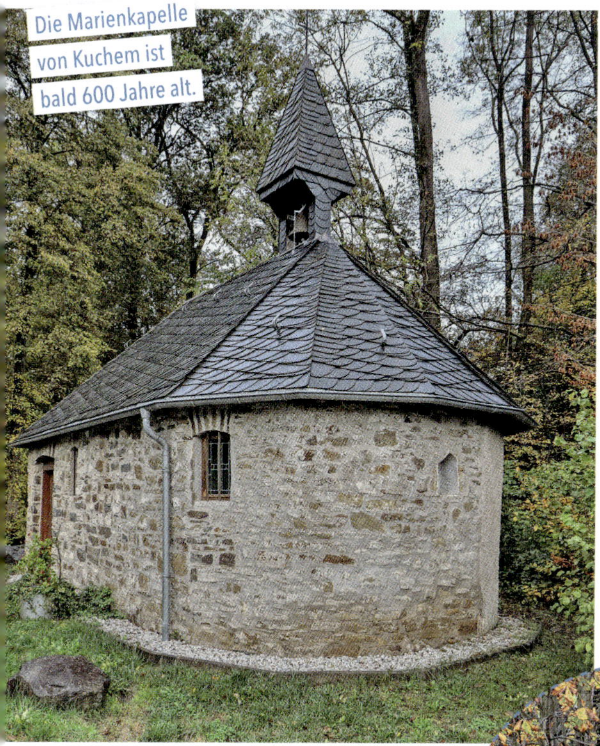

Die Marienkapelle von Kuchem ist bald 600 Jahre alt.

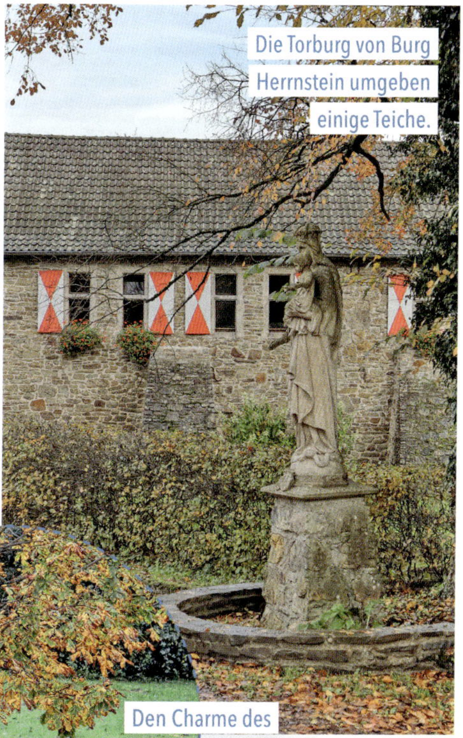

Die Torburg von Burg Herrnstein umgeben einige Teiche.

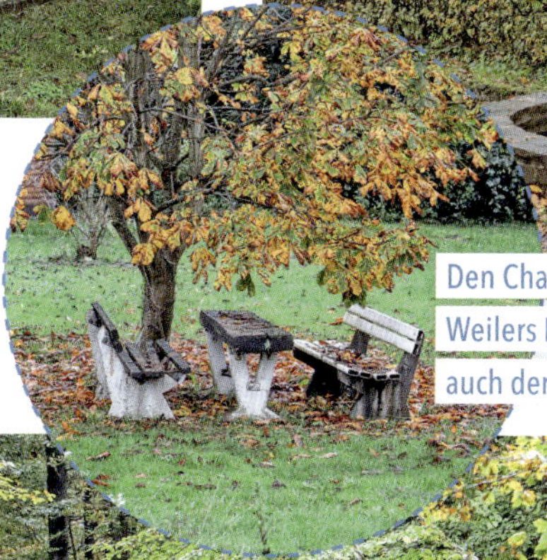

Den Charme des Weilers Rose mindert auch der Regen nicht.

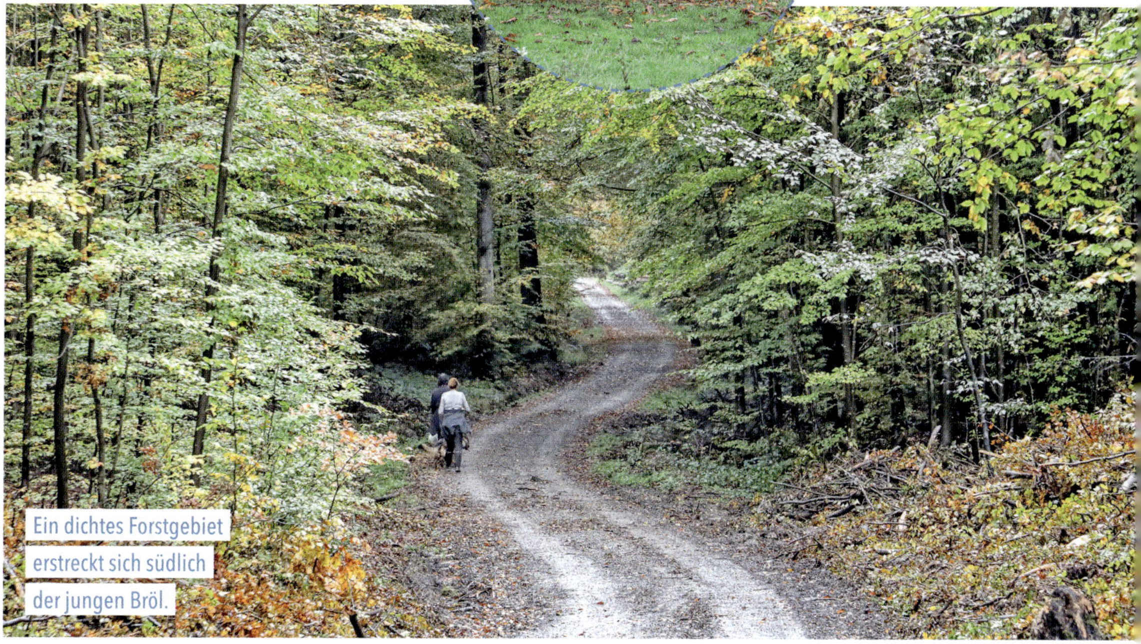

Ein dichtes Forstgebiet erstreckt sich südlich der jungen Bröl.

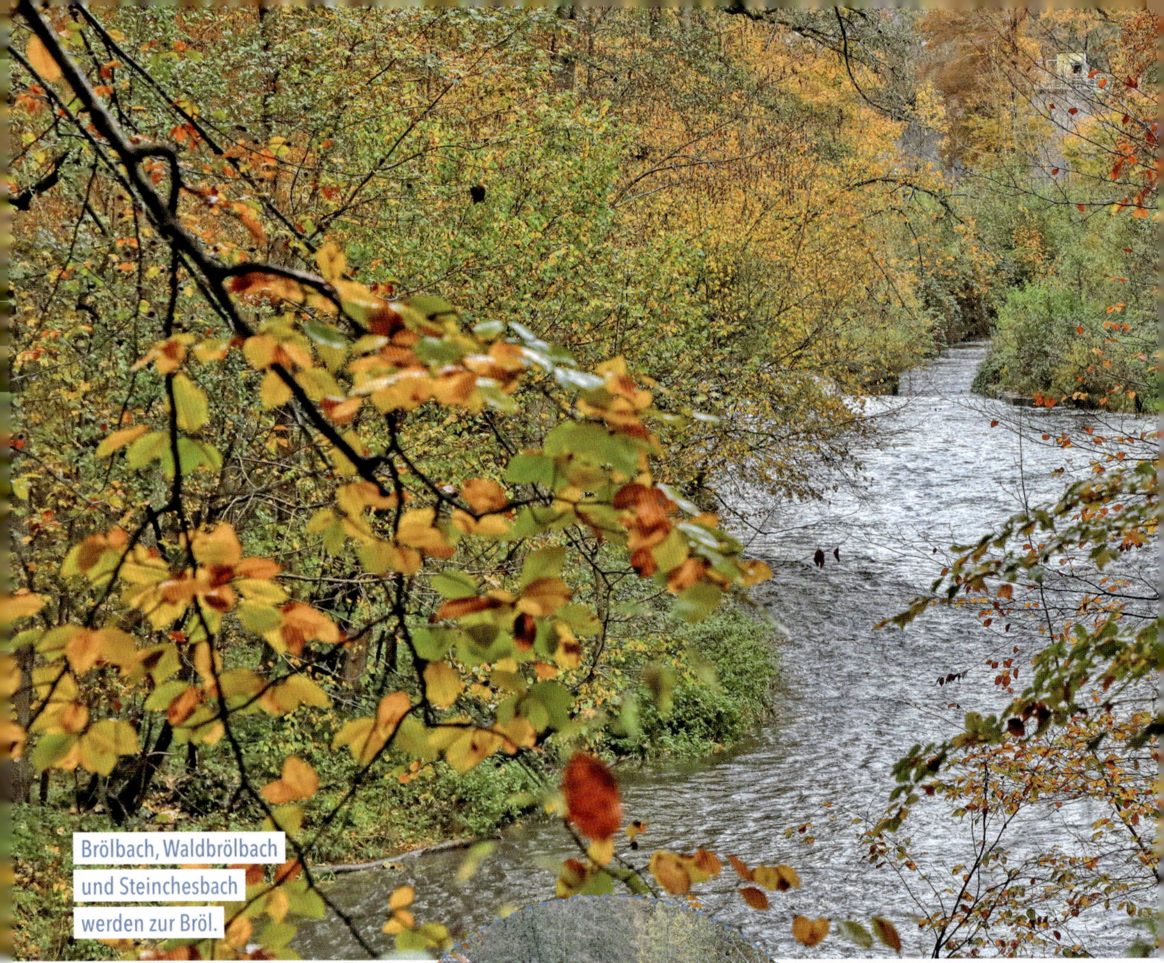

Brölbach, Waldbrölbach und Steinchesbach werden zur Bröl.

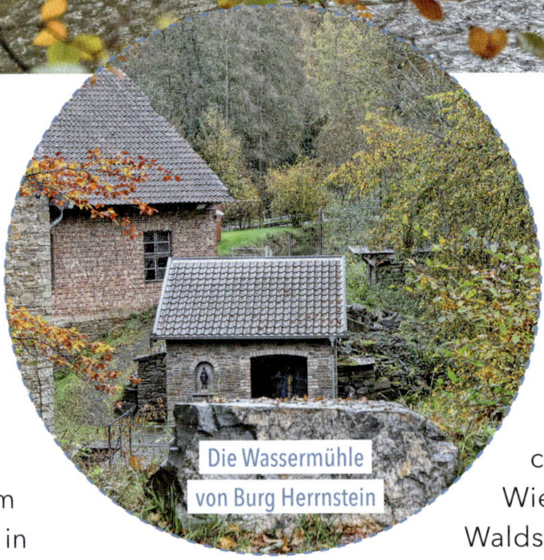

Die Wassermühle von Burg Herrnstein

## Das Dorf, das Rose heißt

Der erste Abzweig nach links führt uns in den Wald hinein und verläuft parallel zum südlichen Bachufer. Es geht zunächst leicht, dann nach einem Querweg etwas steiler in einer Rechtskurve weiter bergan. Hinter einer Lichtung und einem kurzen Stück am Waldrand erreichen wir das bald 650 Jahre alte, verträumte Dorf Hänscheid mit der ebenso malerischen wie historischen Fachwerk-Gaststätte Schötzhuus.

Über die Schmelztalstraße L 86 setzen wir den Weg auf der Langen Gasse fort, von der wir kurz vor Dorfende rechts abzweigen. Dann erreichen wir über Felder, Wiesen und ein kleines Waldstück den Weiler mit dem hübschen Namen Rose. Die Bewohner bemühen sich, mit gut gepflegten Gärten diesem gerecht zu werden. Wir gehen rechts wieder leicht bergan, passieren Pferdekoppeln, auf denen sich stolze Vierbeiner genussvoll die Hufe vertreten und die zum Dörfchen Kuchem

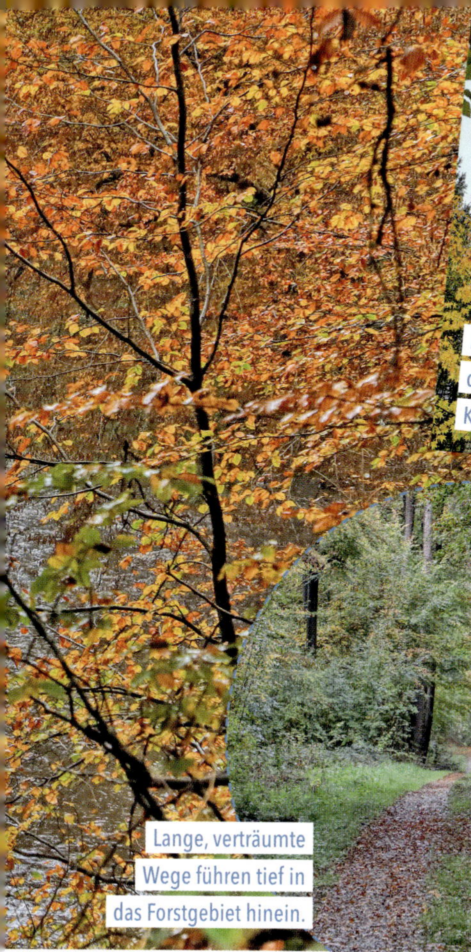

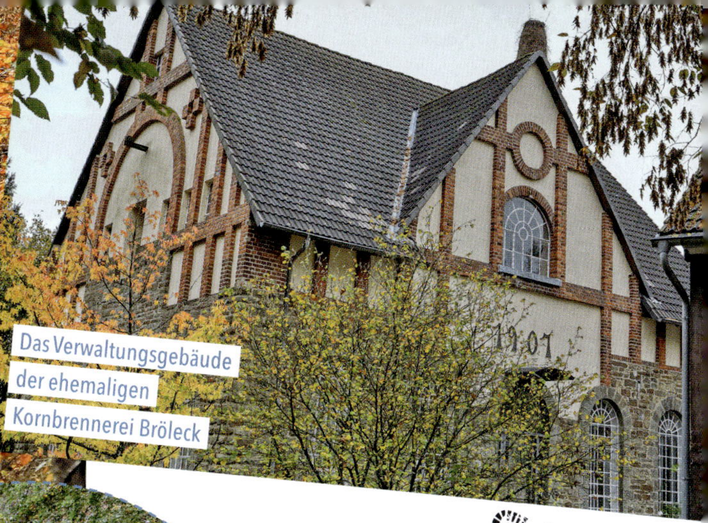

Das Verwaltungsgebäude der ehemaligen Kornbrennerei Bröleck

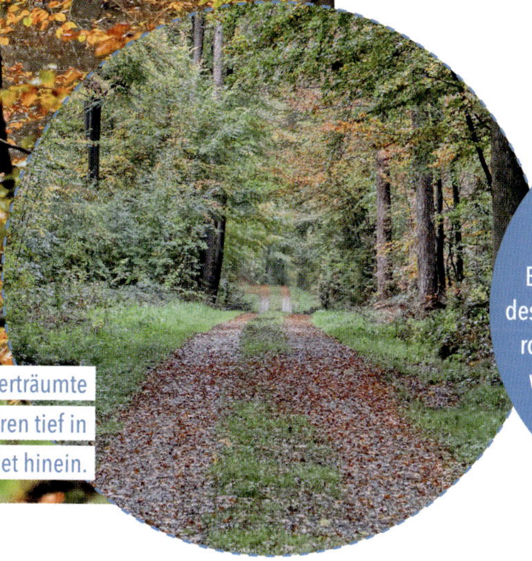

Lange, verträumte Wege führen tief in das Forstgebiet hinein.

**Tipp**
Fachwerk, Schiefer und grüne Blendläden bestimmen die Route des 11,7 Kilometer langen Ruppichterother Fachwerkweges (Infos unter www.bergisches-wanderland.de/bergische-streifzuege/alle-streifzuege).

gehören. Der Ort mit der kleinen Marienkapelle auf der Höhe feiert 2036 seinen 600. Geburtstag.

## Der Mystik des Waldes erlegen

Nun geht es in das weitläufige dichte Waldgebiet in den Hügeln über der Bröl. Wir queren auf dem Forstweg zwei kleine Wasserläufe, darunter auch den die Bröl speisenden Steinchesbach, und halten uns an der Wegkreuzung rechts.

Gleich darauf gabelt sich die Route erneut und wir nehmen den Weg links, der gemächlich talwärts führt und ein wenig von der längst vergangenen Bergbauhistorie der Region links und rechts der Bröl erahnen lässt. Während der Hang zur Linken einen moderaten Schluchtcharakter offenbart, geht es zur Rechten recht steil in die Höhe.

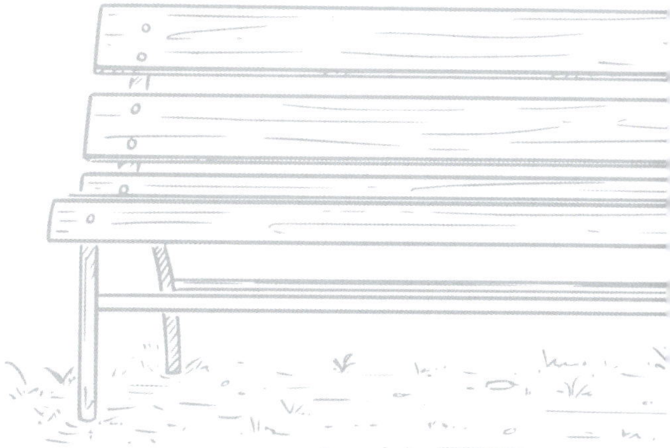

Baumwurzeln hangeln sich abenteuerlich an den schroffen, von dunkelgrünem Moos bewachsenen Schieferfelsen entlang, finden erstaunlicherweise immer wieder festen Halt. Besonders im Herbst an feuchtwarmen Tagen herrscht gerade hier ein ausgesprochen üppiges Angebot an teils leuchtend bunten Pilzen, die sich an zuweilen ähnlich abenteuerlichen Stellen höchst pittoresk dem Himmel entgegenrecken.

## Die Burg über der Mühle

Nach einer lang gezogenen Rechtskurve öffnet sich in der Ferne durch den Baumbestand schon der Blick auf die Burg Herrnstein, die wie ein kleines Märchenschloss mit hübschem Fachwerkgiebel und neckischen Türmchen auf einer Bergkuppe über dem Bröltal und einem Bogen aus angelegten Teichen thront. Obwohl das Gebäude seine Ursprünge im 13. Jahrhundert hat, stammt ihr mystisch romantisches Antlitz aus Zeiten späterer Umbauten und Renovierungen. Burg Herrnstein befindet sich in Privatbesitz und kann nicht besichtigt werden, dafür findet in den restaurierten Stallungen je nach Saison der Verkauf von Wild statt.

Um einen besseren Blick auf die Burg zu bekommen, verlassen wir kurz unsere eigentliche Wegstrecke, überqueren die Brücke über die Bröl und die B 478. Der Fluss treibt Turbinen zur Stromerzeugung in der Herrnsteiner Mühle an, die unterhalb der Brücke einstmals Schlossmühle war, um 1800 ein Hammerwerk erhielt und Mitte des 20. Jahrhunderts für einige Jahre als Sägemühle fungierte. Neben dem Wehr etwas flussaufwärts wurde zudem eine Fischtreppe installiert.

## Immer an der Bröl entlang

Zurück auf unserer Wegstrecke folgen wir nun wieder dem südlichen Ufer der Bröl flussaufwärts, die sich weit unterhalb unseres idyllischen Forstweges teils recht geräuschvoll bemerkbar macht und der es gelingt, den Lärm der Bundesstraße auf der anderen Seite zumindest zeitweise zu übertönen. Nach einigen eleganten Schwingungen der Wegführung kommen wir nach einer Lichtung zur Rechten zur Brücke über den Steinchesbach und zur Kreuzung im Wald, die uns linker Hand wieder zurück in den Ort Bröleck führt. Das malerische und traditionsreiche, am Bachufer gelegene Forsthaus Tüschenhohn im bergischen Fachwerkstil musste leider einem modernen Gebäude weichen, dem heutigen Sitz des örtlichen Angelvereines. Wir werfen noch einen Blick auf die Brölecker St.-Josef-Kapelle und genießen ein, je nach Wetter, Kalt- oder Heißgetränk im gemütlichen Café der Lebensgemeinschaft Eichhof.

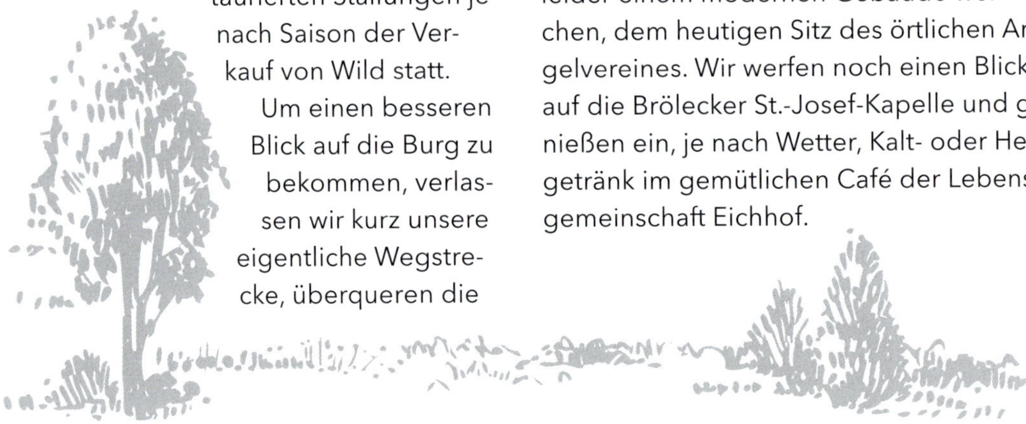

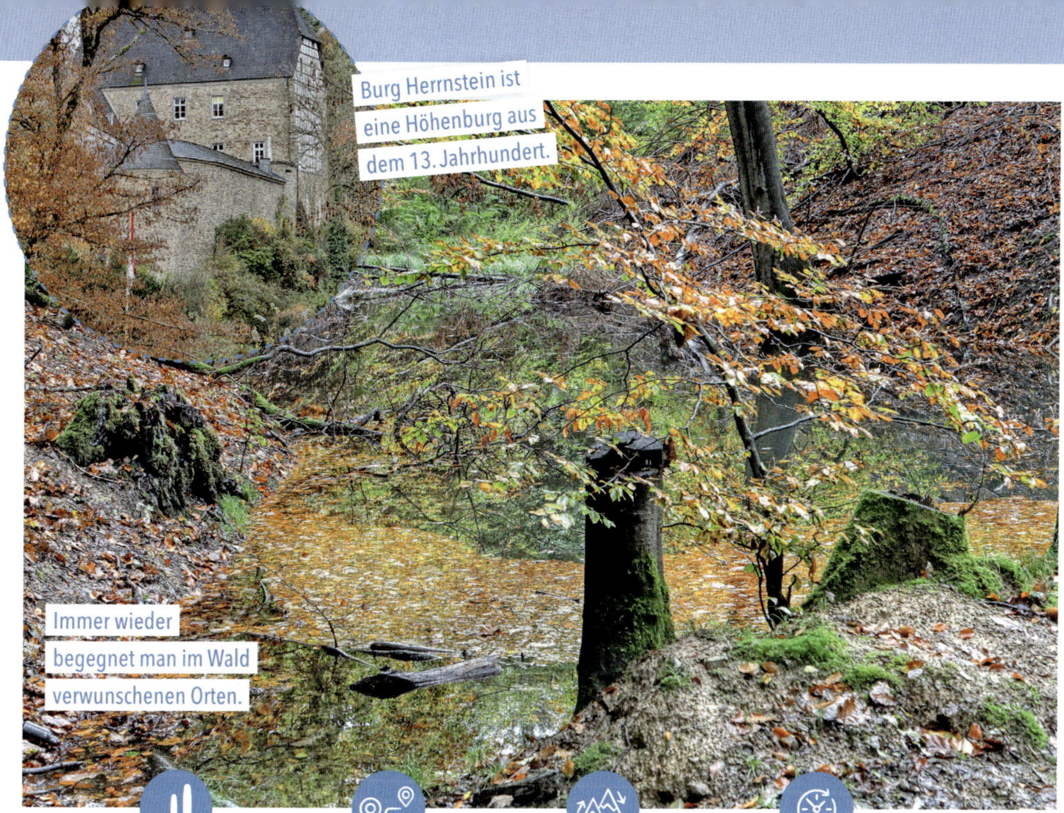

Burg Herrnstein ist eine Höhenburg aus dem 13. Jahrhundert.

Immer wieder begegnet man im Wald verwunschenen Orten.

mittel | 11,3 km | 560 Hm | 3,5–4 Std.

## Auf einen Blick

### Tourencharakter

Von den Schönheiten des Waldes dominierte Wanderung überwiegend auf Forstwirtschaftswegen, einigen Waldpfaden und zu Beginn auf wenig befahrenen Dorfstraßen

### Ausgangs-/Endpunkt

Parkplatz Eichhof, Eichhof 8, 53804 Much
GPS 50.84259, 7.41353

### Anfahrt

**Auto:** Auf der A 3 bis Ausfahrt 32 Kreuz Bonn/Siegburg, auf die A 560 nach Hennef. Nach der zweiten Siegbrücke links auf die B 478 Richtung Ruppichteroth, nach der Grundschule links auf Zum Brölbach, in der nächsten Linkskurve am Berg rechts auf die Sieferhofer Straße und links zum Eichhof.
**ÖPNV:** Mit dem Bus Linie SB53 (Hennef Bhf.–Waldbröl Krankenhaus) bis Haltestelle Ruppichteroth Bröleck

### Karte

Wanderkarte Bergisches Land, Karte 5: Süden, 1:25 000, Das Bergische

### Einkehr

Die beliebte Bauernschänke Bröleck am Ufer des Brölbaches serviert in urigem Ambiente kreative Menüs, empfehlenswert die Brölecker Fladen.
■ *www.diebauernschaenke.de*

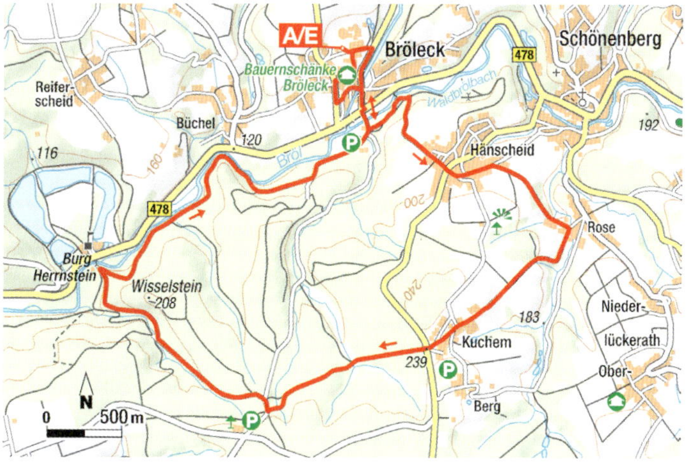

ZURÜCK ZU DEN WURZELN

21

# Im Leichlinger Murbachtal

Nach sechsjähriger Bauzeit war im Jahr 1908 die Talsperre des aufgestauten Murbaches im Diepental südöstlich von Leichlingen fertiggestellt. Das Projekt entstand auf private Initiative zur Stromerzeugung und ist nun beliebtes Ausflugsziel und Wanderareal.

Als Startpunkt für unsere beschauliche Wanderung wählen wir den zum populären Gastronomie- und Freizeitbetrieb Diepental gehörenden Parkplatz an der Talsperre.

Während sich vor dem Gebäude im typisch bergischen Stil eine pittoreske kleine Seefläche ausbreitet, an deren Ufer der Graureiher mit aller verfügbaren Eleganz auf Beute lauernd erstarrt scheint, dominiert an der gegenüberliegenden, westlichen Seite des schmalen Überganges eine vermeintliche Brachfläche aus wucherndem Gras und Gebüsch. Von Talsperre indes keine Spur. Das hat einen einfachen Grund: Die letzte noch verbliebene private Talsperre Europas, nach ihrem Erbauer auch als Halbachtalsperre bekannt, wird nämlich gemäß den Plänen des Wupperverbandes zurückgebaut und renaturiert.

Der Murbach bekommt sein Bett im Tal zurück und lediglich zwei kleine Teiche werden verbleiben.

## Vorbei an Äpfeln und Wein

So spazieren wir auf dem Weg am Nordufer des umzäunten einstigen Talsperrenbereiches entlang in Richtung Westen. Zur Rechten liegen einige, teils schon recht alte Ferienhäuser am Hang. Bald ist die frühere Staumauer erreicht und wir gehen weiter geradeaus durch eine kleine Siedlung mit

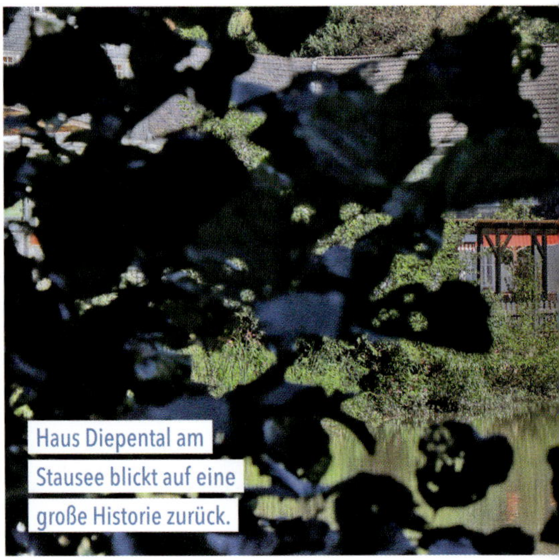

Haus Diepental am Stausee blickt auf eine große Historie zurück.

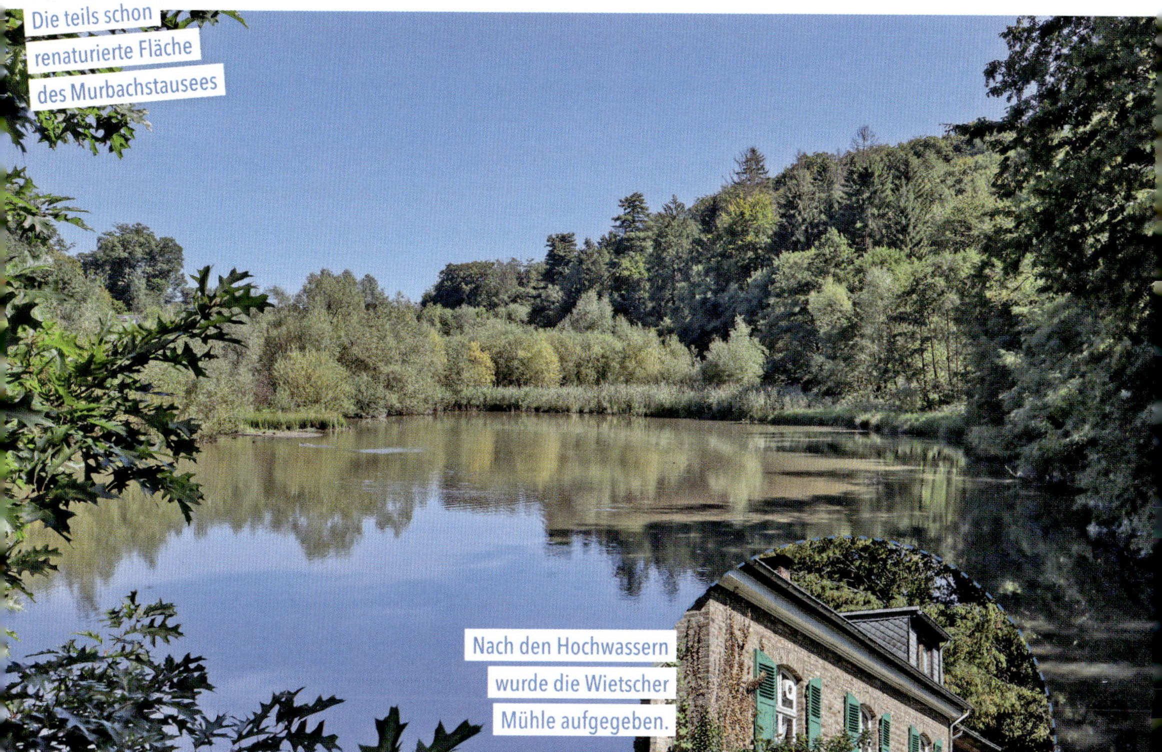

Die teils schon renaturierte Fläche des Murbachstausees

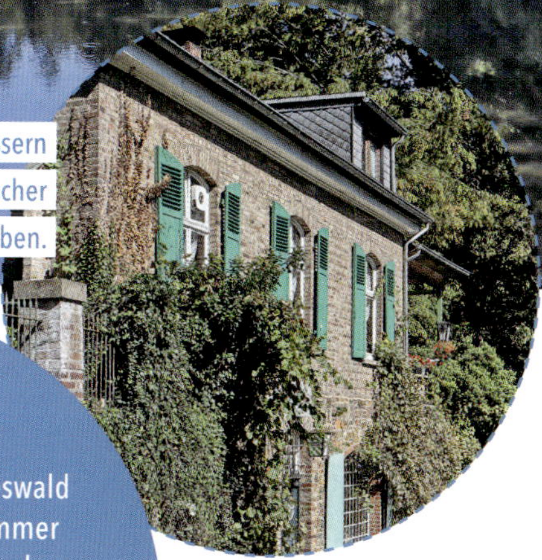

Nach den Hochwassern wurde die Wietscher Mühle aufgegeben.

## Geheimtipp

Seit 30 Jahren lockt der Sinneswald Besucher aus nah und fern immer wieder aufs Neue mit spannenden Skulpturenausstellungen zum Murbach bei der alten Unteren Wietscher Mühle. Eine ganz eigene, fast besinnliche Welt inmitten der Natur lässt einen Zeit und Raum vergessen. Und das bei freiem Eintritt (www.sinneswald.net).

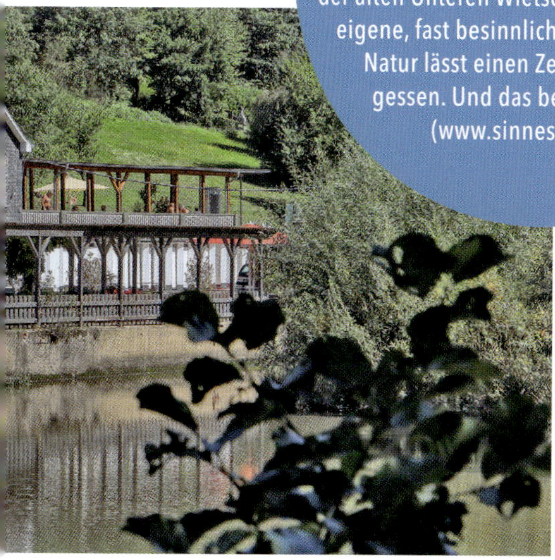

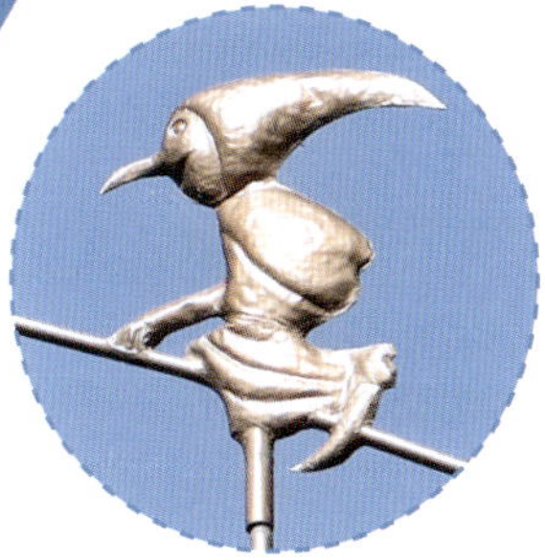

*Am Ortseingang von Wietsche wacht eine Hexe als Dachreiter über eine üppige Sammlung geschmiedeter Objekte.*

hübschen, verwunschenen und üppig bunten Gärten. Links von uns fließt der Murbach gemächlich durch seine Auen und bildet hier die natürliche Grenze zum Stadtgebiet von Leverkusen. Am nächsten Abzweig nehmen wir den kleinen Pfad in und durch den Wald und gelangen auf der Höhe zum Gut Stöcken. Den dortigen Obsthof säumen Obstwiesen, am Zaun verlocken gar kleine dunklen Trauben zum Naschen. Wir überqueren die Landstraße, halten uns im Weiler rechts und folgen der Markierung »A«, die uns über einen schmalen Pfad hinunter ins Tal des Weltersbaches lotst. Der Weg wird breiter am Rande der Niederung und wir folgen im Schatten der Bäume den galanten Schwingungen des Bachlaufes, sehen ihn jedoch kaum.

## Der Sonne entgegen

Am Wanderparkplatz Hasensprung und der Bushaltestelle Weltersbachtal schwenken wir scharf nach links und wandern hangaufwärts durch den dichten Wald, bis wir an die Landstraße kommen. Diese begleiten wir ein Stück nach Westen, um sie bald schon an der nächsten Hofschaft nach links zu verlassen. Ganz egal wie das Wetter ist, wir sehen die Sonne, denn so lautet der Name dieses Fleckens. Um 1820 öffnete hier auf dem Höhenzug über den beiden Bachtälern eine Gaststätte namens »Zur Sonne«, sie konkurrierte mit dem Lokal »Zum Mond« im nahen Weltersbachtal. Am heutigen Agrarbetrieb Sonnenhof zur Linken versorgt uns eine Milchtankstelle mit leckeren Kaltgetränken. Am Querweg rechts, flankiert von Obstbäumen und Hochspannungsmasten, und am nächsten Abzweig links gelangen wir, »A3« und »A4« folgend, hinab in das winzige Dörfchen Wietsche, das sich ans nördliche Ufer des Murbaches schmiegt.

## Mühlenromantik auf Zeit

Schon im 14. Jahrhundert nutzte man die Wasserkraft an der Unteren und Oberen Wietscher Mühle. Letztere war bis zum Hochwasser 2021 ein populäres Ausflugslokal, dessen Biergarten der Ruf als »romantischster« des Bergischen Landes vorauseilte. Doch das Waldrestaurant mit den legendären Beerenweinen im Ausschank wird seine Pforten wohl in absehbarer Zeit nicht mehr öffnen. So gehen wir also im Wald an den üppigen Kurven des Baches entlang und passieren dabei die oberhalb gelegene Hofschaft »Zeit«, deren Namensherkunft nicht genau geklärt werden kann, die aber zumindest schon vom Beginn des 18. Jahrhunderts stammt. Wir verlassen den Forst und treffen zur Rechten auf einen neuerlich umzäunten, vom Murbach gespeisten und von Schilfbestand dicht umrankten Teich.

Kurz darauf kreuzen wir unsere vorherige Route, biegen aber dann auf der Straße rechts ab, überqueren den Murbach, die Stadtgrenze zu Leverkusen, und gehen dann links bachaufwärts an seinem Südufer auf der Straße »Rosenthal«, markiert mit »A2«, weiter. Geräuschvoll macht der Bachlauf auf sich aufmerksam. Links liegen die Auwiesen sowie einige versprengte Häuser und Gärten hinter der früheren Staumauer. Entlang des ehemaligen Talsperrenbereiches treffen wir bald auf die Diepentaler Straße, die zum Wanderparkplatz auf Leverkusener Seite der Talsperre führt. Wir wechseln wieder hinüber und kommen zurück zum Ausgangspunkt.

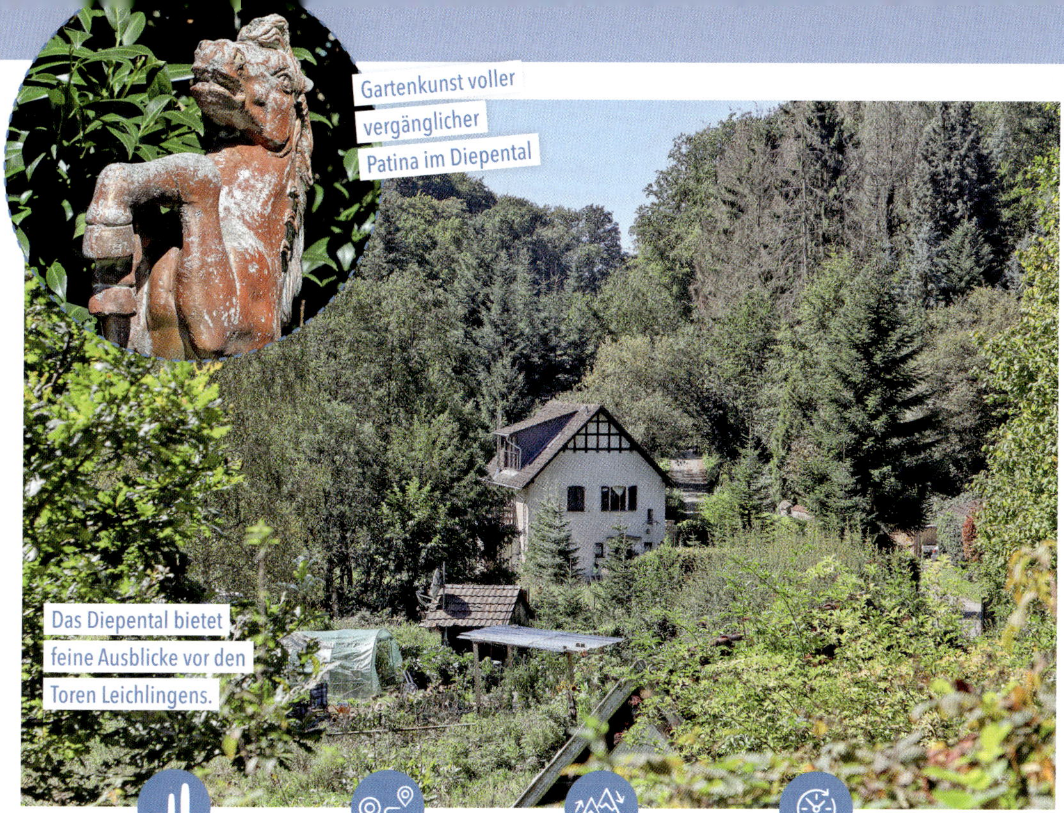

Gartenkunst voller vergänglicher Patina im Diepental

Das Diepental bietet feine Ausblicke vor den Toren Leichlingens.

leicht | 8,4 km | 521 Hm | 2–2,5 Std.

## Auf einen Blick

**Tourencharakter**
Überwiegend befestigte Wege, teils auf Forst- und Wirtschaftswegen und wenig frequentierten Dorfstraßen. Kurze Pfadpassagen im Wald.

**Ausgangs-/Endpunkt**
Parkplatz Diepental, 42799 Leichlingen
GPS 51.09701, 7.06872

**Anfahrt**
**Auto:** Auf der A 1 bis Ausfahrt 97 Burscheid, rechts auf Höhestraße Richtung Leverkusen. Dem Straßenverlauf durch Burscheid folgen über Kuckenberg und Nagelsbaum. Am Blumengeschäft rechts Richtung Witzhelden/Leichlingen bis zur Querstraße L 294 an der Feuerwehr. Hier links und hinter Ortsteil Bremersheide links ins Diepental.
**ÖPNV:** Mit dem Bus Linie 278 (Leichlingen–Hilgen) bis Haltestelle Stöcken, am Obsthof in die Route einsteigen

**Karte**
Wanderkarte Bergisches Land, Karte 2: Nordwesten, 1:25 000, Das Bergische

**Einkehr**
Das Restaurant der Freizeitanlage Haus Diepental bietet viele Speisen und exzellenten Kuchen im Glas an. Schöne Aussicht von der Terrasse.
*kirberg-catering.de/haus-diepental*

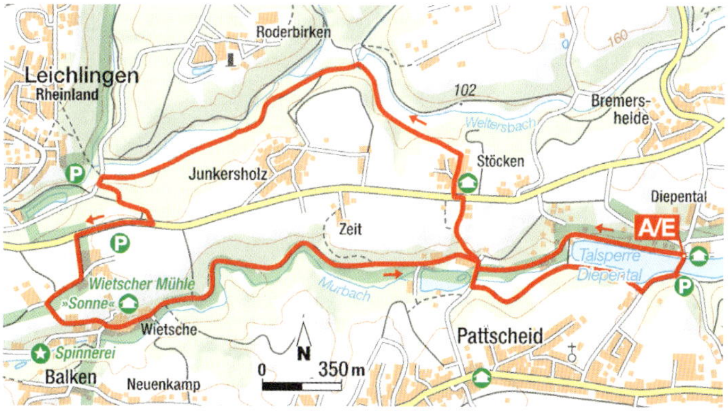

# Register

# Impressum

**Verantwortlich:** Katja Treu
**Redaktion, Lektorat und Satz:** mcp concept GmbH
**Covergestaltung:** Mathias Frisch / Rudi Stix
**Layout- und Reihengestaltung:** Mathias Frisch / Anna Lena Ibiş
**Repro:** LUDWIG:media
**Kartografie:** Bruckmann Verlag GmbH, Heidi Schmalfuß
**Herstellung:** Bettina Schippel

Printed in Poland by CGS Printing

★★★★★

Sind Sie mit diesem Titel zufrieden? Dann würden wir uns über ihre Weiterempfehlung freuen.
Erzählen Sie es im Freundeskreis, berichten Sie Ihrem Buchhändler, oder bewerten Sie bei Onlinekauf.
Und wenn Sie Kritik, Korrekturen, Aktualisierungen haben, freuen wir uns über Ihre Nachricht an Bruckmann Verlag, Postfach 40 02 09, D-80702 München oder per E-Mail an lektorat@verlagshaus.de.

Unser komplettes Programm finden Sie unter: www.j-berg-verlag.de



In diesem Buch wird aus Gründen der besseren Lesbarkeit das generische Maskulinum verwendet. Weibliche und anderweitige Geschlechteridentitäten werden dabei ausdrücklich mitgemeint, soweit es für die Aussage erforderlich ist.

**Empfehlung der Redaktion**
Sie sind auf der Suche nach weiterführender Literatur? Dann empfehlen wir Ihnen den Titel »Wanderungen für Langschläfer Bergisches Land« von Udo Haafke.

**Bildnachweis**
Alle Bilder im Innenteil stammen vom Autor, mit Ausnahme von S. 23 (rundes Bild): GIRA Museum für Asiatische Kunst, Radevormwald.
Umschlag: Vorderseite: Wipperfürth im Oberbergischen Kreis bietet beschauliche Wanderungen durch Wald und Flur (Tour 8). Rückseite: Der Murbachstausee wurde teilweise schon renaturiert (Tour 21).
Illustrationen: Silhouette Wanderer: Shutterstock/MH Eamin Design; Landschaften: shutterstock/aksol; Laubbaum: shutterstock/akr11_ss; Burg: shutterstock/Cimmerian, Wanderstöcke: shutterstock/Lilkin; Hügellandschaft: shutterstock/valentina-sergiy; Schilfgras: shutterstock/Melok; Kuchen: shutterstock/Prokhorovich; Beeren: shutterstock/Jane_Mori; fliegende Vögel: shutterstock/Yurchenko Yulia; Bank: shutterstock/Zdenek Sasek; Gräser: shutterstock/Ihnatovich Maryia; Blume: shutterstock/alisun18
Alle anderen (Fußabdrücke, Nadelbäume, Rucksack etc.): www.freepik.com

Die Deutsche Nationalbibliothek verzeichnet diese Publikation in der Deutschen Nationalbibliografie; detaillierte bibliografische Daten sind im Internet über http://dnb.d-nb.de abrufbar.


Infanteriestraße 11a, 80797 München

ISBN 978-3-86246-923-9